앞서가는 초등, 중등 교사의 선택

서울대학교 AI융합교육학과
인공지능 수업 가이드

저자: 오유나, 박동열, 하민수, 조승호, 민환웅, 최은수, 김재훈,
박소희, 백지혜, 심연재, 이영화, 장혜수, 조민지, 진현정, 황혜지

수업지도안,
파일 다운
QR코드 제공

서울대학교
AI융합교육
학과 저자진

생성형
인공지능 수업
활용 사례

2022
개정
교육과정

다빈치 books

서울대학교 AI융합교육학과 인공지능 수업 가이드
: 2022 개정 교육과정 활용 앞서가는 초등, 중등 교사를 위한 에듀테크 사례

초판1쇄 인쇄 2025년 7월 10일
초판1쇄 발행 2025년 7월 10일

ISBN 979-11-92775-36-4

| 저　　　자 | 오유나, 박동열, 하민수, 조승호, 민환웅, 최은수, 김재훈,
박소희, 백지혜, 심연재, 이영화, 장혜수, 조민지, 진현정, 황혜지 |
기　　　획	서울대학교 AI융합교육학과
제 작 투 자	주식회사 메타유니버스
출 판 기 획	변문경
책 임 편 집	문보람
디　자　인	오지윤(디자인 글로)
홍　　　보	홍선아
인　　　쇄	영신사
종　　　이	세종페이퍼
유　　　통	다빈치books
출판등록일	2011년 10월 6일
주　　　소	서울특별시 마포구 월드컵북로375. 21층 7호
출 판 문 의	curiomoon@naver.com

한국어판 출판권 ©다빈치books, 2025

* 이 책은 저작권법에 의해서 한국 내에서 보호를 받는 저작물입니다. 무단 전재와 복제를 금합니다.
책 내용의 전부를 이용하려면 저작권자와 (주)메타유니버스의 서면 동의를 받아야 합니다. 책 일부를
인용하려면 반드시 출처를 표기해 주세요.
잘못된 책은 구입처에서 교환하여 드립니다.

앞서가는 초등, 중등 교사의 선택

서울대학교 AI융합교육학과 인공지능 수업 가이드

저자: 오유나, 박동열, 하민수, 조승호, 민환웅, 최은수, 김재훈,
박소희, 백지혜, 심연재, 이영화, 장혜수, 조민지, 진현정, 황혜지

목차

AI 융합교육 필요성과 방향   9

1. AI 융합교육 필요성과 방향   9
  (1) 교육에 대한 인공지능(AI)의 영향   9
  (2) AI 융합교육이 필요한 이유   11
  (3) 현재 교육의 한계와 AI의 보완 역할   14
  (4) 미래 인재 양성을 위한 AI 활용   17

2. AI 융합교육의 방법과 효과   20
  (1) 개인 맞춤형 학습 지원   20
  (2) 학생의 창의성과 문제 해결력 향상   22
  (3) 데이터 기반 교수 학습 개선   24
  (4) 학습자의 동기 유발 및 참여 증대   26
  (5) 수업 준비의 효율성 향상   27

3. AI 융합교육의 도전과 문제점   29
  (1) 교사의 역할 변화와 문제점   29
  (2) AI의 한계 및 윤리적 문제   31
  (3) AI 융합교육의 방향성과 필요성 재확인   34

01
겨울 생각을 엮어 우리만의 발표회 만들기   37
  - AI 융합교육으로 실현하는 통합학급 수업 -

02
AI 강화 학습에서 찾은 생존의 열쇠, '보상'으로 살아남기   61
- 동식물 생존 전략을 담은 나만의 게임 코딩 수업 -

03
의사결정 트리로 협력적 결정하기   85
- 모둠 학습을 통한 AI 산출물 제작 수업 -

04
수학과 코딩의 만남, 프랙털 세계 탐구하기   112
- 수열의 비밀을 푸는 코딩 창작 수업 -

05
AI가 만든 작품의 주인이 누구인지 판단하기   133
- 생성형 AI로 이해하는 저작권 수업 -

06
AI 챗봇과 선생님의 협력 방안 탐구하기   153
- 학생이 만드는 AI 챗봇 협력 수업 -

딥페이크 해부하기　　　　　　　　　　　　　173
- 교실에서 여는 인공지능 윤리 수업 -

AI와 함께 지구촌 문제 해결하기　　　　　　　199
- 똑똑한 질문을 통해 해결하는 사회 문제 해결 수업 -

프롬프팅으로 ChatGPT와 영어 대화 하기　　　224
- 영어 의사소통 함양을 위한 생성형 AI 융합 수업 -

생성형 AI와 함께 프로그래밍 수업 설계하기　　248
- 프롬프트로 만드는 AI 데이터 수업 -

데이터 기반 지속 가능한 삶 실천하기　　　　　267
- 데이터 시각화를 활용한 채식 급식 메뉴 개발 수업 -

서술형 평가, GPT와 함께하기 285
- 서술형 평가 자동 채점 및 피드백 시스템 -

AI융합교육학과 이해와 질문들 310

1. 인공지능 시대 310
2. 학교에 들어온 인공지능 312
3. AI융합교육학과 315
   (1) 현황 315
   (2) 서울대학교 AI융합교육학과 318
   (3) AI 융합교육과 교육 환경 321
4. AI 융합교육을 위한 질문들 324
   (1) 어떤 목적으로 AI 기술을 사용하는가? 324
   (2) AI의 판단을 신뢰할 수 있을까? 327
   (3) AI의 주인이 되기 위한 교육은 무엇일까? 330
   (4) 교육기술 거버넌스(Edu-tech Governance)가 필요할 것인가? 334

참고문헌 338

AI 융합교육 필요성과 방향

하민수(서울대학교 생물교육과)

1. AI 융합교육 필요성과 방향

(1) 교육에 대한 인공지능(AI)의 영향

　인공지능(AI)은 교육의 여러 측면에서 변화와 혁신을 가져오고 있다. AI 기술의 발전은 학습자 맞춤형 교육, 교수자의 역할 변화, 교육 내용과 방법의 혁신을 촉진하며, 기존의 교육 방식과는 차별화된 새로운 가능성을 제시한다. 특히 AI는 대량의 데이터를 분석하여 학습자가 필요한 내용을 빠르게 확인하고, 최적화된 학습 경험을 제공할 수 있다. 교육에 관한 AI의 가장 대표적인 기능은 앞서 언급한 맞춤형 학습의 실현이다. 현재 교육 시스템은 시간적, 공간적 한계로 하나의 학습 과정을 제공하고 있으며, 학습자의 개별적인 수준과 요구를 고려하지는 못한다. AI 기반의 학습 분석과 적응형 학습 시스템은 학습자의 학습 패턴을 실시간으로 분석하고, 개인별 수준에 맞춘 학습 경로를 제공할 수 있다. 물론 이와 같은 기능을 수행하기 위해서는 다양한 연구와 개발이 필요하며, 현재 기술로는 일부 한계가 있다. 하지만 최근 기술 개발 속도를 고려하였을 때 빠르게 가능할 것으로 예상된다.

　AI는 교사의 역할을 보조하고 교수 능력을 강화하는 데에도 크게 기여하고 있다. 오랫동안 교사는 수업 준비, 강의, 평가 등을 수행하면서 많은 시간을 사용했지만, AI의 도입으로 이러한 과정이 자동화되거나 교사의 시간과 노력을 최대한 줄여줄 수 있다. AI 기반 자동 채점 시스템은 다량의 평가를 신속하게 처리할 수 있으며, 자연어 처리 기술 등을 활용한 피드백 시스템은 학생들에게 즉각적인 피드백을 제공하는 데 도움을 준다. 이러한 기술적 지원은 교사가 창의적이고 심층적인 교육 활동에 집중할 수 있도록 하며, 개별 학생과의 상호작용을 증진하는 역할을 한다. 교육 내용과 방법 역시 AI의 영향을 받아 변화하고 있다. AI를 활용한 시뮬레이션, 가상현실, 증강현실 기술은 학습자에게 몰입감 있는 학습 환경을 제공하고, 복잡한 개념을 직관적으로 이해할 수 있도록 돕는다. 또한 AI 챗봇과 인공지능 튜터 시스템은 학생들이 학습 과정에서 언제든지 질문하고 피드백을 받는 기회를 제공함으로써 자기 주도적 학습을 강화하는 역할을 한다.

그러나 AI가 교육에 미치는 영향은 긍정적인 측면만 존재하는 것이 아니다. AI 활용이 확대됨에 따라 교육의 본질적인 가치와 방향에 대한 논의가 필요하며, AI 의존성이 증가하면 교사의 역할 축소, 윤리적 문제, 학습 격차 확대 등의 부작용이 발생할 가능성이 있다. 따라서 AI의 교육적 활용은 기술적 가능성뿐만 아니라 교육적, 윤리적, 사회적 측면에서 신중하게 접근해야 한다. AI는 교육의 패러다임을 변화시키고 있으며 그 영향은 교육의 모든 영역에서 나타나는 중이다. AI 기반 교육 기술이 발전함에 따라 교사와 학습자의 역할, 교수 학습 방법, 교육의 목표와 방향 등이 새롭게 정의될 필요가 있다. 이러한 변화 속에서 AI와 교육의 관계를 종합적으로 검토하고, AI를 효과적으로 활용하기 위한 전략을 모색하는 AI 융합교육 연구의 중요성이 더욱 높아지고 있다. 또한 AI와 교육을 융합하는 다양한 교육 실천 사례들이 모아지고 실행될수록 그 효과를 함께 공유하는 일이 중요하다.

(2) AI 융합교육이 필요한 이유

AI 기술의 발전은 교육의 본질적 변화를 요구하고 있다. 교실과 교사 중심의 전통적인 교육 방식만으로는 미래사회에서 요구하는 역량을 학습하게 하는 데에 충분하지 않기 때문이다. AI 융합교육은 단순히 교육에 AI 기술을 도입하는 것이 아니라, AI를 활용하여 학습 환경을 혁신하고, 학습자 중심의 교육을 실현하며, 교사의 교수법을 확장하는 것을 의미한다. AI 융합교육이 필수적인 이유는 다음과 같이 정리할 수 있다.

먼저 미래사회 변화에 대응하기 위한 교육 혁신이다. AI와 자동화 기술의 발전은 산업과 노동 시장의 구조를 급격히 변화시키고 있다. 단순하고 반복적인 업무는 AI에 의해 대체되고 있으며, 창의적 사고, 문제 해결력, 비판적 사고와 같은 고차원적 역량이 중요해졌다. 따라서 기존의 지식 전달 중심 교육에서 벗어나, AI를 활용한 문제 해결형 학습, 프로젝트 기반 학습, 협력 학습과 같은 새로운 교육 방식을 도입할 필요가 있다. 또한 AI는 학습자의 개별적 특성과 학습 속도를 반영하여 맞춤형 교육을 제공할 수 있으므로 전통적인 일률적 교육 방식의 한계를 극복할 수 있다. AI 융합교육을 통해 학생들은 자기 주도적으로 학습하며, 실세계 문제를 해결하는 능력을 기를 수 있다.

두 번째는 학습자 중심 교육의 실현이다. 넓은 교실에서 많은 학생들을 지도하는 전통적인 교육 시스템은 학습자의 개별적 특성을 충분히 고려하지 못한다. 동일한 교과 내용을 모든 학생에게 동일한 방식으로 전달하는 강의식 수업에서는 학생 개개인의 학습 수준과 흥미를 반영하기 어렵다. AI는 학습자의 데이터(성취도, 학습 패턴, 선호도 등)를 분석하여 개인별 맞춤 학습 경로를 제공할 수 있다. AI 기반 적응형 학습(Adaptive Learning)

시스템은 학습자의 이해도를 실시간으로 분석하여 난이도를 조절하거나 보충 학습 자료를 추천하는 방식으로 학습 효과를 높인다. 또한 AI 챗봇이나 인공지능 튜터는 학습자가 필요할 때 즉각적인 피드백을 제공하여 자기 주도 학습을 지원한다. 이러한 기술적 지원을 통해 학습자들은 자신의 필요에 맞는 최적의 학습 환경을 경험할 수 있다.

세 번째, 교사의 역할 변화와 교수법 개선에 기여한다. AI 기술의 도입은 교사의 역할 변화를 이끌어간다. 오랫동안 교사는 학습 내용을 전달하고 평가하는 역할을 해왔지만, AI 융합교육에서는 지식 전달자보다 학습 조력자로서의 역할이 더욱 강조된다. AI는 교사의 행정 업무를 줄이고, 학습 분석을 통해 학생 개개인의 학습 상태를 정교하게 확인할 수 있도록 도와준다. 예를 들어, AI 기반 자동 채점 시스템은 교사의 평가 부담을 줄이고, 자연어 처리 기술을 활용한 AI 피드백 시스템은 학생들에게 신속하고 정밀한 피드백을 제공할 수 있다. 또한 AI를 활용한 학습 분석은 학생의 학습 패턴과 취약점을 파악하여 교사가 효과적인 개별 맞춤 지도를 할 수 있도록 지원한다. 이러한 변화는 단순히 기술적 도입을 넘어, 교사의 교수법 자체를 변화하게 하는 계기가 된다.

네 번째는 데이터 기반 교육 의사결정 지원이다. AI 융합교육의 또 다른 핵심 요소는 교육에 관한 의사결정에서 데이터 기반 의사결정이 가능해진다는 것이다. 전통적인 교육에서는 학생의 학습 성취도를 평가하기 위해 시험 결과나 교사의 관찰에 의존하는 경우가 많았다. 그러나 AI를 활용하면 학습자의 다양한 학습 활동 데이터를 실시간으로 수집하고 분석하여, 정밀하고 객관적인 학습 진단이 가능하다. 예를 들어, AI 학습 분석 시스템은 학생의 문제 풀이 시간, 오답 패턴, 학습 집중도 등을 분석하여 특정 개념에 대한 이해 부족을 조기에 감지할 수 있다. 이러한 데이터는 교사에게 빠르게 제공되며, 이를 기반으로 개별 학습 지원 전략을 수립할 수 있다. 또한, 학교나 교육 기관 차원에서도 AI 기반 학습 데이터를 활용하여 교육 정책을 정교하게 설계할 수 있다.

다섯 번째는 교육 기회의 확대이다. AI 융합교육은 교육의 접근성을 확대하는 데에도 기여할 수 있다. 특히 온라인 학습 플랫폼과 AI 기술이 결합되면서 시간과 공간의 제약 없이 교육을 제공할 가능성이 열렸다. 예를 들어, AI 기반 언어 학습 프로그램은 학생들이 개별적으로 외국어를 학습할 수 있도록 지원하며, 청각 장애인을 위한 AI 자막 생성 시스템이나 시각 장애인을 위한 AI 음성 안내 시스템은 장애를 가진 학습자들에게도 평등한 학습 환경을 제공한다. 또한, AI를 활용한 원격 교육 시스템은 지역적, 경제적 격차로 인해 교육 기회가 제한된 학생들에게 질 높은 교육을 제공할 수 있다.

여섯 번째는 AI에 대한 이해와 활용 능력을 키우는 것이다. AI 융합교육은 단순히 AI를 교육에 적용하는 것을 넘어, 학생들이 AI를 이해하고 활용할 수 있는 능력을 기르는 데에도 중요한 역할을 한다. AI가 사회의 다양한 분야에서 활용되고 있는 만큼, 미래 세대는 AI에 대한 기본 개념과 작동 원리를 이해하고 비판적으로 활용할 수 있는 능력을 갖추어야 한다. AI 리터러시(Literacy)는 단순히 프로그래밍 기술을 익히는 것을 의미하는 것이 아니라 AI의 원리와 한계, 윤리적 문제 등을 포함하여 종합적으로 AI를 이해하는 것을 포함한다. AI 융합교육을 통해 학생들은 AI 기술을 단순히 소비하는 것이 아니라, 이를 창의적으로 활용하고 AI가 미치는 영향을 비판적으로 분석하는 역량을 기를 수 있다.

AI 융합교육은 미래사회 변화에 대응하고, 학습자 중심 교육을 실현하며, 교사의 역할을 확장하는 데 필수적인 접근 방식이다. 또한 데이터 기반 교육 의사결정을 가능하게 하고, 교육 기회의 확대를 지원하며, AI 리터러시를 함양하는 데 기여한다. AI는 단순한 도구가 아니라 교육 패러다임을 변화시키는 핵심 요소로 작용하고 있으며, AI 융합교육을 적극적으로 도입하고 발전시키는 것은 교육 혁신의 중요한 과제가 될 것이다.

(3) 현재 교육의 한계와 AI의 보완 역할

전통적인 교과 교육은 많은 수의 학생에게 같은 내용 지식을 전달하는 방법으로, 대량 교육의 방법으로 발전해왔다. 표준화된 교육과정과 강의 중심의 교수법은 일정한 수준의 지식을 다수의 학생에게 전달하는 데 효과적이었다. 그러나 산업 구조가 변화하면서 다양한 역량이 요구되는 현대 교육에서는 기존 교과 교육의 여러 한계가 나타났다. 이러한 한계를 극복하기 위해 AI를 활용한 교육이 대안으로 떠오르고 있으며, AI는 교육의 다양한 측면에서 보완적인 역할을 수행할 수 있다.

먼저 획일적 교육과 개별 학습 지원이다. 기존 교육 방식은 교과 과정과 학습 목표를 표준화하여 모든 학생에게 동일한 내용을 동일한 방식으로 전달하는 구조이다. 이러한 방식은 교육의 효율성을 높일 수 있지만, 학습자의 개별적 차이를 충분히 반영하지 못한다는 한계를 갖는다. 학생마다 학습 속도와 이해 수준이 다름에도 불구하고, 정해진 커리큘럼에 따라 일률적으로 수업이 진행되기 때문에 일부 학생은 충분히 이해하지 못한 채 다음 단계로 넘어가고, 반대로 빠르게 이해하는 학생은 불필요한 반복 학습으로 흥미를 잃을 수 있다. AI는 개별 학습자의 특성과 학습 데이터를 분석하여 맞춤형 학습을 제공할 수 있다. 적응형 학습 시스템은 학생의 학습 패턴을 실시간으로 분석하여 개인별 학습 난이도를 조절하고, 보충 학습이 필요한 영역을 자동으로 추천한다. 학생들은 자신에게 적합한 속도로 학습할 수 있으며, 교사는 각 학생의 학습 수준을 정확하게 확인하고 효과적으로 개별 지도를 할 수 있다.

두 번째는 교사의 업무 과중과 피드백이다. 교사는 수업 준비, 강의, 평가, 행정 업무 등 다양한 역할을 해야 하므로 학생 개개인에게 충분한 피드백을 제공하는 데 한계가 있다. 특히 대규모 학급을 운영한다면, 학생 개개인의 학습 과정을 면밀히 분석하고 즉각적인 피드백을 제공하는 것이 현실적으로 어렵다. AI 기반 자동 채점 시스템과 피드백 제공 시스템은 교사의 업무 부담을 줄이고, 학생들에게 신속하고 세밀한 피드백을 제공하는 역할을 할 수 있다. 자연어 처리 기술을 활용한 AI는 학생의 에세이를 분석하여 문법적 오류뿐만 아니라 논리적 구조까지 평가할 수도 있다. 컴퓨터 코딩 과제에서는 AI가 코드의 효율성과 오류를 자동으로 점검해준다. 이를 통해 학생들은 빠른 피드백을 받을 수 있으며, 교사는 개별 지도에 더 많은 시간을 할애할 수 있다.

세 번째는 전통적 평가 방식의 한계와 학습 분석이다. 전통적인 평가 방식은 시험과 과제 등을 기반으로 학생의 학습 성취도를 측정하는 데 집중한다. 그러나 이러한 방식은 학생의 학습 과정보다는 최종 결과를 중심으로 평가하기 때문에 학습 중 발생하는 어려움이나 개별적인 발전 과정을 충분히 반영하기 어렵다. 또한 시험과 같은 고정된 평가 방식은 학생들의 다양한 역량을 측정하는 데 한계를 갖는다. AI 기반 학습 분석은 학생들의 학습 과정에서 생성되는 데이터를 실시간으로 분석하여 정교하면서도 풍부한 학습 평가를 가능하게 한다. 예를 들어, AI는 학생의 문제 풀이 패턴, 학습 속도, 오답 유형 등을 분석하여 개별 학습자의 강점과 약점을 파악할 수 있다. 이러한 분석을 바탕으로 교사는 구체적인 학습 지원 전략을 마련할 수 있으며, 학생들도 자신의 학습 패턴을 파악하고 학습 전략을 개선할 수 있다.

네 번째는 학생의 학습 동기와 참여이다. 강의 중심의 전통적인 교육 방식은 학생들의 적극적인 참여를 유도하는 데 한계가 있으며, 학습 동기를 유지하는 것이 어렵다. 특히, 학습 내용이 학생들에게 현실적으로 와닿지 않거나 실생활과의 연관성이 부족하다면 학습에 대한 흥미가 저하될 수 있다. AI는 게임 기반 학습, 시뮬레이션, 가상현실, 증강현실 등과 결합하여 몰입도 높은 학습 경험을 제공할 수 있다. 역사 과목에서는 AI 기반 가상 박물관을 활용하여 학생들이 직접 역사적 사건을 체험할 수 있으며, 과학 과목에서는 AI를 활용한 실험 시뮬레이션을 통해 직관적인 학습이 가능하다. 또한, AI 챗봇을 활용하면 학생들이 학습 과정에서 궁금한 점을 실시간으로 질문하고 답변을 받을 수 있어, 학습 동기를 지속적으로 유지하는 데 도움을 준다.

다섯 번째는 역량 중심 교육이다. 기존 교육은 주로 지식의 습득과 전달을 중심으로 이루어졌으며, 정답이 정해진 문제를 해결하는 능력에 초점을 맞추는 경우가 많았다. 그러나 현대 사회에서는 창의적 문제 해결력, 비판적 사고력, 협업 능력 등 고차원적 역량이 더욱 중요해지는 추세다. 기존 교과 교육 방식만으로는 이러한 역량을 충분히 개발하기 어렵다. AI를 활용하면 단순한 지식 전달을 넘어 실제 문제 해결 중심의 학습을 구현할 수 있다. 예를 들어, AI 기반 프로젝트 기반 학습 시스템을 활용하면 학생들은 실제 문제 상황을 분석하고, AI의 도움을 받아 해결 방안을 모색하며, 결과를 평가하는 과정을 경험할 수 있다. 또한, AI는 데이터 분석과 시뮬레이션을 통해 학생들이 실험적 학습을 할 수 있도록 돕고, 창의적인 문제 해결 능력을 함양하는 데 기여할 수 있다.

기존 교과 교육은 획일적인 교육 방식, 교사의 업무 과중, 평가 방식의 한계, 학습 동기 저하, 역량 중심 교육 부족 등의 문제를 안고 있다. AI는 이러한 문제를 보완하여 개별 맞춤형 학습을 지원하고, 교사의 교수법을 확장하며, 학습 분석을 통해 다양한 평가를 가능하게 하고, 몰입형 학습 환경을 제공함으로써 교육의 질을 높인다. AI와 교과 교육의 융합은 기존 교육의 한계를 극복하고, 효과적인 학습 경험을 제공하는 데 중요한 역할을 할 것이다.

(4) 미래 인재 양성을 위한 AI 활용

우리 사회는 인공지능, 빅데이터 등의 발전으로 산업 구조와 직업이 빠르게 변화하고 있다. 이러한 변화 속에서 지식 습득이 아닌 창의적 문제 해결력, 비판적 사고력, 협업 능력, 디지털 리터러시 등 미래사회가 요구하는 핵심 역량은 더욱 중요해진다. AI는 이러한 역량을 기르는 데 중요한 도구가 될 수 있으며, 교육에서 AI를 효과적으로 활용함으로써 미래에 필요한 역량을 함양하는 데 활용된다.

먼저 오랫동안 교육에서 강조하고 있는 창의적 문제 해결력과 비판적 사고력이다. 정형화된 문제 해결 능력보다, 새로운 문제를 창의적으로 분석하고 해결하는 능력이 중요하다. 단순히 지식을 암기하는 것이나 기계적인 문제 풀이보다 주어진 정보를 바탕으로 새로운 지식을 생각해내고, 그 과정에서 논리적으로 사고하며 다양한 관점을 고려할 수 있는 능력이 필요하다. AI는 문제 기반 학습이나 프로젝트 기반 학습을 지원함으로써 학생들이 창의적인 방식으로 문제를 해결할 수 있도록 돕는다. 예를 들어, AI 기반 데이터 분석 도구를 활용하면 학생들은 실제 데이터를 분석하고, 이를 통해 의사결정을 내리는 과정을 경험할 수 있다. 또한 AI 시뮬레이션을 활용하면 가상의 환경에서 복잡한 문제를 해결하며, 다양한 해결 방안을 실험해볼 수 있다. 학생의 비판적 사고를 키우는 데 AI 챗봇도 활용된다. AI는 특정 주제에 대한 다양한 시각을 제공하며, 학생들에게 논리적인 반론을 제시하도록 유도한다. 학생들은 자신의 논리를 정교화하고, 비판적으로 사고하는 능력을 함양할 수 있다.

두 번째는 협업 및 커뮤니케이션 능력을 키우는 것이다. 현대사회에서는 다양한 배경을 가진 사람들과 협력하여 문제를 해결하는 능력이 반드시 필요하다. 특히 최근에는 글로벌한 환경에서 다양한 언어와 문화적 배경의 사람들과도 많이 협업한다. AI는 협업 기반 학습 환경을 제공함으로써 학생들이 협력적 문제 해결 능력을 기를 수 있도록 돕는다. AI 기반 협업 플랫폼을 활용하면 학생들은 원격으로 팀 프로젝트를 수행할 수 있으며, AI는 팀원 간의 업무 분배, 일정 관리, 피드백 제공 등의 역할을 할 수 있다. AI 기반 자동 번역 및 음성인식 기술은 다양한 언어와 문화적 배경을 가진 학습자들이 원활하게 소통할 수 있도록 지원한다. 학생들은 다국적 팀과의 협업을 경험할 수 있으며, 글로벌 커뮤니케이션 역량을 자연스럽게 기를 수 있다.

세 번째는 데이터 리터러시와 AI 활용 능력이다. 빅데이터와 AI가 사회 전반에 걸쳐 활용됨에 따라 데이터를 분석하고 해석하는 능력과 AI를 이해하고 활용하는 능력은 필수적인 역량이 되었다. 단순히 AI를 사용하는 것이 아니라 AI의 작동 원리를 이해하고 윤리적 문제를 고려하며, 데이터를 기반으로 의사결정을 내릴 수 있는 능력 등도 요구된다. AI 기반 교육 도구는 학생들이 데이터 분석을 실습할 기회를 제공한다. 예를 들어, AI 기반 데이터 시각화 도구를 활용하면 학생들은 실제 데이터를 분석하고, 그래프로 표현하며, 데이터의 패턴을 발견하는 능력을 기를 수 있다. 또한 AI 교육 프로그램은 학생들에게 AI의 원리와 한계를 이해할 수 있도록 돕는다. 예를 들어, AI 모델을 직접 설계하고 학습시키는 교육 활동을 통해 학생들은 AI가 어떻게 작동하는지, 어떤 데이터 편향이 발생할 수 있는지, AI의 윤리적 문제는 무엇인지 등을 학습할 수 있다. AI 기술이 광범위하게 활용됨에 따라, AI의 윤리적 문제를 고려하고 책임감 있게 활용할 수 있는 능력도 필요하다. AI의 알고리즘 편향, 개인정보 보호 문제, AI가 인간의 역할을 대체할 가능성 등 다양한 사회적, 윤리적 이슈를 이해하는 것이 중요하다. AI 융합교육을 통해 학생들은 AI의 한계를 이해하고, 윤리적 문제를 고려하며, 책임감 있게 AI를 활용하는 방법을 학습할 수 있다.

　미래사회가 요구하는 핵심 역량을 학습하는 데 AI는 여러 가지로 유용하다. AI는 창의적 문제 해결력과 비판적 사고력 향상, 협업 및 커뮤니케이션 역량 강화, 데이터 리터러시 및 AI 활용 능력 함양 등 다양한 측면에서 교육을 지원하거나 보완할 수 있다. AI 융합교육을 통해 학생들은 단순한 기술 사용자가 아니라, AI를 창의적이고 책임감 있게 활용하는 능동적인 미래 인재로 성장할 수 있을 것이다.

2. AI 융합교육의 방법과 효과

(1) 개인 맞춤형 학습 지원

한 명의 교사와 많은 수의 학생이 있는 교실에서는 모든 학생에게 동일한 속도와 방식으로 교육이 이루어진다. 그러나 학생들은 모두 다른 배경지식을 가지고 있으며, 학습 속도나 선호하는 학습 방식 등도 다르다. 따라서 일률적인 교육 방식은 효율적이지 않으며 자칫 학습 격차를 초래할 수도 있다. AI와 디지털 기술을 활용하면 개별 학습자의 특성과 요구에 맞춘 맞춤형 학습이 가능하다. AI를 활용한 개인 맞춤형 학습은 다양한 알고리즘과 모델을 기반으로 구현된다.

적응형 학습 시스템은 AI를 활용하여 학습자의 수준과 학습 스타일을 실시간으로 분석하고, 학습자 데이터에 맞춰진 학습 경로를 자동으로 제공하는 시스템이다. AI는 학습자가 특정 개념을 충분히 이해했는지, 추가적인 학습이 필요한지 등을 지속적으로 모니터링하며 이를 바탕으로 학습 내용을 조정한다. 이와 같은 시스템에서 많이 사용되는 전통적인 방법은 베이지안 지식 추적 모델(Bayesian Knowledge Tracing)이다. 학습자의 수준을 확률적으로 모델링하여 특정 개념에 대한 이해도를 추적한다. 학생이 문제를 맞히거나 틀릴 때마다 수준을 확인하고 그다음 학습 내용을 추천한다. 딥러닝 기술의 발전으로 딥러닝 기반 적응형 학습 모델도 활용된다. 학생의 학습 패턴을 심층 신경망 모델로 분석하여 개별 학습자에게 최적화된 학습 경로를 제시한다.

또한 AI는 학습자의 학습 이력을 분석하여 적절한 학습 자료와 콘텐츠를 추천할 수 있다. 추천 시스템은 학습자의 성취도뿐만 아니라 학습 스타일, 선호도, 관심 분야 등을 고려하여 학습 콘텐츠를 개인화할 수 있다. 협업 필터링 기반 추천 시스템은 유사한 학습 패턴을 가진 학생들의 데이터를 분석하여 개인화된 학습 콘텐츠를 추천한다. 콘텐츠 기반 필터링은 학생이 이전에 학습한 자료의 내용과 유사한 콘텐츠를 분석하여 맞춤 추천을 제공한다. AI는 실시간으로 학습자의 답변을 분석하고 즉각적인 피드백을 제공할 수 있다. AI 피드백을 활용하여 학생들은 자신의 오류를 즉시 수정하고, 효과적인 학습이 가능하다. 자연어 처리 기술은 AI 자동 평가의 핵심 기술이다. 자연어 처리를 활용하여 학생들의 문법 오류를 분석하고, 문장을 정확하고 자연스럽게 수정할 수 있도록 도와준다.

AI는 게임 기반 학습 시스템과 결합하여 학생들에게 재미있고 동기부여가 되는 학습 환경을 제공할 수 있다. 게임 요소를 활용한 AI 시스템은 학생의 학습 성취도를 분석하고 보상 및 도전 과제를 맞춤형으로 제공한다. 강화 학습 기반 맞춤형 게임 학습은 AI가 학생의 학습 진행 상황을 분석하고, 난이도를 조절하여 학생이 도전적인 태도를 취하게 함으로써 학습에 흥미를 높일 수 있도록 한다. VR/AR을 활용한 몰입형 학습도 AI기술로 쉽게 구현된다. AI와 가상현실(VR), 증강현실(AR)을 결합하여 학습자가 실제 상황을 체험하면서 학습할 수 있도록 돕는다. 최근 이와 같은 기술이 AI 기반 가상 과학 실험실에서 활용되면서 학생들은 가상 세계에서 실험을 수행하고 피드백을 받을 수 있게 되었다. AI는 자동 번역 및 음성인식 기술을 활용하여 다문화 학습 환경에서 언어 장벽을 줄이고 개별 맞춤형 언어 학습을 지원할 수 있다. 특히 최근의 AI 자동 번역 기술은 상당한 수준이며, 다양한 학문적 언어까지 오류 없이 번역할 수 있다. 널리 활용되는 브라우저에는 번역 기능이 추가되어 있고 웹에서 간단히 번역을 수행하는 도구도 많다. 이와 같은 도구를 활용하여 학생들이 자신의 모국어로 학습할 수 있도록 지원하여 다문화 교육 환경을 개선한다.

(2) 학생의 창의성과 문제 해결력 향상

AI 융합교육은 학생들의 창의적 사고와 문제 해결 능력을 향상하는 데에도 중요한 역할을 한다. 지식 중심의 강의식 교육 방식은 정해진 지식을 습득하고 이해하는 데 초점을 맞추는 경우가 많았다. 하지만 미래사회에서는 복잡한 문제를 해결하고, 새로운 지식을 생성할 수 있는 능력이 핵심 역량으로 요구된다. AI는 단순한 학습 도구가 아닌 창의적 사고를 촉진하고, 문제 해결 과정을 지원하는 역할을 수행할 수 있다. 학생들이 더 능동적으로 학습할 수 있어 다양한 역량을 형성하는 데 도움을 준다.

먼저 창의적 사고 향상을 위한 AI의 활용이다. 창의적 사고는 기존의 지식이나 정보를 바탕으로 새로운 지식을 생성하는 능력을 의미한다. 창의적 사고는 교육 목표 중에서 가장 강조되면서도 중요한 목표이다. AI는 학생들이 창의성을 발휘할 수 있도록 다양한 방식으로 지원한다. 그중에서 최근 개발되어 널리 활용되고 있는 도구는 생성형 AI이다. AI 기반 생성 모델은 글, 이미지, 음악, 코드 등 인간이 생성해야 하는 다양한 것들을 생성할 수 있고, 이러한 기능을 사용하여 창의적 학습 활동에 활용할 수 있다. 예를 들어, 글을 생성하는 기능을 활용하여 학생들이 창의적인 글쓰기를 할 때 AI가 문장을 제안하거나 주제에 대한 아이디어를 제공하게 하는 식이다. ChatGPT, Claude 등을 활용하여 스토리텔링 활동에서 AI가 특정 문장을 생성하고, 학생들이 확장하여 창의적인 이야기를 만드는 활동 등을 예로 들 수 있다. AI 기반 이미지 생성 도구를 활용하여 학생들이 미술, 디자인,

시각적 스토리텔링 학습을 할 수 있다. 최근에 DALL-E, Midjourney 등을 활용하여 특정 주제에 대한 삽화를 생성하거나 이를 바탕으로 다양한 창의적인 프로젝트를 수행하는 활동이 예시이다. 생성형 AI는 음악 작곡 및 예술 창작에서도 활용될 수 있으며, 학생들은 작곡이나 예술에 대한 재능이 부족하더라도 자신의 독특한 아이디어와 프롬프트를 활용하여 자신의 아이디어를 구현할 수 있다.

다음으로는 문제 해결 능력 향상을 위한 AI의 활용이다. 문제 해결력은 복잡한 상황에서 논리적 사고를 통해 해결 방안을 탐색하고 생성하여 실제로 해결하는 능력으로, AI는 다양한 방식으로 문제 해결 과정을 지원한다. 먼저 데이터 기반 문제 해결이다. AI는 데이터 분석을 통해 문제를 구조적으로 이해하고, 해결 방법을 찾는 과정을 도와준다. Google이나 대화형 데이터 시각화 소프트웨어인 Tableau Software 등을 활용하여 학생들이 실제 데이터를 분석하고, 사회적 문제 해결을 위한 방안을 창안할 수 있다. 학생들은 AI가 제공하는 새로운 관점을 활용하여 기후 변화나 건강과 같은 문제 해결 방안을 생각해낼 수 있으며, 해결책을 탐색할 수 있다.

AI 기반 시뮬레이션 및 가상 실험도 문제 해결에 활용된다. AI 시뮬레이션 도구는 학생들이 실제 환경에서 실험할 수 없는 문제를 가상으로 탐색하고 해결하는 데 도움을 준다. 예를 들어 최근 과학 실험 교육에 활용되는 Labster를 활용하여 과학 실험을 가상 환경에서 수행하고, 문제 해결 과정을 이해할 수 있다. 수학 능력이 부족한 학생은 AI 기반 수학 문제 해결 방법도 도움을 얻을 수 있다. 수학 학습 앱인 Photomath, Wolfram Alpha 등의 AI 기반 수학 도구를 활용하면 학생들이 수학 문제 해결 과정에서 AI의 도움을 받을 수 있다. 논리적 사고와 알고리즘적인 문제 해결에서도 AI는 활용된다. 특히 컴퓨터를 활용한 과학 문제 해결에서 AI가 활용될 수 있다. AI 기반 코딩 학습 플랫폼을 활용하면 학생들이 알고리즘을 설계할 수 있으며, 학생들이 생성한 코드도 AI가 쉽게 오류를 감지하여 코딩 학습의 속도를 높이고 최적화한다.

AI 융합교육을 통해 학생들은 창의적 사고와 문제 해결 능력 등 현대 사회가 요구하는 다양한 역량을 효과적으로 학습할 수 있다. 생성형 AI 모델, 데이터 분석, 시뮬레이션 등 다양한 AI 기술이 학습 과정에 도입되면 기존에는 하기 어려웠던 역량 교육이 더욱 쉬워진다. AI는 단순히 정답을 학생에게 제시하는 것이 아니라, 학생이 해결책을 탐색하고 창의적인 아이디어를 창안하는 과정을 돕는 보조자의 역할을 한다. AI를 활용하여 교사가 수업을 기획하면 교사의 부담은 낮아질 수 있으며, 학습 효과는 커진다.

(3) 데이터 기반 교수 학습 개선

학교에서 학생의 학습 과정을 평가할 때에는 시험 성적, 과제 점수, 교사의 관찰에 주로 의존한다. 이러한 방법은 학생의 학습 과정을 자세하게 분석하는 데 한계가 있다. 또한 학습 과정에서 발생하는 어려움이나 개별적인 학습 격차를 빠르게 발견하지 못한다. AI를 활용한 평가는 학생의 학습 활동 데이터를 실시간으로 수집하여 분석하고, 교수 학습을 최적화하는 기능을 제공한다. AI를 활용한 데이터 기반 교수 학습 개선은 다차원적인 학습 분석, 맞춤형 지도, 학습 성과 예측 등의 이점이 있다.

먼저 데이터에 기반하여 교수 전략을 개선한다. 교사는 학생들의 학습 데이터를 분석하여 효과적인 교수법을 설계할 수 있다. AI 기반 학습 분석 시스템은 학생의 학습 활동 데이터를 실시간으로 분석하여, 교사가 학습자의 개별적인 학습 성취도나 과정을 확인하도록 돕는다. AI는 학생의 출석률, 과제 제출 기록, 퀴즈 점수, 참여도 등의 데이터를 분석하여 학업 성취도를 예측하고, 학습 부진이 예상되는 학생을 빠르게 확인할 수 있다. 또한, 실시간 모니터링 기술을 활용하여 학생들이 온라인 학습 플랫폼에서 어떤 활동을 하는지, 어떤 어려움을 겪는지도 실시간으로 분석하여 교사에게 그 정보를 제공할 수 있다.

두 번째는 데이터 기반 맞춤형 학습 지원이다. 앞서 설명한 데이터 기반 교수 전략 개선이 교사를 위한 것이라면, 맞춤형 학습 지원은 학생을 위한 것이다. AI는 학생의 학습 데이터를 분석하여 개별 맞춤형 학습 경험을 제공한다. AI 기반 적응형 학습 시스템은 학생의 학습 수준과 학습 스타일을 분석하여 맞춤형 콘텐츠를 제공할 수 있다. AI 기반 학습 추천 시스템은 학생의 성취 수준을 분석한 후, 개별 학습 목표에 맞춘 학습 콘텐츠를 자동으로 추천해준다. 학생의 능력과 지식수준을 고려하여 난이도를 조정하고 학습 경로를 최적화한다. 학생이 특정 개념을 충분히 이해하지 못하면 AI가 난이도를 조정하거나 보충 학습 자료, 힌트 등을 제공하여 학습을 촉진한다. 이 과정에서 AI 기반 평가 시스템을 활용할 수 있다. AI는 선택형 평가뿐만 아니라 서술형 답안, 코딩 과제 등을 자동으로 채점하고 피드백을 제공할 수 있다. 생성형 AI와 자연어 처리 기술을 활용하여 학생들이 작성한 글을 분석하고 문법, 논리적 구성, 내용의 타당성 등을 평가하여 피드백을 제공한다. 최근 널리 활용되는 문법 검사 시스템인 Grammarly 등이 그 예시이다.

세 번째는 학습 분석을 통한 학습 성과 예측 및 조기 개입이다. 앞서 설명한 바와 같이 AI는 학생의 학습 데이터를 분석할 수 있다. 많은 데이터를 활용하여 AI는 학생의 학업 성취도를 예측할 수 있으며, 학습 부진이 예상되는 학생을 조기에 발견할 수 있다. 오래전부터 개발되어 활용된 기계 학습 기반 학업 성취도 예측 프로그램은 학생의 출석, 평가 점수, 학습 참여도를 분석하고, 기존의 학업 성취도 데이터와 비교하여 학생의 학업 성취도를 예측한다. 이와 같은 기능을 활용하여 학습을 위한 조기 경보 시스템(Early Warning Systems)을 개발할 수 있다. 이와 같은 방법은 데이터에 기반한 교육 의사결정 방법을 지원한다. 교사의 직관이나 경험이 아닌 데이터에 기반하여 학생을 지도하고 다양한 의사결정을 수립한다.

(4) 학습자의 동기 유발 및 참여 증대

AI를 활용한 교수 학습 도구는 학생의 학습 동기를 높이고 참여를 이끌 수 있다. 강의식 교육 방법에서는 학생들의 학습 동기를 쉽게 이끌어내기 어려웠지만, AI를 활용한 교수 학습에는 학생들의 참여를 유도할 수 있는 다양한 기능이 있다. 먼저 학습을 AI를 활용하여 게임화할 수 있다. 게임화(Gamification)는 게임의 요소(점수, 레벨, 보상 등)를 학습 과정에 적용하여 학생들의 학습 동기를 높이는 방법이다. AI 기술을 활용하여 학습 환경을 게임화하고, 학생 개개인의 성취도에 맞춘 도전 과제를 제공할 수 있다. 앞서 설명한 AI 기반 자동 평가 및 맞춤형 학습도 학생의 동기를 촉진한다. AI 기반 자동 평가는 즉각적 피드백을 제공하여 학생의 흥미를 높이고, 그에 맞게 보상 시스템을 활용하면 학생의 참여도를 높일 수 있다. AI는 학생의 성과를 실시간으로 분석하고, 학습 진전에 따라 보상하며, 경쟁을 유도하여 지속적인 학습을 유도한다. Duolingo와 같은 영어 학습 도구에서 AI를 활용하여 학생 맞춤형 학습 경험을 제공하고, 보상 시스템을 활용하여 학생의 참여를 유도하는 것을 예로 들 수 있다.

두 번째, AI를 활용하여 현실감이 높은 학습 환경을 제공할 수 있다. 학생이 교실에서도 실제 상황을 체험하며 학습할 수 있도록 돕는 방법으로, 가상현실(VR), 증강현실(AR), 혼합현실(MR) 등이 예이다. 세 번째, AI 기반 협력 학습을 통해 학생의 학습 동기를 높일 수 있다. 혼자 학습할 때 낮아지는 학습 동기를 협력 학습을 통해 극복하는 것이 가능하다. AI는 학생들이 상호작용할 수 있는 협력 학습 환경을 조성할 수 있으며, 학생 간의 피드백을 활성화하거나 경쟁을 유도하는 등의 학습을 촉진하는 다양한 기능을 구현할 수 있다.

마지막으로, AI 맞춤형 평가를 통해 적절한 교육 목표를 자동으로 설정하여 학생들의 학습 동기를 촉진할 수 있다. 학습 목표를 설정하고, 성취도를 확인하는 과정은 학생의 학습 동기를 유지하게 하는 중요한 요소이다. AI는 학습 진도를 실시간으로 추적하고 목표 설정을 지원함으로써 학생이 자신의 학습 성과를 가시적으로 확인할 수 있도록 돕는다. AI 기반 성취도 대시보드를 제공하여 자신의 학습 이력을 확인하면서 수행 가능한 수준의 학습 목표를 받아 성공 경험을 늘리고 학습 동기를 높인다.

(5) 수업 준비의 효율성 향상

교사는 수업을 준비하는 과정에서 학습 목표에 맞는 교육 자료를 선정하고, 학습 내용을 효과적으로 전달할 수 있도록 강의 자료, 문제지, 활동지, 평가 도구 등을 제작해야 한다. 이러한 과정에서 교사는 많은 시간과 노력이 필요한데, 학생들의 다양한 학습 수준을 고려해야 한다면 할 일은 더욱 복잡해진다. AI는 수업 준비 과정에서 교사의 업무를 지원하고, 맞춤형 학습 자료를 자동으로 생성하며, 효율적인 자료 관리 시스템을 제공함으로써 수업 준비 시간을 단축하고 교육의 질을 높이는 데 기여한다.

먼저 AI는 학습 자료를 자동으로 생성할 수 있다. 교사가 원하는 학습 목표와 교육 내용을 입력하면, 그것에 맞춰서 교육 자료를 생성하거나 또는 기존의 교육 자료를 수업 맥락에 맞게 변형할 수 있다. 최근 생성형 AI를 활용하여 PPT 자료를 자동 생성하는 것과 같이 교사의 강의 슬라이드를 자동으로 생성하거나 자신의 수업의 개요를 빠르게 정리하고, 핵심 개념을 요약할 수 있다. 또한 자신의 수업 내용을 녹음하거나 녹화한 다음 그것을 활용하여 다시 수업을 생성하는 데 활용할 수도 있을 것이다. 학생에게 제공할 문제지 및 퀴즈 생성에도 AI를 활용할 수 있다. 특히 학생 수준에 따라 난이도를 조정하는 데 유용하다.

교사는 학생 개개인의 학습 수준과 스타일을 고려하여 학습 자료를 수정해야 하는 경우도 많다. AI는 동일한 학습 내용을 다양한 난이도와 형식으로 변환하여, 개별 학습자의 요구에 맞는 자료를 손쉽게 제공할 수 있다. 수업 자료가 많아질수록 체계적으로 관리하고, 필요할 때 쉽게 찾을 수 있게 하는 것도 중요하다. AI는 학습 자료를 자동으로 분류하고, 검색 및 추천 기능을 제공하여 교사의 자료 관리 부담을 줄일 수 있다. 이와 같이 AI는 단순한 자료 생성 도구뿐만 아니라 교사의 업무 효율을 높이기 위하여 다양하게 활용된다. 또한 교사들이 서로 협력하여 교수 학습을 설계하는 데에도 도움을 줄 수 있다. 교사들이 생성한 다양한 학습 프로그램을 AI가 정리하여 교사에게 맞춤형 학습 자료를 추천할 수도 있다. 이와 같이 AI와 교사의 협력을 통해 효율적인 교육 환경을 조성하고, 교사의 업무를 효과적으로 줄일 수 있다.

3. AI 융합교육의 도전과 문제점

(1) 교사의 역할 변화와 문제점

AI 융합교육은 기존의 교육 패러다임을 변화시키며, 그에 따라 교사의 역할도 크게 변화하고 있다. 교사는 지식을 전달하고, 학습을 지도하며, 학생들을 평가하는 역할을 수행해왔지만, AI가 교육 현장에 도입되면서 일부 역할이 변화한다. 지식 전달자의 역할보다는 학습 조력자, 학습 설계자, 데이터 기반 의사결정자의 역할로 변화하는 것이다. 이러한 변화는 교사에게 새로운 기회를 제공하지만, 교육 방식의 전환과 적응을 요구하기도 한다. AI 도입으로 교사의 업무 방식이 변화함에 따라 교사들은 새로운 기술을 익혀야 하며, AI와 협력할 수 있는 능력을 갖추어야 한다. AI에 대한 교사의 숙련도 부족, 교수법 변화에 대한 부담, 교사와 AI의 역할 분배 문제, 교육의 인간적 요소와 기술적 요소의 균형 유지 등 AI의 도입으로 인한 다양한 문제점도 맞닥뜨려야 한다.

먼저 교사의 역할이 지식 전달자에서 학습 조력자로 전환된다. 기존에는 교사가 학습 내용을 설명하고, 학생들이 이해하도록 유도하는 것이 일반적인 교수 학습의 모습이었다. 그러나 AI는 자동 채점, 피드백 제공, 개별 학습 경로 설계 등의 기능을 수행하며 지식 전달의 많은 부분을 담당할 수 있게 되었다. AI가 학습 자료를 제공하고 개별 학습 경로를 설계하는 역할을 수행하면서, 교사에게는 학생들의 학습 과정을 조율하고 지원하는 역할이 강조된다. AI 기반 적응형 학습 시스템이 학생들에게 맞춤형 콘텐츠를 제공하는 동안, 교사는 학습 동기를 높이고 학생의 감정을 지원하거나 창의적 사고 촉진 등의 역할을 수행한다. 또한 앞서 설명한 바와 같이 AI 융합교육에서는 강의식 교육보다 문제 기반 학습, 프로젝트 기반 학습, 토론 기반 학습 등 학생 중심의 학습 방식이 더 많이 활용될 수 있다. 이와 같은 학생 중심 교실에서 교사는 강의자가 아닌 학습 조력자로서 학생들이 AI 도구를 활용하여 문제를 해결하도록 지도해야 한다. 이와 같은 과정에서 교사들은 새로운 교수법을 적용하고 AI와 협업하는 방식에 익숙해지기까지 시간과 노력이 필요하다. 또한 이와 같은 교육 혁신에 대한 가이드라인이나 교사 지원 시스템이 부족하면 교사는 다양한 어려움을 느낄 것이다.

두 번째는 개별 학습 설계자로서의 역할 변화이다. AI는 학생 개개인의 학습 데이터를 분석하고, 학습 수준에 맞춘 콘텐츠를 제공하는 역할을 수행한다. 교사의 역할은 일괄적인 수업을 계획하는 것이 아니라, 개별 학습자를 위한 맞춤형 학습 환경을 설계하고 지원하는 방향으로 변화해야 한다. 이 과정에서는 AI가 제시한 학습 경로를 해석하고 조정하는 역할이나 AI 학습 추천을 점검하는 역할이 중요하다. AI는 자동으로 학습 자료를 추천하고 학습 경로를 조정할 수 있지만, 교사가 이를 최적화하여 학습자가 적절한 방향으로 학습하도록 지도해야 한다. 이 과정에서 교사는 AI가 제안하는 학습 경로의 근거를 이해할 수 있어야 한다. AI 시스템의 작동 방식과 한계를 이해하지 못하면, 교사가 AI의 분석을 맹목적으로 따르는 문제가 발생할 수도 있다.

세 번째는 데이터 기반 의사결정자로서의 역할 변화이다. AI 융합교육에서는 학생들의 학습 데이터를 기반으로 정교한 피드백과 개별 맞춤형 지도를 제공한다. 교사는 단순히 AI의 분석 결과를 수용하는 것이 아니라, 데이터를 해석하고 의미 있는 결정을 내리는 역량을 갖추어야 한다. AI는 학생의 시험 결과, 학습 패턴, 출석률, 과제 제출 기록 등을 분석하여 교사에게 유용한 정보를 제공할 수 있다. 하지만 그와 같은 정보를 통제하고 조절하는 것은 교사의 역할이다. 데이터 기반 교육이 강조될수록, 교사가 AI의 분석 결과를 신뢰할 수 있게 하는 AI 시스템의 투명성과 설명 가능성을 높일 필요도 있다.

AI 도입에 대한 교사들의 심리적 저항과 적응 문제는 중요한 이슈이다. 모든 교사가 AI 기술에 익숙한 것은 아니며, AI 도구를 학습하고 효과적으로 활용하는 데 상당한 시간이 필요할 것으로 보인다. 교사에게 AI 활용 교육을 충분히 제공하지 않으면, AI 융합교육이 특정 교사에게만 집중될 가능성이 있고 그에 따른 다양한 문제점도 발생할 수 있다. 또한 AI와 교사의 역할 분배에 대한 불확실성이 높아지는 것도 문제점이다. AI가 일부 교수 학습 활동(자동 채점, 문제 생성, 개인 맞춤형 피드백 제공 등)을 대체하면서, 교사들은 자신의 역할이 축소될 것이라고 우려하거나 AI에 의존하여 교사로서의 역할을 소홀히 하는 등의 문제점도 생길 수 있다. AI가 교육의 중심이 될 때 교육의 본질적인 가치인 인간적 상호작용, 정서적 지원, 윤리적 판단 등에 대한 의미가 훼손되거나 줄어들 수 있다. AI는 교사의 업무를 보조하는 역할일 뿐 교육적 의사결정은 교사가 담당한다는 원칙을 분명히 해야 한다. 교사가 AI와 협력할 수 있도록 충분한 교육과 지원이 제공되어야 하며, AI가 교사의 업무를 보완하는 방식으로 활용될 수 있도록 가이드라인이 마련되어야 한다.

(2) AI의 한계 및 윤리적 문제

AI 융합교육은 맞춤형 학습 지원, 교수 활동 보조, 학습 분석 등을 통해 교육의 효율성을 높이고 있다. 그러나 AI 기술이 모든 교육적 과제를 해결할 수 있는 도구는 아니며, AI의 한계와 윤리적 문제를 검토하는 것이 필요하다. AI가 교육 현장에서 효과적으로 활용되려면 기술적 한계를 인식하고, 윤리적 문제를 최소화하는 방향으로 적용되어야 한다.

우선 AI의 기술적 한계이다. 최근 생성형 AI가 널리 활용되면서 할루시네이션이 중요한 이슈가 되었다. AI는 특정한 패턴을 학습하고 분석하는 데 강점을 가지지만, 틀린 정보를 제공할 수도 있다. 또한 창의적 사고, 비판적 판단, 인간적 공감 능력 등 교육에서 중요한 요소들을 완전히 대체하기도 어렵다. 먼저 학습 데이터의 한계 및 편향이다. AI 시스템은 대량의 데이터를 학습하여 작동하기 때문에 데이터가 편향되어 있으면 결과 역시 편향된다. 따라서 교육에서 AI가 생성하는 학습 자료나 평가 결과가 특정 그룹(성별, 인종, 사회적 배경 등)에 불리하게 작용할 가능성이 있다. 최근 AI 기반 자동 채점 시스템에서 특정 언어 스타일이나 문법 패턴을 선호하는 등의 편향성이 발견되어 많은 학자들이 우려하였다. AI 학습 분석 시스템이 특정 그룹의 학생에게 일관적으로 낮은 학습 성과를 예측할 때 교사가 이에 따라 차별적인 개입을 할 위험성이 있다.

두 번째, 아직도 AI는 인간만큼이나 창의적 사고 및 복합적 문제 해결 능력이 부족하다. AI는 패턴을 분석하여 결과를 도출하는 데 뛰어나지만, 완전히 새로운 개념을 창출하거나 복잡한 윤리적 문제를 스스로 해결하는 데에는 한계가 있다. 예를 들어서 AI 기반 에세이 평가 시스템이 논리적 구조를 분석할 수는 있지만, 학생의 창의적 아이디어나 철학적 사고를 깊이 평가하는 것은 어렵다. 코딩을 학습하는 AI 도구가 기존 알고리즘을 추천할 수는 있지만, 문제 해결을 위한 독창적인 접근법을 제시하는 것은 상당히 어렵다. 세 번째는 설명 가능성이다. 많은 AI 모델은 어떻게 그런 판단을 하게 되었는지에 대한 충분한 설명을 하지 못한다. 예를 들어 AI가 학생의 성취도를 낮게 예측했을 때, 그 예측이 어떤 요인에 의해 이루어졌는지 명확한 설명이 부족하면 교사가 적절한 개입을 하기 어렵다. 또한 그런 설명이 이루어지지 못할 때 AI의 의사결정을 신뢰하기 어려울 수 있다. 이와 연결하여 데이터 프라이버시 및 보안 문제도 뒤따른다. AI 시스템은 학생들의 학습 이력, 성적, 행동 패턴 등 민감한 데이터를 수집하고 분석하는데, 이와 같은 정보가 안전하게 보호되지 않으면 심각한 프라이버시 문제가 발생할 수 있다. 학생의 개인정보가 무단으로 사용되거나 AI가 수집한 데이터가 상업적으로 제3자에게 공유될 때 문제가 발생할 가능성이 높다. AI에 대한 의존성 증가도 중요한 이슈이다. AI가 교육과정에서 중요한 역할을 하게 될수록, 교사와 학생이 AI 기술에 지나치게 의존할 위험이 있다. 교사가 AI의 분석 결과를 무조건 신뢰하면 인간적인 판단과 교육적 직관이 부족한 기계적 의사결정이 이루어질 가능성이 있다. 학생들은 AI가 제공하는 즉각적인 답변에 익숙해져서, 스스로 사고하는 능력이 저하될 위험도 있다. 또한 AI의 교육적 의사결정에 대한 책임 문제도 제기된다. AI가 잘못된 학습 자료를 추천하거나 부적절한 평가를 내릴 때, 그 책임을 누구에게 물어야 하는지에 대한 명확한 규정이 필요하다. AI가 제공하는 학습 경로와 추천이 학습자에게 부정적인 영향을 미쳤을 때 교사와 교육 기관의 역할과 책임이 명확하지 않으면 혼란이 발생할 수 있을 것이다.

　AI의 한계를 보완하기 위한 방향으로도 다음이 제안될 수 있다. 먼저 교사의 역할을 강조하고, 인간 중심 교육을 유지하는 다양한 활동을 지속해야 한다. AI는 교사를 대체하는 것이 아니라, 교사의 역할을 보완하는 도구로 활용되어야 함을 항상 인지해야 할 것이다. AI가 제공하는 학습 분석 결과는 참고 자료로 활용하고, 최종적인 교육적 판단은 반드시 교사가 내려야 한다. 아울러 기술 개발을 통해 AI의 투명성을 높여야 한다. 또한 최근의 AI 기본법과 같이 AI의 윤리적 활용에 대한 정책과 규제를 마련해야 할 것이다. AI 융합교육은 맞춤형 학습과 교육 효율성을 향상시키는 강력한 도구가 될 수 있지만, 기술적 한계와 윤리적 문제를 고려하지 않으면 교육의 공정성과 신뢰성이 저하될 위험이 있다. AI가 학습 데이터를 분석하고 교육적 결정을 보조하는 과정에서 데이터 편향, 프라이버시 보호, AI 의존성 문제 등을 해결하기 위한 신중한 접근이 필요하다. AI와 인간 교사가 협력하여 균형 잡힌 교육을 실현할 때 AI 융합교육의 장점을 극대화할 수 있을 것이다.

(3) AI 융합교육의 방향성과 필요성 재확인

디지털 전환 시대에서 AI의 역할은 점점 더 확대되고 있으며, 교육 분야에서도 AI 융합교육이 필수적인 요소로 자리 잡고 있다. AI는 개별 학습자의 수준과 요구에 맞춘 맞춤형 학습을 제공하고, 교수자의 업무 부담을 줄이며, 데이터 기반 교육 의사결정을 가능하게 한다. 또한 AI는 다양한 학습 스타일과 능력을 반영한 학습 환경을 조성하고, 학습 효과를 극대화하는 새로운 교수법을 적용할 수 있도록 지원한다. AI 융합교육은 단순한 기술적 도입이 아니라, 교육의 본질적인 역할과 방향성을 재정립하는 과정이 되어야 한다. AI는 학습자 중심 교육을 강화하고, 개별 맞춤형 학습 기회를 확대하며, 교육의 효율성을 높이는 역할을 수행할 수 있다.

이와 같은 과정에서 AI 융합교육의 핵심 방향성을 다시 확인하고자 한다. 먼저 맞춤형 학습 강화이다. AI를 활용하여 학생 개개인의 학습 데이터를 분석하고, 수준과 학습 패턴에 맞는 학습 경로를 제공하여 학습 격차를 최소화해야 한다. 학습자의 자기 주도 학습 능력을 강화하고, 개별적인 학습 목표를 설정할 수 있도록 지원해야 한다. 두 번째는 교사의 역할 재정립 및 AI와의 협업이다. AI는 교사의 업무를 대체하는 것이 아니라 보조 도구로 활용되어야 하며, 교사는 AI가 제공하는 데이터를 바탕으로 심층적인 개별 지도를 수행해야 한다. 교사의 역할은 학습 조력자, 데이터 기반 의사결정자, 창의적 교육 설계자로서 AI 융합교육을 효과적으로 운영해야 한다. 세 번째는 데이터 기반 교육 혁신이다. AI가 제공하는 학습 데이터를 분석하여 교육과정과 교수법을 지속적으로 개선하고, 학습 성과를 예측하며 조기 개입 시스템을 강화해야 한다. AI의 자동 채점, 피드백 제공, 학습 성취도 분석 등의 기능을 활용하여 정밀한 학습 평가를 수행해야 한다. 네 번째는 AI 교육의 윤리성과 공정성 확보이다. AI가 교육에서 편향적인 결과를 초래하지 않도록 지속적인 검토와 개선이 필요하며, AI 의사결정의 투명성을 강화해야 한다. 학생들의 데이터 프라이버시를 보호하고, AI가 제공하는 맞춤형 학습이 학습 격차를 심화시키지 않도록 주의해야 한다. 다섯 번째는 비판적 사고와 창의성 교육 강화이다. AI가 제공하는 정보에 의존하지 않고, 학생들이 AI를 활용하여 스스로 사고하고 문제를 해결하는 능력을 기를 수 있도록 교육을 설계해야 한다. AI가 단순한 정보 제공자가 아니라, 학습자가 다양한 접근 방식을 탐색하고 논리적으로 사고할 수 있도록 돕는 도구로 활용되어야 한다. AI 융합교육의 방향성은 AI가 교육을 대체하는 것이 아니라, 교육의 질을 향상시키고 학습 기회를 확장하는 방향으로 활용하는 것에 초점을 맞추어야 한다. AI를 적절하게 활용한다면 개인화된 학습 경험을 제공할 수 있으며, 미래사회가 요구하는 창의적이고 문제 해결 능력이 뛰어난 인재를 양성할 수 있을 것이다.

마지막으로 교사와 학생이 AI와 협력하기 위한 준비 과제이다. AI 융합교육이 효과적으로 정착하기 위해서는 교사와 학생이 AI를 올바르게 이해하고 활용할 수 있도록 준비하는 과정이 필요하다. AI는 교육의 보조 도구지만, 이를 활용하는 방식에 따라 학습 효과와 교육의 질이 크게 달라질 수 있다. 따라서 교사는 AI와 협업하는 새로운 교수법을 익히고, 학생은 AI를 활용하되 비판적으로 사고하는 능력을 기르는 것이 중요하다. AI 융합교육을 성공적으로 구현하기 위해서는 교사의 AI 활용 역량을 강화하고 학생의 AI 리터러시 교육, AI 기반 교육 시스템을 보완하고 개선하는 작업이 반드시 필요할 것이다.

겨울 생각을 엮어 우리만의 발표회 만들기
- AI 융합교육으로 실현하는 통합학급 수업 -

오늘날 인공지능(AI)은 우리 일상과 교육 전반에 깊이 스며들며, 그 중요성이 점차 확대되고 있습니다. 그러나 모든 학생이 이러한 변화에 동등하게 참여하고 있을까요?
실제 교육 현장을 살펴보면, 국어나 수학과 같은 주지 교과는 특수학급에서 별도로 지도되는 경우가 많습니다. 반면, 음악이나 미술과 같은 교과는 과목 특성상 통합학급에서 함께 이루어지는 경우가 대부분입니다. 결국 통합교육 환경에서 특수교육 대상 학생을 고려한 AI 교육이 아직 충분히 마련되어 있지 않은 실정입니다.
이에 본 장에서는 일반교사와 특수교사가 협력하여 AI 교육을 함께 계획하고 실행한 사례를 공유합니다. 이를 통해 통합교육 환경에서 실현 가능한 AI 융합교육의 방향을 함께 모색해보고자 합니다.

수업 개요	대상	초등학교 5-6학년	
	관련 교과	국어, 미술, 음악	
	수업 목표	AI로 나의 겨울 생각 발표회를 진행할 수 있다.	
	성취 기준	[6국01-05]	• 자료를 선별하여 핵심 정보를 중심으로 내용을 구성하고 매체를 활용하여 발표한다.
		[6미02-05]	• 미술과 타 교과의 내용과 방법을 융합하는 활동을 자유롭게 시도할 수 있다.
		[6음02-03]	• 다양한 종류의 음악을 듣고 음악의 배경과 활용을 설명한다.
	활용 도구	DALL-E, Canva, Padlet Sandbox, Vrew, Mizou	

CHAPTER 01 통합교육 속 AI 융합 수업

01 AI 융합 수업 의도와 중점 사항

1. AI 융합 수업 의도

2022 개정 교육과정 총론에 따라, 초등학교에서는 모든 교과에서 디지털 기초 소양을 체계적으로 함양할 수 있도록 수업을 설계하고 있습니다.

AI 도구의 활용은 특수교육 대상 학생들의 개별적인 어려움을 보완하고 통합교육 환경에서의 성공적인 참여를 유도하는 효과적인 수단이 될 수 있습니다. 예를 들어, 음성 합성 기술은 한글 사용이 어려운 학생들에게도 글쓰기 활동에 참여할 기회를 제공해줄 수 있을 것입니다.

이에 본 장에서는 실제 사례를 바탕으로, 통합학급 내 AI 융합교육의 방향성과 주요 특징을 함께 고찰해보고자 합니다.

> **Tip** 통합교육에서 AI, SW 교육 자료를 얻으려면 어떻게 하면 좋을까요?
> 국립특수교육원의 에듀에이블 사이트를 활용해보세요. 장애 학생의 눈높이에 맞춰 주제별 디지털 교육 자료가 제시되어 있습니다.

[그림 1-1] 국립특수교육원 에듀에이블 사이트

2. 활용 도구

가. DALL-E: 프롬프트를 바탕으로 AI가 그림을 생성해주는 도구로, 창의적인 이미지 제작에 활용할 수 있어요. 간단하게 프롬프팅을 경험해볼 수 있어서, 학생들에게 소개해주기 좋은 도구예요.

나. Padlet Sandbox: 온라인에서 함께 사용할 수 있는 전자칠판으로, 학생들이 자유롭게 글, 이미지, 동영상을 올리며 아이디어를 나눌 수 있어요. 특히 하나의 주제를 중심으로 여러 생각을 정리할 때 유용하게 활용할 수 있어요.

02 활용 도구 소개

1. 원하는 그림을 만드는 DALL-E

(1) 왜 이 도구를 선택했나요?

AI 이미지 생성 도구인 DALL-E는 AI와 인간의 창작 방식의 차이를 이해하는 데 효과적인 도구입니다.

예를 들어, AI가 비발디의 '여름'에서 영감을 받아 생성한 그림과 학생들이 직접 음악을 듣고 느낀 감정을 바탕으로 그린 그림을 비교해서 보면, 두 방식 사이에서 흥미로운 차이를 발견할 수 있거든요!

(2) 활용 방법과 Tip은 어떻게 되나요?

※ 2025. 4. 9. 기준 DALL-E는 Copilot에서 무료로 사용할 수 있습니다.

① 컴퓨터 앱 설치하고 실행

② 좌측 하단 [로그인] 으로 로그인

③ [　　　　] 메시지 창에 만들고 싶은 이미지 설명 입력

[그림 1-2] Copilot 초기화면

"사람은 나오지 않는 청량한 여름을 표현한 그림을 그려줄 수 있어?"라고 입력을 해보면 어떨까요? 어떤 그림이 나올까요? 그럼 DALL-E는 "청량한 여름을 표현한 그림을 곧 볼 수 있을 거예요! 기대해보세요"라는 답을 하고, 오른쪽 그림처럼 이미지를 생성해줍니다.

[그림 1-3] DALL-E가 그린 그림

> **Tip** '사람은 없이'라고 넣는 것이 좋아요! 그러지 않으면 사람이 옷을 입지 않은 채 그려질 가능성이 있어요.

(3) 주의 사항에는 어떤 것이 있을까요?

권장 사용 연령을 고려할 때, **초등 교실에서는 교사가 시연하는 방식으로 활용하는 것이 적절합니다.**

사용 연령 고려 방법

학생
- Padlet 같은 온라인 도구로 프롬프트 제시

교사
- DALL-E에 입력
- 생성된 이미지 검토
- 학생에게 제공

[그림 1-4] DALL-E 사용 연령 고려 방법

(4) 통합학급에서는 어떤 것을 고려해야 할까요?

> **자세한 질문은 필수!**

통합학급에 있는 특수교육 대상자의 경우, 자신이 원하는 그림이 무엇인지 단번에 말하기 어려운 경우가 있어요. 자신의 생각을 표현하는 데 아직 익숙하지 않기 때문이죠. 그래서 조금 더 구체적인 질문을 통해 아이의 의도를 이끌어내는 과정이 중요해요. 또한, 교사가 직접 도와주기 어려운 상황이라면 또래 친구의 도움을 활용해보는 것도 좋은 방법이에요!

> **DALL-E의 음성인식 기능을 활용해요!**

통합학급에 있는 특수교육 대상자 중에는 타자 입력이 어려운 학생도 있을 수 있어요. 하지만 Copilot과 같은 생성형 AI에는 대부분 음성인식 기능이 탑재되어 있어서 이런 경우에도 충분히 활용할 수 있답니다. 입력 창 오른쪽에 있는 마이크 모양 버튼을 누르면 내장된 마이크를 통해 직접 한글 입력이 어렵더라도 말로 참여할 수 있어요.

[그림 1-5] Copilot 내장 마이크

2. 생각을 모으는 Padlet Sandbox

(1) 왜 이 도구를 선택했나요?

이 도구를 AI 융합 수업에서 활용한 이유는, '겨울 생각을 담은 작품'을 온라인 전시 형태로 공유하고 싶었기 때문이에요.

패들렛 샌드박스에는 그림뿐만 아니라 오디오 파일도 함께 업로드할 수 있어서, 학생들이 만든 겨울 테마의 그림과 음악을 함께 전시할 수 있답니다. 또한 포스트잇 기능을 활용하면, 작품에 담긴 창작 배경이나 의도를 직접 기록할 수 있어서 관람하는 사람들이 더 깊이 있게 감상할 수 있어요.

(2) 활용 방법과 Tip은 어떻게 되나요?

※ 교사용 계정을 인증하면 다섯 개까지 무료로 사용할 수 있습니다.

[그림 1-6] Padlet Sandbox 메뉴

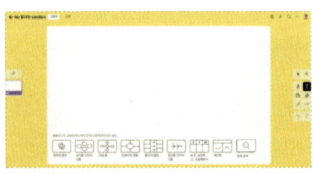

[그림 1-7] Padlet Sandbox 메인

① Padlet 사이트 접속

② 로그인 눌러 로그인

③ 우측 상단 +만들기 , 새 샌드박스 접속

④ 템플릿 선택 혹은 빈 템플릿

⑤ 목적에 따라 그림, 텍스트 입력

⑥ 우측 상단의 버튼을 눌러 QR코드를 생성하고, 학생들이 접속할 수 있게 안내

Tip 1 Padlet은 한 학급에만 국한되지 않고, 여러 학급의 작품을 한 공간에 전시할 수 있다는 점도 큰 장점이에요. 덕분에 대규모 온라인 전시회를 열 수도 있습니다. 만약 한 학급이 아닌 전교생이 참여하는 대회나 전시회를 기획 중이라면, 이 도구의 활용을 꼭 한번 고민해보는 것을 추천해요!

Tip 2 한 명이 하나의 카드나 화면을 사용하고, 이를 30명에게 복제해야 하는 상황이라면 어떻게 해야 할까요?
대표 학습지 카드 하나만 미리 만들어두고, 복제하는 방법을 학생들에게 안내해주세요. 학생들은 그 학습지를 복제한 뒤, 이름만 바꿔서 자신의 학습을 시작하면 돼요. 이렇게 하면, 교사는 학습지를 인쇄하거나 배부하고 다시 걷는 수고 없이, 하나의 화면 안에서 30명의 작업을 동시에 관리할 수 있어요.

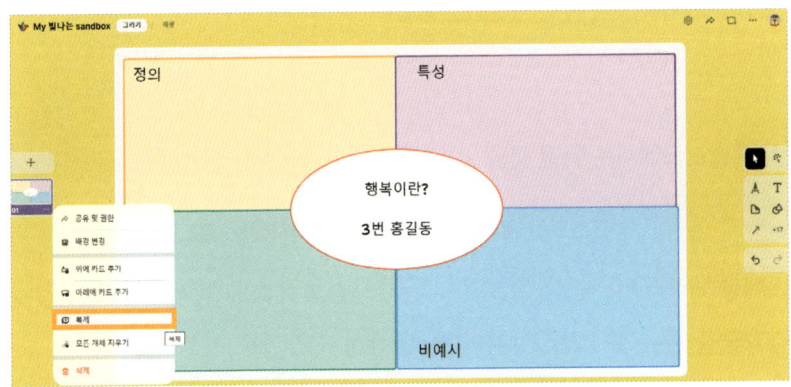

[그림 1-8] Padlet Sandbox 두 번째 팁

(3) 주의 사항에는 무엇이 있을까요?

교사가 만든 텍스트와 그림은 그대로 두고 학생들은 새로운 개체만 추가하기 원한다면 '작성자'의 권한으로 샌드박스를 공유해야 해요. 편집자의 권한으로 공유하면 기존에 지워지면 안 되는 것들도 학생들이 실수로 지울 수 있습니다.

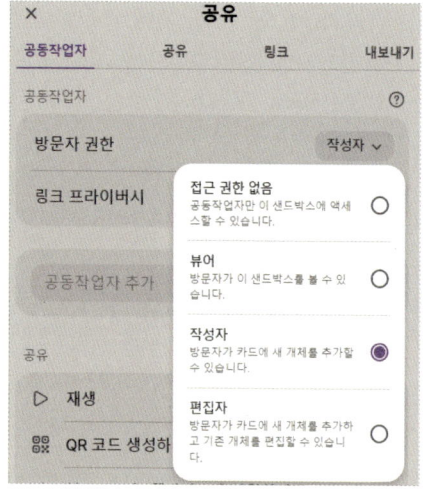

그리고 만약 완성된 전시회에 관람객을 초대하고 싶다면 '뷰어' 권한을 부여해보는 것도 좋습니다. 이 권한을 사용하면 방문자는 보기만 할 수 있는 형태로 전시에 참여할 수 있어요.

[그림 1-9] 공유 옵션

(4) 통합학급에서는 어떤 것을 고려해야 할까요?

> 포스트잇 활동처럼 쉬운 활동을 제시해보세요.

패들렛 샌드박스는 학생들이 보드에 포스트잇을 붙이듯, 의견이나 학습 결과물을 자유롭게 게시할 수 있다는 특징이 있어요.

기존의 패들렛과 달리 카드 형식으로 구성되어 있어 더 직관적이고 활용도가 높기때문에 특수교육 대상자처럼 다양한 수준의 학생들도 손쉽게 사용할 수 있는 장점이 있답니다.

> 다양한 표현 방식을 허용해주세요.

특수교육 대상자 중에는 그림이나 사진으로 자신의 생각을 표현하는 경우도 있어요. 패들렛 샌드박스에는 직접 그림을 그리거나 사진을 업로드할 수 있는 기능이 있으니 이를 적극적으로 활용해보세요. 특수교육 대상자를 포함한 모든 학생들에게 다양한 표현 방식을 허용하면 각자의 개성이 담긴 다채로운 학습 활동이 이루어질 수 있답니다.

> **자유도가 높은 활동이 어려울 수 있어요.**

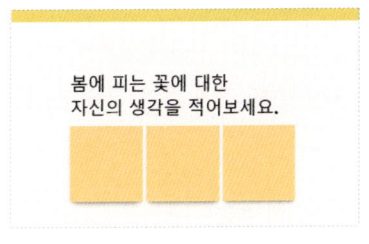

[그림 1-10] 힌트가 있는 활동 제공

자유도가 높은 활동은 특수교육 대상자에게는 오히려 어려움으로 느껴질 수 있어요. 그래서 포스트잇 활동을 할 때에는 '○○을 적어보세요'처럼, 내용을 살짝 안내해주는 것이 도움이 됩니다. 이렇게 간단한 문장으로 방향을 제시해주면 학생들이 훨씬 더 수월하게 활동에 참여할 수 있어요.

03 AI 융합 수업 계획

> **'AI로 나의 겨울 표현하기'**

본 프로젝트는 통합교육 환경에서 AI 융합교육을 적용한 사례로서, 계절을 소재로 한 '나의 겨울 표현하기' 수업을 제시합니다.

특히, 계절은 누구나 쉽게 공감할 수 있는 요소인 만큼 일반 학생과 특수교육 대상 학생 모두에게 친숙한 주제라고 판단해 선정하였습니다.

> **수업의 특징**

- 초등학교 통합학급의 5-6학년 학생 36명을 대상으로 진행
- 국어, 미술, 음악 교과 융합

- 평가 방식: 발표회를 기획하는 과정에서 학생들이 창의적으로 표현하고 협력하는 경험을 충분히 할 수 있도록 자기평가, 관찰평가, 포트폴리오 평가 진행

1. 수업 계획의 단계 설명

본 수업은 인간 – AI 협력 역량 향상을 위한 활동 중심 수업 설계 원리[1])를 반영하여 계획하였습니다. 여러 설계 원리 중 통합학급 AI 수업에 적합한 설계 원리를 바탕으로 구체적인 방안을 수립하였습니다.

학습자 특성을 고려하여 중점적으로 적용한 원리는 다음과 같습니다.

① 교과와 AI 연계의 원리: 정보 교과뿐만 아니라 국어, 수학, 사회 등 **다양한 교과와 연계한 실제적 협력 과제**를 제시한다.

② 학습자 중심 활동의 원리: 인간 – AI 협력 역량을 구성해나가도록 **도입 – 탐색 – 공유 – 발전 – 종합 및 성찰** 단계로 수업을 구성한다.

(1) 교과와 AI 연계의 원리

> 겨울 생각 발표회를 중심으로 한 설계

본 수업은 **국어, 미술, 음악 교과**를 융합하여 학습자가 AI와 협력하는 경험을 통해 **인간 – AI 협력 역량**을 기를 수 있도록 설계하였습니다. 특히, '겨울 생각'이라는 실제적 협력 과제를 중심으로 각 교과의 특성을 살리고, AI 기술을 효과적으로 활용하여 과제를 해결하도록 구성하였습니다.

---

[1] 송혜빈, 조영환. (2023). 인간-AI 협력 역량 향상을 위한 활동 중심 수업 설계 원리 개발. 교육정보미디어연구, 29(1), 145-173.

국어 교과에서는 겨울 생각 발표회 대본을 작성하는 활동을 통해 핵심 정보를 선별하고, 매체를 활용하여 내용을 구성하는 경험을 합니다. 이 과정에서 Mizou(챗봇 도구)를 활용하여 AI와 상호작용하며 대본을 생성하고 수정하며 인간 – AI 협력 역량을 강화할 수 있도록 하였습니다.

미술 교과에서는 DALL-E를 활용하여 학생들이 느끼는 계절의 감각을 시각적으로 표현하는 활동을 진행합니다. 학생들은 음악을 듣고 떠오르는 이미지를 AI에게 설명하는 프롬프트를 작성한 뒤, AI가 생성한 결과물을 바탕으로 AI와 인간의 창작 방식 차이를 탐구합니다.

음악 교과에서는 학생들이 창작한 음악과 그림으로 작품 전시를 기획하고 공유합니다. 학생들은 AI와 협력하여 학습한 기술을 실생활에 적용하는 경험을 쌓을 수 있습니다. 또한, AI의 창작 능력과 인간의 창의성, 감성의 결합 결과물로 수업을 완성합니다.

(2) 학습자 중심 활동의 원리

> 도입 – 탐색 – 공유 – 발전 – 종합 및 성찰의 단계로 구성한 수업

학습자가 주도적으로 참여하고 AI와의 협력 경험을 유도했습니다. 각 단계별로 AI 도구와의 상호작용, 교과 간 융합 과제 수행, 학생 주도적 프로젝트가 포함되어 있습니다.

도입
- 칸딘스키의 작품 제시 및 음악과 미술의 연계성 탐색
- AI의 창작 능력에 대한 호기심을 자극하는 질문 제시
- 학습 목표와 활동 방향성 명확화

탐색
- 칸딘스키의 음악적 회화 기법 학습
- 비발디의 '여름'을 듣고 감각적 시각화
- DALL-E로 AI가 음악을 그림으로 변환하는 과정을 실습
- AI와 인간의 창작 방식 차이 탐색

공유
- AI와 인간이 '겨울'을 어떻게 시각화하는지 비교
- AI가 생성한 이미지와 학생들의 그림 분석
- AI와 인간의 감각적 표현 방식 차이에 대해 토론

발전
- Padlet Sandbox를 활용한 온라인 전시 및 발표 기획
- AI 변환 과정과 작품에 대한 설명 작성
- Mizou와 Canva를 활용하여 발표 대본 작성

종합
- 온라인 전시회 및 발표를 통해 작품 공유 및 피드백
- AI와의 협력 과정에 대한 성찰 및 학습 목표 달성 확인

AI 융합 수업 차시별 소개

01 AI와 인간의 창작 방식 탐구하기 (1-2차시)

1. AI와 인간의 창작 비교하기 (1차시)

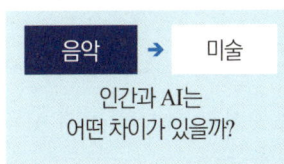

활동 순서
(1) 칸딘스키의 음악적 회화 기법 학습
(2) 직접 비발디의 '여름' 그리기
(3) DALL-E가 그린 '여름' 그림 보기

1차시는 칸딘스키의 기법을 바탕으로 음악을 미술로 변환하는 활동을 통해 인간과 AI의 창작 방식 차이를 이해하는 기초를 다지는 시간입니다. 학생들은 비발디의 '여름'을 감상한 뒤, 직접 그린 그림과 생성형 AI가 만든 그림을 비교하였습니다. 이 과정에서 감정 중심의 인간 표현과 구조 중심의 AI 표현의 차이를 자연스럽게 발견하고, 이를 바탕으로 함께 토의하는 시간을 가졌습니다.

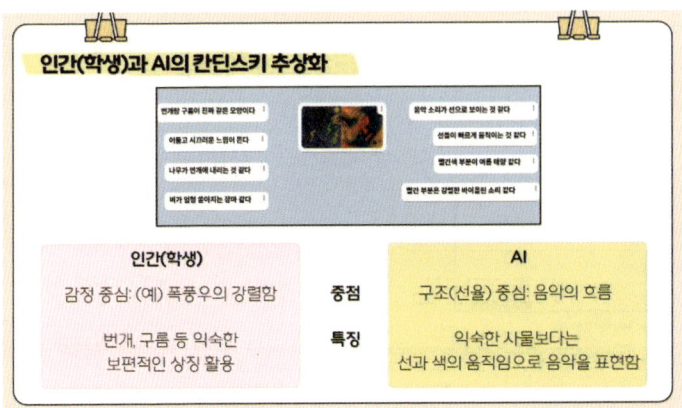

[그림 1-11] 1차시 수업 자료

2. AI의 사고 과정 이해하기 (2차시)

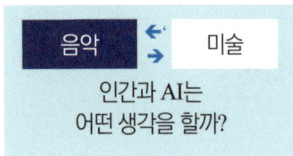

활동 순서
(1) AI는 어떤 과정을 거쳐 음악의 그림을 그리는지 탐색하기
(2) AI 표현 방식의 한계 정리하기

    2차시는 음악과 그림을 상호 변환하는 AI의 작동 방식을 탐구하고 인간과 AI의 표현 방식 차이를 이해하는 차시입니다. 학생들은 AI가 음악의 흐름을 분석하여 나타낸 파형과 뮤지컬 캔버스를 활용한 사례를 통해 AI의 작동 원리를 파악합니다. 특히 AI가 음악의 선율을 분석하고 그림 속 선·도형 등의 시각 요소를 인식하여 소리를 구성하는 과정을 관찰함으로써, AI가 감각적으로 표현하기보다는 구조적으로 분석하는 방식을 이해하게 됩니다. 이를 바탕으로 인간의 창작과 비교하며 AI 표현 방식의 한계에 대해 함께 토의합니다.

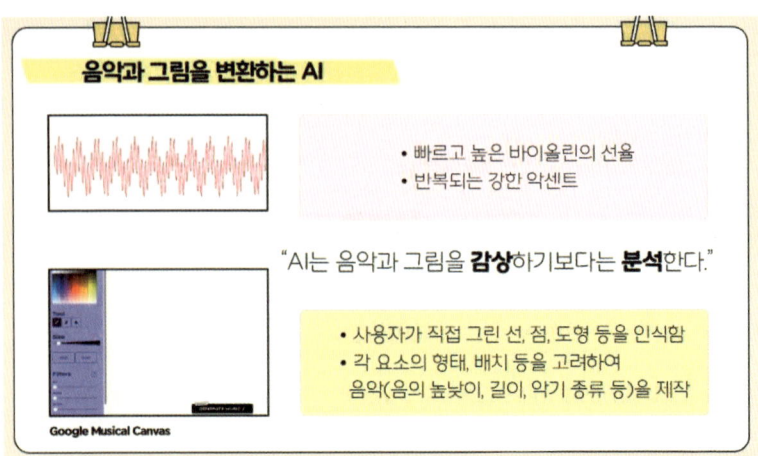

[그림 1-12] 2차시 수업 자료

AI와 협력하여 전시 계획 구상하기 (3-4차시)

1. 겨울을 AI와 인간의 시각으로 표현하기 (3차시)

겨울을 주제로	활동 순서
인간과 AI는 어떤 차이가 있을까?	(1) 겨울에 대한 감상을 프롬프팅하기 (2) 비발디의 '겨울' 감상하기 (3) DALL-E의 그림과 나의 감상 비교하기

3차시는 AI와 인간이 '겨울'을 어떻게 시각적으로 표현하는지를 비교하고, 두 창작 방식의 차이를 탐구하는 활동으로 구성됩니다. 먼저 학생들이 '겨울에 대한 감상'을 프롬프트로 작성하여 패들렛에 게시하면 교사는 이를 DALL-E에 입력하여 이미지를 생성하고 다시 공유합니다. 이후 학생들은 비발디의 '겨울'을 감상한 뒤 AI가 생성한 겨울 이미지와 자신의 음악적 감상을 비교하며 AI의 데이터 기반 창작과 인간의 감각적 해석의 차이를 체험합니다.

[그림 1-13] 3차시 수업 자료

2. AI와 함께 겨울 음악, 겨울 그림 만들기 (4차시)

활동 순서
(1) Suno AI로 겨울 음악 만들기
(2) DALL-E로 겨울 그림 만들기

[그림 1-14] DALL-E로 겨울 그림   [그림 1-15] Suno AI로 겨울 음악

이 과정에서 자신의 의도와는 다른 그림이나 음악이 생성되는 경험을 통해 AI의 창의성에 대해 비판적으로 사고할 수 있도록 합니다. 또한 이를 바탕으로 인간과 AI의 협력 가능성에 대해 고민하고 탐색하는 기회를 제공합니다.

03 AI와 협력하여 발표회 기획하기 (5-6차시)

1. 겨울 생각 발표회 기획 및 역할 분담하기 (5차시)

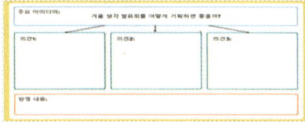

활동 순서
(1) 겨울 생각 발표회 기획하기
(2) 겨울 생각 발표회 역할 분담
(3) 발표 분위기 및 순서 정하기

[그림 1-16] Padlet Sandbox 기획

5차시는 학생들이 '겨울 생각 발표회'를 직접 기획하고, 역할을 분담하여 준비하는 활동으로 구성됩니다. 이를 통해 학생들이 합리적인 의사결정 과정을 경험하고, 협력적 문제 해결력을 기를 수 있도록 합니다.

2. AI와 함께 발표회 대본 작성 및 연습하기 (6차시)

활동 순서
(1) Mizou 챗봇 작성 (2) Mizou로 대본 작성 (3) Canva로 대본 정리

[그림 1-17] Mizou 챗봇 작성 창

6차시는 AI 도구를 활용하여 발표 대본을 구성하고, 발표 연습을 진행하는 차시입니다. 학생들은 Mizou 챗봇을 활용하여 기본적인 발표 대본을 작성한 뒤, Canva를 활용해 대본을 정리합니다. 이후 챗봇과의 상호작용을 통해 AI가 제공한 기본 틀을 수정하고 보완하며 발표 내용을 완성해나갑니다. 마지막으로 Canva를 이용해 각자의 개성을 담아 자신만의 스타일로 대본을 꾸밈으로써 발표 준비를 마무리합니다.

 타자 입력이 어려운 학생들은 Mizou의 음성 입력 기능을 활용해요!

04 겨울 생각 발표회 진행하기 (7-8차시)

1. 우리 반 겨울 생각 발표회 진행하기 (7차시)

활동 순서
(1) 순서에 따라 발표회 진행 (2) 간단한 인터뷰, 겨울 그림 해설, 겨울 음악 해설 진행

[그림 1-18] 발표회

이 차시는 학생들이 기획하고 준비한 '나의 겨울 생각 발표회'를 실제로 진행하는 시간입니다. 학생들은 자신들이 직접 계획한 발표회 순서에 따라 무대를 운영하며 발표회를 이끌어갑니다. 이를 통해 AI와 협력하여 창작한 작품을 무대 위에서 공유하고 성취감을 경험합니다. 또한 통합학급의 모든 학생이 함께 무대에 서는 과정을 통해, 모두를 위한 AI 융합교육의 의미를 실천합니다.

2. Vrew를 활용한 발표회 영상 편집 및 성찰 (8차시)

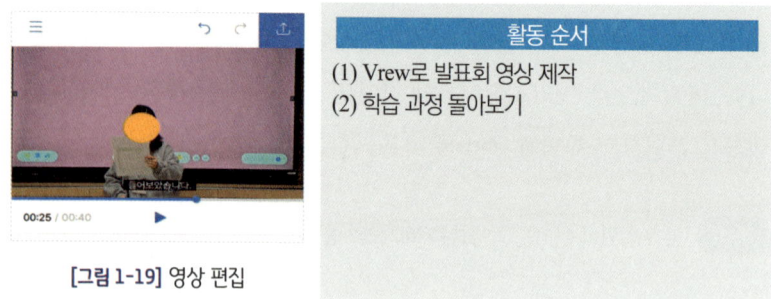

[그림 1-19] 영상 편집

이 차시는 학생들이 단순히 발표를 마치는 것을 넘어, AI와 함께 발표회를 완성했다는 성취감을 느끼고 그 의미를 나누는 시간입니다.

Tip 유튜브 비공개 링크로 영상을 공유하면 공개 범위를 제한할 수 있어요.

CHAPTER 03 수업 결과물 및 제언

01 나만의 프로그램 결과물 예시 및 평가

1. 학생 산출물 예시

학생 산출물은 패들렛 샌드박스에 업로드된 작품과 겨울 생각 발표회 대본 및 브루 사회 영상으로 나누어 산출됩니다. 각 활동 모습 및 결과는 아래와 같습니다.

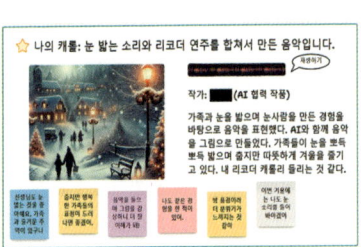

[그림 1-20]
Padlet Sandbox

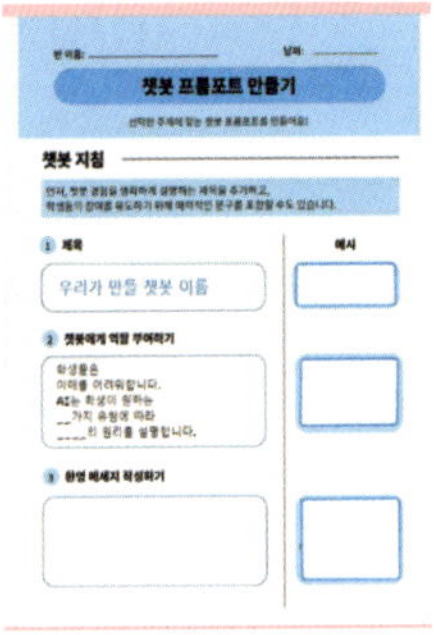

[그림 1-21]
챗봇 만들기용 학습지

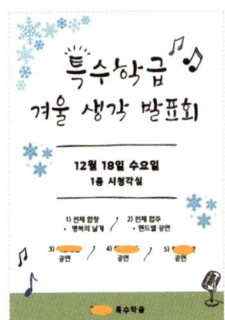

[그림 1-22]
겨울 생각 발표회 포스터

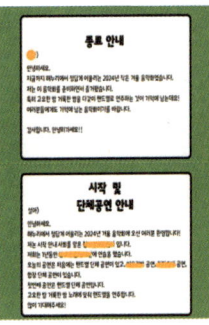

[그림 1-23]
겨울 생각 발표회 대본

2. 평가 방법

학생들의 창의적 사고, AI 도구 활용 능력, 협력적 문제 해결 능력을 종합적으로 평가하기 위해 관찰평가와 포트폴리오 평가를 활용합니다. 1-4차시에서는 창작 과정과 AI와의 협력적 탐구 능력을 평가하며 5-8차시에서는 발표회 기획, 실행, 결과물 제작까지의 전 과정을 평가합니다.

차시	방법	내용
1	관찰평가	• 인간과 AI 창작 방식의 차이를 토론하는가?
2	관찰평가	• 인간과 AI의 그림 창작 원리를 탐색하는가?
3	관찰평가	• 같은 주제로 AI와 인간의 표현을 비교하는가?
4	포트폴리오 평가	• AI와 함께 겨울 음악, 겨울 그림을 창작하는가?
5	관찰평가	• 발표 상황, 작품의 내용, 표현 의도를 고려한 **겨울 생각 발표회**를 기획하는가?
6	관찰평가	• AI 도구(Mizou)를 활용하여 **겨울 생각 발표회 대본**을 만드는가?
7	관찰평가	• 맡은 역할에 맞춰 **겨울 생각 발표회**를 진행하는가?
8	포트폴리오 평가	• 겨울 생각 발표회 영상 제작으로 발표회의 과정을 기록하는가?

02 마치며

1. 수업 진행 소감

이번 AI 융합 수업에서는 특수학급과 통합학급 학생들이 함께 참여하여, AI와 협력하며 창작하는 과정을 경험하고 서로의 차이를 이해하면서 자유롭게 아이디어를 표현할 수 있었습니다.

> **학생 인터뷰**
> "AI 덕분에 나도 쉽게 대본을 만들 수 있었어요."
> "내가 만든 그림과 AI가 만든 그림을 비교하니까 재미있고 신기했어요."

특히 특수학급 학생들도 대본 작성과 영상 편집 활동에 적극적으로 참여하며 자신감을 키웠습니다.

다만, 몇 가지 한계도 드러났습니다. 일부 AI 도구의 기능이 원활하지 않아 보완이 필요했고, AI와 인간의 창작 방식 차이를 다루는 토론에서는 학생 간 이해 수준을 고려한 교사의 피드백이 중요했습니다.

이번 수업을 통해 다양한 교육적 요구를 지닌 학생들이 AI를 매개로 하나의 프로젝트에 함께 참여하며, 각자의 창의성을 발휘할 수 있음을 확인했습니다. 학생들은 AI를 단순한 도구가 아니라 창작 과정의 협력자로 인식하게 되었습니다. 교사로서도 AI가 개별 특성을 반영하고 학습을 지원하는 도구로 활용될 수 있음을 고민하며, 모두를 위한 AI 융합교육의 가능성을 새롭게 모색할 수 있었습니다.

부록(수업 지도안)

AI 융합 수업 지도안		
학교급	초등학교 통합학급/특수학급	
학년	5-6학년	
총 차시	8차시	
수업 개요		
과목	국어, 미술, 음악	
수업 주제	AI로 나의 겨울 연주하기	
성취 기준	[6국01-05]	• 자료를 선별하여 핵심 정보를 중심으로 내용을 구성하고 매체를 활용하여 발표한다.
	[6미02-05]	• 미술과 타 교과의 내용과 방법을 융합하는 활동을 자유롭게 시도할 수 있다
	[6음02-03]	• 다양한 종류의 음악을 듣고 음악의 배경과 활용을 설명한다.
활용 주요 도구	DALL-E, Padlet Sandbox, Canva, Vrew, Mizou	
참고한 모형 혹은 원리	• 인간 – AI 협력 역량 향상을 위한 활동 중심 수업 설계 원리 - 교과와 인공지능 연계의 원리를 반영하여 국어, 미술, 음악의 교과와 연계하고 '겨울 연주'라는 실제적 협력 과제를 제시함 - 활동 중심 수업의 원리를 반영하여 도입 – 탐색 – 공유 – 발전 – 종합 및 성찰의 구조로 각 차시를 배열함	
AI 융합 수업 구성 의도	• 계절은 우리가 가장 가까이에서 느낄 수 있는 자연의 변화이며, 추위의 정도나 거리 분위기처럼 다양한 감각을 통해 경험할 수 있다. 이러한 특성을 반영한 수업은 학생들에게 감성을 함양하는 기회가 될 수 있다. 특히 겨울은 차가운 공기와 따뜻한 감정이 교차하는 독특한 분위기를 만들어내며, 이를 창작 활동과 연계하면 더욱 의미 있는 학습이 가능하다. • 이에 따라 AI를 융합한 창의적 수업을 기획하며 'AI로 나의 겨울 연주하기'라는 주제를 선정하였다. 이 수업에서는 학생들이 겨울을 주제로 창작한 음악을 AI로 시각화하거나 AI를 활용해 그림을 음악으로 변환하여 온라인 전시를 구성하고, 이를 바탕으로 '우리 반 겨울 생각 발표회'를 발표하는 과정으로 진행된다. • 이 활동을 통해 학생들은 AI와 협력하여 음악을 탐구하고, 시각적 예술을 경험하며 창의적 사고를 확장할 수 있다. 또한 인간과 AI의 창작 방식 차이를 비교하고 융합하면서, 기술을 활용한 예술적 표현의 가능성을 탐색하는 기회를 갖게 될 것이다.	

AI 융합 수업 지도안	
수업 목표	1. 음악을 미술로 변환하는 표현 기법을 이해하고 직접 적용한다. 2. AI의 사고방식과 원리를 이해한다. 3. AI의 창작 방식과 인간의 창작 방식을 탐구한다. 4. 학생들의 겨울 감각을 담은 작품을 온라인 전시로 기획한다.
차시	1-4차시 / 8차시
활용한 AI, 디지털 도구	PPT, DALL-E, Padlet, Padlet Sandbox
지도 상의 유의점	• 창의적 표현을 유도하고 획일화를 방지한다. • AI – 인간 창작 차이를 비교·토론하도록 유도한다. • AI 협력 과정에서 창의성을 발휘하도록 격려한다. • AI 감정 표현 여부에 대해 비판적으로 사고하도록 유도한다.

학습 단계	교수 학습 활동	자료 및 유의점
1차시	• 칸딘스키의 음악적 회화 기법 학습 • 비발디의 '여름' 그리기 • DALL-E가 그린 '여름' 그림 보기	DALL-E, PPT
2차시	• 음악과 이미지를 상호 변환하는 AI의 원리 탐구 • 인간과 AI 표현 방식의 차이를 비교·이해 • AI의 사고방식과 원리 이해	PPT
3차시	• AI 이미지 생성: 겨울 프롬프트 입력 및 결과 감상 • 학생 감상 진행: 비발디 '겨울' 감상 • AI와 학생 감상의 작품 비교 및 감각적 표현 방식 탐색	Padlet, DALL-E, PPT

4차시	• 선택 활동
	  ① 음악을 그림으로 변환
	  ② 그림을 음악으로 변환
	• 온라인 전시 기획: Padlet에 작품 업로드 및 설명 작성
		DALL-E, Suno

평가 도구	• 1차시: 관찰평가 - 음악을 미술로 변환하는 표현 기법의 이해 • 2차시: 관찰평가 - AI와 인간의 시각화 방식 차이를 비교하는 능력 • 3차시: 관찰평가 - AI와 인간의 감각적 예술 표현 방식 차이 탐구 • 4차시: 포트폴리오 평가 - AI와 함께 겨울을 담은 온라인 전시 기획 및 구현	

AI 융합 수업 지도안		
수업 목표	1. 겨울 생각 발표회를 기획하고 역할을 분담하여 준비한다. 2. 겨울 생각 발표회 대본을 AI와 함께 작성하고 연습한다. 3. 겨울 생각 발표회를 진행한다. 4. Vrew를 활용하여 발표회 사회 영상을 편집하고 성찰한다.	
차시	5-8차시 / 8차시	
활용한 도구	Padlet, Mentimeter, Canva, Mizou, 클로바, Vrew	
지도 상의 유의점	• 모든 학생이 발표회 준비 과정과 진행에 참여하도록 유도한다. • AI 도구를 활용한 대본 작성 과정에서 협력을 격려한다. • 발표회에서 학생들이 역할을 충분히 수행하도록 지원한다. • 최종 결과물 제작 과정을 통해 AI 활용 능력을 점검한다.	

학습 단계	교수 학습 활동	자료 및 유의점
5차시	• 겨울 생각 발표회 기획하기 • 겨울 생각 발표회 역할 분담 • 발표 분위기 및 순서 정하기	Padlet Sandbox
6차시	• Mizou 챗봇과 Canva로 겨울 생각 발표회 대본 작성 • 대본 연습 및 발표 준비: 학생별 발표 연습 및 AI 대본의 개인화 수정	Mizou, Canva

7차시	• 겨울 생각 발표회 진행
	  ① 각 순서별 발표 및 공연
	  ② 역할별 진행 및 관객과의 소통
	  ③ AI와 함께 제작한 시각 자료와 대본 활용
		Canva

8차시	• Vrew를 활용한 겨울 생각 발표회 영상 편집
	  ① AI 자동 자막 생성 및 수정
	  ② 불필요한 구간 편집
	• 완성된 영상 감상 및 성찰 공유
		Vrew

평가 도구	• 5차시: 관찰평가 - 발표회 기획 과정에서 적절한 음악 선정 여부 • 6차시: 관찰평가 - AI 도구를 활용해 작성한 대본의 창의성 • 7차시: 관찰평가 - 발표회 진행 과정에서 맡은 역할 수행 충실성 • 8차시: 포트폴리오 평가 - 발표회 사회 영상 편집 결과물을 평가	

02

AI 강화 학습에서 찾은 생존의 열쇠, '보상'으로 살아남기

- 동식물 생존 전략을 담은 나만의 게임 코딩 수업 -

들어가며

미래사회를 살아갈 초등학생들에게는 단순한 코딩 능력을 넘어, AI가 어떻게 '생각하고 결정하는지'를 이해하는 사고력 중심의 학습이 필요합니다. 이 수업은 동식물의 생존 전략을 기반으로 AI의 강화 학습 원리를 체험하는 게임형 코딩 활동이 활용됩니다. 학생들은 간단한 블록 코딩 앱인 OctoStudio를 활용하여, 카멜레온의 먹이 찾기, 난초사마귀의 생존 전략 등 '보상'을 중심으로 한 게임을 직접 기획하고 제작하였습니다. 또한, 디자인 싱킹의 다섯 단계를 적용해 학생들이 문제를 스스로 탐색하고 해결 방안을 설계하며, 친구와 피드백을 주고받는 과정에서 AI처럼 판단하고 그 판단의 이유를 설명하는 사고 흐름을 따라가도록 구성되어 있습니다. 이에 본 장에서는 기존의 SW 수업을 넘어서, 과학과와 수학과 그리고 창의적 탐구 활동을 유기적으로 반영한 AI 융합 수업 사례를 구성하여 담았습니다. 학생들은 자연 속 생명체의 움직임을 탐구하며, 동시에 AI의 작동 원리를 놀이처럼 이해하게 됩니다. 나아가 교사는 AI 교육을 단순한 기술 지도가 아닌 문제 해결력과 사고력 중심의 교육으로 재구성할 수 있는 방향성을 함께 고민해볼 수 있을 것입니다.

수업 개요	대상	초등학교 4학년	
	관련 교과	과학, 수학	
	수업 목표	AI 강화 학습의 원리를 반영하여 나만의 게임을 블록 코딩을 통해 창의적으로 제작할 수 있다.	
	성취 기준	[4과14-03]	• 인간 활동이 생태계에 미치는 영향을 조사하고, 생태계 보전을 위해 우리가 할 수 있는 일을 토의하여 실천할 수 있다.
		[4수02-01]	• 다양한 변화 규칙을 찾아 설명하고, 그 규칙을 수나 식으로 나타낼 수 있다.
	활용 도구	OctoStudio(블록 코딩 기반 교육용 APP)	
	AI 요소	강화 학습(행동, 상태, 보상, 조건), 보상에 따른 행동 반복 구조, AI 사고의 투명성과 설명 가능성	

게임 속에서 배우는 AI 사고

01 AI 융합 수업 의도와 중점 사항

1. AI 융합 수업 의도

초등학교의 경우 정보 교육 확대와 함께 교과 특성을 고려한 디지털 기초 소양 관련 내용 반영으로 34시간 이상을 교육과정에 편성하도록 2022 개정 교육과정에서 강조하고 있습니다. 특히 저학년과 중학년 수준에서는 AI를 이해하고 체험하는 과정 자체가 흥미롭고 의미 있는 학습이 될 수 있습니다. 그렇다면, 단순한 기술 중심의 코딩 수업을 넘어 'AI가 어떻게 배우고 판단하는가'를 게임을 통해 경험하고 설명할 수 있는 수업을 어떻게 실천해야 할까요?

이번 수업은 AI 학습 방식 중 하나인 강화 학습(Reinforcement Learning)의 핵심 개념인 '보상(Reward)'을 중심에 둡니다. 동식물은 살아남기 위해 환경에 맞춰 선택하고 행동합니다. 이는 AI가 보상을 최대화하기 위해 행동을 조정하고 학습하는 구조와 매우 유사합니다.

이러한 유사성을 바탕으로, 본 수업은 과학과 수학 교과와 연계하여 학생들이 동식물의 생존 전략을 탐구하고, 그 원리를 바탕으로 AI처럼 사고하는 캐릭터가 등장하는 게임을 설계하는 디자인 씽킹(Design Thinking)의 5단계 구조 기반 프로젝트형 활동입니다.

학생들은 간단한 블록 코딩 도구인 OctoStudio를 활용하여, 조건에 따라 보상을 주고 행동이 달라지는 캐릭터를 직접 구현해봅니다. 이를 통해 AI

의 사고방식과 학습 구조를 자연스럽게 경험하고 사고 판단 이유를 설명하는 능력을 기를 수 있습니다.

2. 활용 도구

가. OctoStudio: 모바일 기반의 블록 코딩 애플리케이션으로, 복잡한 설정 없이 학생들이 캐릭터를 움직이고 조건에 따라 반응하도록 만들 수 있는 교육용 도구입니다. 보상(점수), 조건, 반복 등 AI 강화 학습의 요소들을 시각적으로 구성할 수 있다는 점에서 적합합니다.

02 활용 도구 소개

1. 저·중학년도 활용 가능한 블록 코딩 애플리케이션, OctoStudio

(1) 왜 이 도구를 선택했나요?

옥토스튜디오는 블록 코딩을 활용하여 다양한 프로그램을 제작할 수 있도록 지원하는 교육용 애플리케이션입니다. 직관적인 블록 코딩 인터페이스로 초등학생도 쉽게 다룰 수 있습니다. 또한, AI의 학습 구조를 활용한 프로젝트를 만들고 실생활 문제 해결을 위한 응용이 가능합니다. 애니메이션, 게임 등 다양한 형태의 프로그램으로 제작 및 구현이 가능하여 창의적인 문제 해결 활동에 적합합니다.

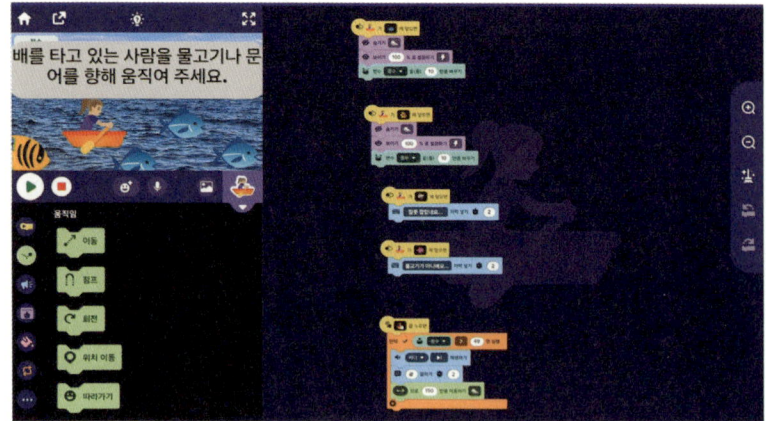

[그림 2-1] OctoStudio 애플리케이션 화면

(2) 활용 방법과 Tip은 어떻게 되나요?

애플리케이션 기반 프로그램이기 때문에 모바일 기기, 태블릿 PC, 크롬북 등에서 사용할 수 있습니다. 아쉽지만 PC 기반의 웹 버전은 지원하지 않습니다. 스마트 기기를 전자칠판 혹은 TV에 미러링하여 시연하는 방식으로 수업을 진행하면 편리합니다. 애플리케이션 기반인 만큼 마우스와 키보드를 사용하는 것 보다 스마트 기기에 익숙한 초등학생들에게는 활용도가 높은 프로그램입니다.

[그림 2-2] 구글 플레이스토어 기준 OctoStudio 설치 화면

① 🐙 (안드로이드 OS 기준) 구글 플레이스토어에서 '옥토스튜디오' 혹은 'OctoStudio' 검색

② 좌측 하단 '설치' 버튼을 눌러 기기에 앱 설치

[그림 2-3] 애플 앱스토어 기준 OctoStudio 설치 화면

① 🐙 (애플 OS 기준) 앱스토어에서 '옥토스튜디오' 혹은 'OctoStudio' 검색

② 우측 상단 '설치' 버튼을 눌러 기기에 앱 설치

> **Tip** 기능이 다양하지만 아주 가벼운 애플리케이션으로 인터넷 연결이 되어 있다면 5분 안에 간편하게 설치할 수 있어요.

또한, 코딩에 대한 사전 지식이 없는 교사도 쉽게 수업에 활용할 수 있도록 샘플 프로젝트 및 튜토리얼을 제공하여 진입 장벽을 낮추고, 학생들이 스스로 탐구하며 배울 수 있도록 돕습니다.

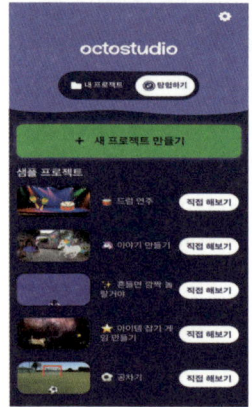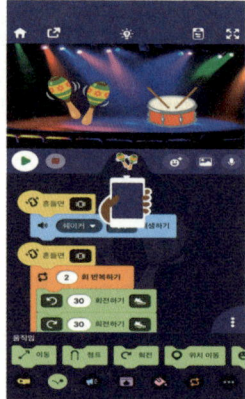

[그림 2-4] 샘플 프로젝트 및 튜토리얼

샘플 프로젝트의 경우 상단의 '탐험하기' 버튼을 터치하여 학생들이 직접 완성된 샘플 프로젝트를 체험하고 옥토스튜디오로 구현할 수 있는 예시를 살펴봅니다. 초등학생도 이해할 수 있게 활용 방법이 튜토리얼처럼 화면에서 움직입니다. 이때, 샘플 프로젝트의 코딩을 그대로 활용하여 나만의 프로젝트로 응용할 수 있습니다.

(3) 주의 사항에는 무엇이 있을까요?

초등학교 저·중학년의 경우 블록 코딩을 처음 접해보는 학생들도 많기 때문에 화면 구성에 대한 자세한 설명이 필요합니다. 하지만 학생들은 금방 익숙해지니 딱 한 번! 정확히 설명해주면 다양한 코딩 블록을 활용하여 나만의 프로그램을 뚝딱 만들어냅니다.

이미 완성된 샘플 프로젝트 중 '이야기 만들기'의 '직접 해보기'를 눌러서 화면 구성을 살펴봅시다.

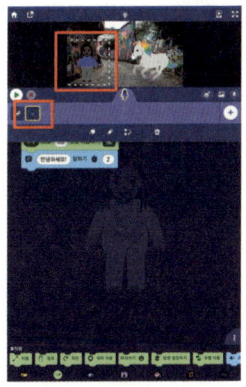

① 캐릭터(스프라이트)를 꾹 누르면 활성화
② 캐릭터에 해당하는 코딩은 하단에 놓기

> **Tip** 자신이 움직이게 할 캐릭터가 맞는지 투명하게 표시된 배경을 보고 구분하여 코딩해야 해요! 헷갈리지 않도록 꼭 배경화면의 캐릭터 그림을 확인합니다.

[그림 2-5] 캐릭터(스프라이트)

(4) 새로운 프로젝트를 시작할 때 어떤 점을 고려해야 할까요?

상단의 메뉴 중 '내 프로젝트'를 누르면 하단에 '+ 새 프로젝트 만들기'라는 초록색 버튼이 있습니다. 해당 버튼을 누르면 나만의 새로운 프로젝트를 시작할 수 있어요. 새로운 프로젝트를 시작할 때에는 캐릭터(스프라이트)와 배경을 선택해야 합니다.

캐릭터(스프라이트)로는 애플리케이션에서 제공하는 이모지, 그림판과 같은 화면에서 직접 그린 캐릭터, 카메라를 통해 촬영한 사진, 기기에 저장된 사진 파일을 활용할 수 있습니다.

배경 역시 기본으로 제공되는 이미지 외에도 카메라로 촬영한 사진이나 저장된 사진 파일 중에서 자유롭게 선택할 수 있어, 나만의 개성 있는 화면 구성이 가능합니다.

[그림 2-6]　　　　　[그림 2-7]　　　　　　[그림 2-8]
새 프로젝트 만들기　캐릭터(스프라이트) 선택　배경 선택

> **Tip** 다양한 이모지가 있어 학생들이 여러 개를 고르고 싶어 하지만, 처음 시작할 때는 캐릭터(스프라이트)와 배경 하나씩만 선택하도록 안내해주세요.

캐릭터(스프라이트)와 배경을 선택하여 다음으로 넘어가면 바닥에 있는 블록 코딩을 끌어다가 화면에 놓을 수 있도록 안내하는 튜토리얼 애니메이션이 작동됩니다. 이때 학생이 추가로 캐릭터( )나 배경( )을 선택할 수 있습니다.

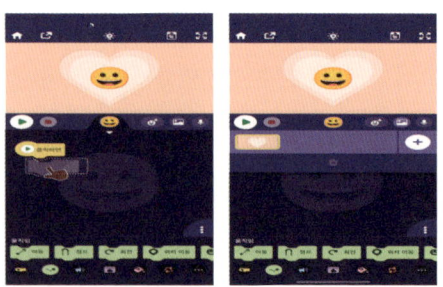

[그림 2-9] 코딩 블록 쌓기　　[그림 2-10] 배경 추가

> **Tip** 캐릭터나 배경을 지우고 싶을 때에는 현재 화면에 두 개 이상의 캐릭터나 배경이 있어야 지울 수 있어요. 캐릭터나 배경이 하나만 있다면 지울 수 없으니 지우고 싶을 때에는 새로 불러올 캐릭터나 배경을 먼저 추가하고, 필요 없는 캐릭터나 배경은 지우도록 안내합니다.

03 AI 융합 수업 계획

> 동식물 생존 전략과 강화 학습 개념을 융합한 게임형 코딩 수업

본 프로젝트는 자연 속 생존 이야기를 AI의 사고방식으로 풀어보는 게임형 코딩 수업입니다. 초등학교 4학년 과학, 수학 교과를 기반으로 동식물의 생존 전략에 숨어 있는 '보상'의 원리를 탐구하고, 이를 AI의 강화 학습 개념과 연결해 나만의 게임 프로그램을 설계해보는 활동을 제시합니다.

특히 생명체가 먹이를 찾거나 위험을 피하는 행동은 AI가 보상에 따라 학습을 반복하는 방식과 닮아 있어, 학생들이 자연과 AI 사이의 공통된 사고 흐름을 체험하기에 적절한 주제입니다.

학생들은 자신이 설계한 캐릭터가 보상(점수)을 기반으로 움직이도록 만드는 과정을 통해 AI가 학습하는 방식을 몸소 체험하게 되며, 그 판단 구조를 스스로 설명할 수 있는 능력(AI 사고의 투명성과 설명 가능성) 또한 함께 기를 수 있습니다.

> 수업의 특징

- 초등학교 4학년 학생 20명(한 학급)을 대상으로 진행
- 과학, 수학 교과 융합
- 평가 방식: AI의 사고 과정을 이해하고, 나만의 게임 프로그램을 설계하여 만드는 과정에서 교사의 관찰평가, 포트폴리오 평가

1. 수업 설계의 철학과 개념적 기반

본 수업은 두 가지 주요 이론을 기반으로 설계되었습니다.

(1) AI 강화 학습의 개념

본 수업의 중심에는 Sutton & Barto(2018)가 정립한 강화 학습(Reinforcement Learning) 구조가 있습니다. AI는 상태(State)를 인식하고, 특정 행동(Action)을 선택한 뒤, 그 결과로 주어지는 보상(Reward)을 통해 향후 행동 방식을 점점 최적화(Policy)해나갑니다. 학생들은 이 원리를 이해하고, 게임 속 캐릭터가 보상 조건에 따라 행동을 반복하거나 변화하도록 설계하면서 AI의 학습 메커니즘을 체화하게 됩니다.

(2) 디자인 싱킹(Design Thinking)의 단계를 반영한 수업 흐름

학생이 자신의 캐릭터가 살아남기 위한 보상 조건을 스스로 정하고, 그 아이디어를 구체적인 코딩 작업으로 구현하고, 친구와 피드백을 주고받으며 조건을 조정하는 전 과정을 디자인 싱킹의 **공감하기 - 문제 정의하기 - 아이디어 도출하기 - 프로토타입 만들기 - 테스트하기 5단계 구조**로 조직하였습니다. 이는 단순히 코딩 활동을 하는 것이 아니라, 학생이 문제를 인식하고, 설계하고, 해석하고, 개선하는 과정 속에서 AI처럼 판단하고 조정하는 사고 흐름을 따라가는 학습 활동이 됩니다.

- 동식물의 생존 영상을 관찰하며 공감
- 동식물이 생존을 위해 어떤 전략을 쓰는지 이야기 나눔
- 강화 학습의 '보상'이 생존과 어떻게 연결되는지 질문

- 나만의 캐릭터에 알맞은 생존 조건 정의
- 동물이나 식물의 특정 행동을 보상 구조로 해석하여 문제 재구성
- 캐릭터가 행동해야 하는 조건(예: 점수 30점 이상) 구체화

아이디어	· 보상 조건, 점수 구조, 캐릭터 반응 등 아이디어 구조화 · AI 사고 흐름 시뮬레이션 · 반복, 조건 등 코딩 요소를 활용한 게임 논리 구조 구상
프로토타입	· OctoStudio를 활용해 보상-조건-반응 구조가 반영된 나만의 게임 제작 · 배경, 캐릭터, 점수 조건, 조건 등 직접 구성하여 코딩 실행 · 행동 반복과 점수 구조가 AI처럼 작동하는지 확인
테스트	· 친구와 게임을 바꿔 플레이하고 질문 나눔 · 보상 구조와 캐릭터의 판단 흐름에 대한 설명 가능성 강조 · 친구의 피드백을 반영하여 수정 및 개선

2. AI 사고의 투명성과 설명 가능성 적용

AI 리터러시의 핵심은 단지 기술을 사용하는 능력이 아니라, AI가 왜 그런 판단을 했는지 이해하고 설명하는 사고 능력입니다. 이를 OECD(2019)는 AI 시스템의 투명성(Transparency)과 설명 가능성(Explainability)이라는 개념으로 정의하고 있습니다. 본 수업에서는 다음과 같은 방식으로 이 요소들을 학습 설계에 반영했습니다.

사고 요소	수업 반영 방식
투명성	· 학생이 만든 게임의 조건-보상 구조를 시각화(조건 블록, 점수 설정 흐름도 등)
설명 가능성	· 친구가 게임을 플레이하며 '왜 이런 행동을 했을까?' 질문 → 만든 학생이 구조와 의도 설명
피드백 기반 수정	· 친구 피드백을 반영하여 점수 조건이나 반복 구조를 재설계(AI의 반복 학습 구조 반영)

AI 융합 수업 차시별 소개

01 공감하기 (1차시)

1. 살아남기 위한 꿀팁, 자연 속 '보상'을 탐색하기

공감

활동 순서
(1) 동식물 생존 영상 시청 및 생존 전략 사례 모으기
(2) 먹이 확보·위장·회피 등 생존 전략에 공감하기
(3) 강화 학습 개념 중 '보상 – 반응' 구조 이해하기
(4) 실제 생활에서 보상이 작동하는 예 찾아보기

1차시에서는 자연 속 동식물들이 어떻게 생존 전략을 사용하는지 다양한 영상과 이미지 자료를 통해 탐색합니다. 학생들은 동물의 행동이 단순한 본능이 아니라 '살아남기 위한 판단'임을 이해하고, 이러한 구조가 AI의 강화 학습과 어떻게 닮아 있는지 생각해봅니다. 보상에 따라 반복 학습을 하는 AI의 원리를 도입하며, 자연과 AI 연결 고리에 대한 인식을 넓히는 시간을 가집니다.

[그림 2-11] 동식물의 생존 전략 알아보기 학생 활동 예시

[그림 2-12] 소프트웨어야 놀자 유튜브 채널 영상
(https://youtu.be/T5DDZB0mkzs?si=f6UDYcact8B7nhsJ)

02 문제 정의하기 (2차시)

1. 살아남기 위한 조건은 무엇일까?

활동 순서
(1) 캐릭터 선정: 내가 만들 게임의 동식물 주인공 정하기
(2) 생존 조건 정의하기(예: 잡히지 않기, 먹이 얻기 등)
(3) 점수 또는 조건으로 표현 가능한 생존 방식 구체화하기

2차시에서는 학생이 직접 게임 속 주인공 캐릭터를 정하고, 그 동식물의 생존을 위해 필요한 조건을 정의하는 활동을 진행합니다. 예를 들어, 나비가 새에게 잡히지 않기 위해 일정 점수 이상일 때 숨게 한다거나 먹이를 먹으면 점수가 오르는 구조 등을 고민합니다. 이 과정은 강화 학습에서 '상태 – 보상 – 행동'을 구성하는 기반이 됩니다.

[그림 2-13] 살아남기 위한 조건은 무엇일까? 학생 활동 예시

03 아이디어 도출하기 (3차시)

1. 나만의 보상 구조 설계하기

 | 활동 순서
--- | ---
아이디어 | (1) 캐릭터의 생존 행동을 점수 혹은 조건으로 설계하기
(2) 보상 조건이 적용되는 상황을 논리 흐름으로 그리기
(3) 친구와 서로의 구조 비교하며 피드백 나누기

3차시에서는 학생이 보상을 중심으로 게임 규칙을 구체화하는 설계 활동을 진행합니다. 점수 기준, 조건 사용, 캐릭터의 반응 행동(숨기, 회피 등)을 구상하며 AI가 학습하는 방식과 유사한 '행동 정책'을 직접 만들어보는 시간입니다. 이때, 프로그램 흐름도 형식을 소개하여 단순한 순서도 형식을 활용하도록 합니다. 학생들은 자신의 설계를 시각적으로 표현하고, 친구들과 비교하며 사고의 다양성도 함께 체험합니다.

[그림 2-14] 나만의 보상 구조 설계하기 학생 활동 예시

04 프로토타입 만들기 (4-5차시)

1. 코딩으로 완성하는 나만의 생존 게임

활동 순서
(1) OctoStudio를 활용하여 게임 기본 틀 만들기
(2) 캐릭터 이동, 점수 설정, 조건 등 구현하기
(3) 행동 반복 구조(무한 반복, 조건 충족 시 반응 등) 완성하기

4-5차시에서는 지금까지 설계한 생존 조건을 실제 게임으로 구현합니다.

학생은 옥토스튜디오의 블록 코딩 기능을 활용하여 조건, 점수, 반복 블록 등을 조합하며 보상 기반의 행동 반복 게임을 제작합니다. 직접 만들어 보며 AI의 정책이 어떻게 학습되고 반응하는지 구체적으로 체감합니다.

> **Tip** 조건에서 무작위() 기능을 활용하여 먹이나 천적이 무작위로 나타나도록 설정하면 게임의 특성을 갖추게 됩니다.

05 테스트하기 (6차시)

1. AI처럼 판단한 내 캐릭터, 이렇게 설명할 수 있어요!

| 테스트 | **활동 순서**
(1) 친구에게 내 게임을 해보게 한 뒤 '왜 이렇게 움직였을까?' 질문하기
(2) 보상 조건과 캐릭터의 판단 흐름 발표하기
(3) 친구의 피드백 반영하여 조건 및 점수 구조 수정하기
(4) 최종 게임 발표 및 내 캐릭터의 생존 전략 설명하기 |

마지막 차시는 AI 사고의 투명성과 설명 가능성을 중점적으로 경험하는 단계입니다. 학생은 '내 캐릭터는 왜 이 조건에서 숨었는지', '왜 점수 30점 이상일 때 특정 행동을 하도록 했는지'를 친구에게 설명합니다. 친구의 질문과 피드백을 반영해 보상 구조를 조정하며, AI처럼 사고하고 판단한 과정을 스스로 발표하고 정리하는 활동으로 수업을 마무리합니다.

AI처럼 판단한 내 캐릭터, 생존 전략 설명하기

> 다람쥐가 도토리를 먹으러 하며 범은 다람쥐를 먹으려한다. 그러니 다람쥐 범을피해 도토리를 먹어야 한다 다람쥐가 범에게 먹히면 -30점, 다람쥐가 도토리를 먹으면 +10점이다.

[그림 2-15] AI처럼 판단한 내 캐럭터, 생존 전략 설명하기 학생 활동 예시

CHAPTER 03 수업 결과물 및 제언

01 나만의 게임 프로그램 결과물 예시 및 평가

1. 학생 산출물 예시

본 프로젝트에서 학생들은 옥토스튜디오 기반 블록 코딩을 활용하여 나만의 게임 프로그램을 개발하였습니다. 학생 산출물을 사진과 영상으로 소개합니다.

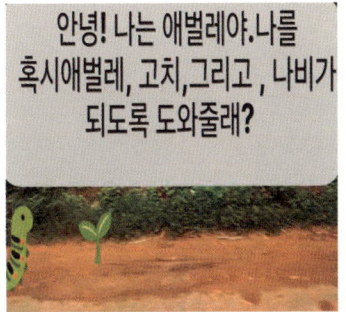
[그림 2-16] 학생 산출물 시작 화면

[그림 2-17] 학생 산출물 게임 화면

[그림 2-18] 카멜레온의 먹이 찾기 화면

[그림 2-19] 영상 QR코드

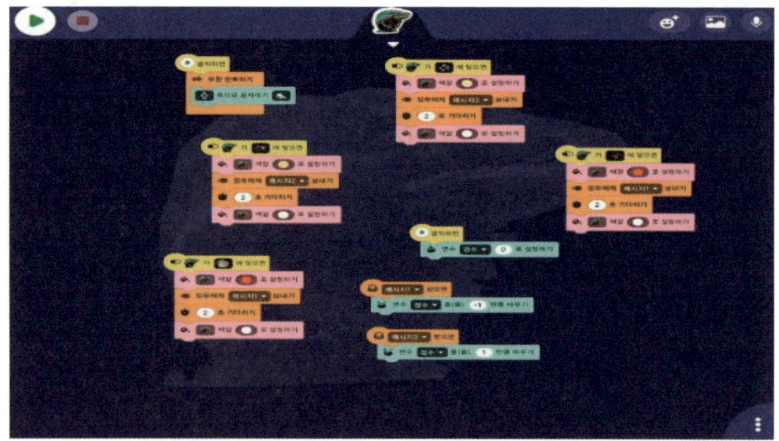

[그림 2-20] 카멜레온의 먹이 찾기 캐릭터별 코딩 화면 1

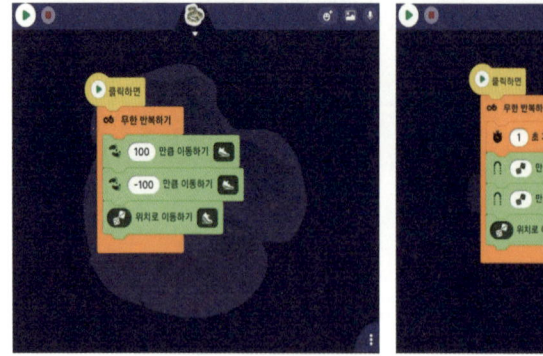   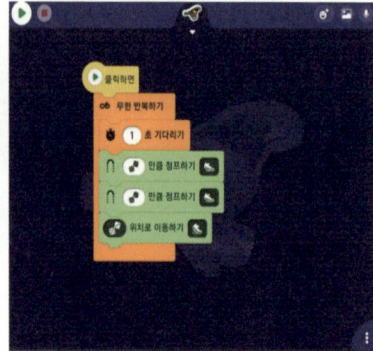

[그림 2-21] 캐릭터별 코딩 화면 2   [그림 2-22] 캐릭터별 코딩 화면 3

2. 평가 방법

학생들의 AI 사고 구조 이해, 강화 학습의 보상 – 행동 개념 적용 능력, 조건 구조 설계 및 코딩 실행력, 설명 가능성을 종합적으로 평가하기 위해 관찰평가와 포트폴리오 평가를 함께 활용합니다.

차시	방법	내용
1	관찰평가	• 동물의 생존 전략을 AI 보상 구조와 연결하여 이해하고 설명하는가?
2	관찰평가	• 자신이 선택한 캐릭터의 생존 조건을 명확하게 정의하고 있는가?
3	관찰평가	• 생존 조건과 점수 구조를 논리적으로 구성하고 친구와 비교하는가?
4-5	포트폴리오 평가	• OctoStudio를 활용하여 보상 조건과 반복 구조가 구현된 게임을 완성했는가?
6	관찰평가	• 친구의 게임을 체험하고, 캐릭터의 판단 흐름에 대해 협력적인 태도로 질문과 피드백을 주고받는가?
	포트폴리오 평가	• 자신의 게임 구조(조건 – 보상 – 반응)를 스스로 설명하고, 피드백을 반영해 수정했는가?

02 마치며

 이번 AI 융합 수업에서는 초등학교 4학년 학생들이 자연 속 생존 전략과 AI 강화 학습의 원리를 연결하여, 나만의 조건 – 보상 – 행동 구조의 게임을 설계하는 프로젝트를 수행하였습니다. 특히 이 수업은 학생들이 단순히 'AI는 어떻게 판단하고 학습하는가'를 배우는 것을 넘어, 스스로 AI처럼 사고하고 설명하는 경험을 할 수 있도록 구성되었다는 점에서 의미가 있습니다. 학생들은 보상 조건에 따라 캐릭터가 어떻게 움직이도록 코딩을 하였는지, '왜 점수 20점이 넘었을 때 진화하는 구조를 만들었는지'를 친구에게 설명하면서 AI 사고의 투명성과 설명 가능성을 자연스럽게 익힐 수 있습니다.

학생 인터뷰

"천적을 피하면서 먹이를 먹는 게임을 만들었어요. 제가 AI처럼 생각하고 만들 수 있었어요."

"제가 만든 게임을 친구들과 같이 해볼 수 있어 재미있었어요."

실제 수업에서 학생들은 단순히 코딩에만 집중하지 않고, 각자의 동식물 캐릭터가 처한 상황과 조건을 AI처럼 해석하며, 다양한 보상 조건을 탐색하고 수정하는 과정에 몰입했습니다. 옥토스튜디오라는 간단한 도구는 중학년 수준에서도 충분히 조작할 수 있었고, 블록 코딩 초심자도 빠르게 자신만의 게임을 완성할 수 있었습니다. 다만, 일부 학생은 점수 조건이나 반복 구조를 설계하는 과정에서 어려움을 느끼기도 했고, AI의 판단 흐름을 말로 설명하는 활동은 충분한 모델링과 교사의 피드백이 뒷받침되어야 효과적임을 확인하였습니다.

본 수업은 단순한 코딩 교육을 넘어 과학 – 수학 – AI를 통합적으로 바라보는 융합적 사고 그리고 스스로의 사고를 말로 설명하는 능력을 키워주는 데 의의가 있었습니다.

부록(수업 지도안)

AI 융합 수업 지도안	
학교급	초등학교
학년	4학년
총 차시	6차시
수업 개요	
과목	과학, 수학
수업 주제	동식물 생존 전략을 담은 나만의 게임 코딩 프로젝트
성취 기준	[4과14-03] • 인간 활동이 생태계에 미치는 영향을 조사하고, 생태계 보전을 위해 우리가 할 수 있는 일을 토의하여 실천할 수 있다. [4수02-01] • 다양한 변화 규칙을 찾아 설명하고, 그 규칙을 수나 식으로 나타낼 수 있다.
활용 주요 도구	OctoStudio
참고한 모형 혹은 원리	• AI 강화 학습의 개념 • 디자인 싱킹의 '공감하기 – 문제 정의하기 – 아이디어 도출하기 – 프로토타입 만들기 – 테스트하기' 5단계 구조 • AI 사고의 투명성과 설명 가능성 적용
AI 융합 수업 구성 의도	• AI의 대표적 학습 방식 중 하나인 강화 학습은 행동의 결과에 따라 보상을 받고 그 경험을 통해 더 나은 선택을 학습하는 방식이다. 이 원리는 놀랍게도 자연 속 동식물의 생존 전략과 유사하다. 동물들이 먹이를 찾고 위험을 피하며, 반복적으로 행동을 조절하는 모습은 AI가 보상을 통해 학습하는 구조와 닮아 있다. • 이 수업은 동식물의 생존 전략을 기반으로 AI의 강화 학습 원리를 체험하는 코딩 활동이 포함된다. 학생들은 간단한 블록 코딩 앱인 OctoStudio를 활용하여, '보상'을 중심으로 한 게임을 직접 기획하고 제작한다. • 게임 속 캐릭터들은 점수를 얻기 위해 움직이며, 점수가 특정 수치를 넘으면 행동이 달라지는 구조를 가진다. 이러한 활동은 단순한 코딩을 넘어 AI가 어떻게 보상에 따라 행동을 반복하거나 멈추는지 알려주고, 스스로의 행동 전략을 수정해가는 학습 구조를 몸소 체험할 수 있도록 돕는다. 특히, 이 수업은 디자인 싱킹의 다섯 단계를 기반으로 학생들이 문제를 스스로 탐색하고 해결 방안을 설계하며, 친구와 피드백을 주고받는 과정에서 AI처럼 판단하고, 그 판단의 이유를 설명하는 사고 흐름을 따라가도록 구성되어 있다.

AI 융합 수업 지도안	
수업 목표	1. AI의 강화 학습 구조(보상 – 행동)를 이해할 수 있다. 2. 동식물의 생존 전략을 관찰하고 AI 사고와 연결하여 설명할 수 있다. 3. 보상 구조에 따라 움직이는 나만의 캐릭터를 설계할 수 있다. 4. 설계한 게임을 코딩으로 구현하고 설명할 수 있다. 5. 자신의 판단 구조를 타인에게 설명하며 AI 사고의 투명성과 설명 가능성을 경험할 수 있다.
활용한 AI, 디지털 도구	OctoStudio
지도 상의 유의점	• OctoStudio의 조건, 반복 등 블록 사용에 어려움을 겪는 학생에게는 샘플 프로젝트를 응용하여 만들도록 안내한다. • 나만의 게임을 바탕으로 판단 구조의 이유를 말할 수 있는지 관찰한다.

학습 단계	교수 학습 활동	자료 및 유의점
1차시	• 동식물 생존 영상 보기(위장, 회피, 협력 등) • 생존 전략에 대해 친구들과 이야기 나누기 • AI 강화 학습에서의 '보상' 개념 도입	동식물 생존 영상
2차시	• 게임 속 캐릭터(동물, 식물) 선택 • 캐릭터가 살아남기 위한 조건 정의 • 점수, 조건 등 보상 표현 방식 정하기	활동지
3차시	• 보상 조건과 행동 연결 아이디어 구상 • 캐릭터의 판단 흐름 논리적으로 설명하기 • 친구와 상호 피드백('왜 이런 구조인가?')	활동지
4-5차시	• OctoStudio로 캐릭터, 배경 설정 • 조건, 점수, 반복 구조 코딩 구현 • 캐릭터가 조건에 따라 다르게 움직이는 구조 확인	OctoStudio
6차시	• 완성된 게임 시연 및 친구와 교차 체험 • 피드백을 바탕으로 조건 및 점수 구조 수정 • 최종 게임 발표 및 캐릭터의 생존 전략 설명하기	OctoStudio
평가 도구	• 1-3차시: 관찰평가, 4-5차시: 포트폴리오 평가, 6차시: 관찰평가, 포트폴리오 평가	

부록(활동지)

초등학교 4학년 AI융합수업

**동식물 생존 전략으로
나만의 AI게임 프로그램 만들기**

반:
이름:

동식물의 생존 전략 알아보기

살아남기 위한 조건은 무엇일까? (캐릭터 선정, 생존 조건 등)

[그림 2-23]
활동지 QR코드

초등학교 4학년 AI융합수업
동식물 생존 전략으로
나만의 AI게임 프로그램 만들기

반:
이름:

나만의 보상 구조를 설계하고, AI게임 프로그램 구상하기

피드백을 바탕으로 프로그램 수정 보완하기

AI처럼 판단한 내 캐릭터, 생존 전략 설명하기

[그림 2-24]
활동지 QR코드

의사결정 트리로 협력적 결정하기

- 모둠 학습을 통한 AI 산출물 제작 수업 -

 들어가며

우리 모둠의 의사결정을 도와주는 마법의 나무, 의사결정 트리를 배워보는 시간입니다. 우리 삶 속 의사를 결정하는 과정들이 AI의 작동 원리와 밀접하게 연결되어 있다는 것을 체험을 통해 확인할 수 있습니다. 또한, AI 기술을 활용하여 문제를 해결하는 과정에서 다양한 선택지를 체계적으로 분석하고 최적의 결정을 내리는 방법을 배우게 됩니다. 이 수업을 통해 협력적 문제 해결 역량을 키우고, AI가 어떻게 우리 일상에 도움을 줄 수 있는지 경험하게 될 것입니다.

수업 개요	대상		초등학교 5-6학년
	관련 교과		실과, 미술, 국어
	수업 목표		의사결정 트리의 기본 개념을 이해하고 이를 실생활 문제 해결에 창의적으로 적용할 수 있다.
	성취 기준	[6미02-02]	• 디지털 매체 등 다양한 표현 재료와 용구를 탐색하여 작품 제작에 활용할 수 있다.
		[6실05-05]	• 인공지능이 만들어지는 과정을 체험하고, 인공지능이 사회에 미치는 영향을 탐색한다.
		[6실05-03]	• 실생활의 문제를 해결하는 프로그램을 협력하여 작성하고, 산출물을 타인과 공유한다.
		[6국01-06]	• 토의에 협력적으로 참여하며 서로의 의견을 비교하고 조정한다.
	활용 도구		Entry, Canva AI
	AI 요소		인공지능 원리와 활용, 분류, 탐색, 추론, 인공지능 분류 방법

협력적 문제 해결 기반 AI 융합 수업

AI 융합 수업 의도와 중점 사항

미래 교육을 이야기할 때, 전 세계에서 더욱더 강조되고 있는 역량 중 하나는 바로 협력적 문제 해결 능력입니다. 이번 AI 융합 수업 역시 이 역량을 핵심으로 삼고 있습니다. AI 융합 수업은 단지 기술을 배우는 수업이 아니라, 학생들이 AI라는 도구를 활용해 실제 문제를 함께 해결해보는 과정으로 나아가야 합니다. 이 과정 속에서 학생들은 자연스럽게 서로 다른 관점을 조율하고, 함께 해결책을 찾아가는 경험을 하게 됩니다.

이러한 경험은 단지 수업 속에서의 성공적인 결과로 끝나지 않습니다. 학생들은 이 과정을 통해, 미래사회에서 AI와 협력하며 일하는 데 필요한 핵심 역량을 실질적으로 습득하게 됩니다. 결국 우리가 지향하는 것은 'AI를 잘 다루는 사람'이 아니라, 'AI와 함께 문제를 해결할 줄 아는 사람'이기 때문입니다.

이 AI 융합 수업은 학생들이 의사결정 과정을 직접 체험하고, AI의 작동 원리 중 하나인 의사결정 트리를 이해하며, 실제 문제 해결에 AI를 적용해보는 경험을 제공합니다. 이를 통해 학생들은 논리적 사고력, 협업 능력 그리고 AI를 활용한 문제 해결 역량을 기릅니다.

02 활용 도구 소개

1. Entry AI

엔트리는 블록 코딩 기반의 교육용 프로그래밍 환경으로, 실제 데이터를 사용해 AI 모델을 학습할 수 있는 도구입니다. 의사결정 트리와 결합하여 학생들이 실제 AI 모델을 구축하고 의사결정 과정을 자동화하는 경험을 할 수 있습니다.

(1) 왜 이 도구를 선택했나요?

가. 학생 친화적인 블록 기반 AI 도구

엔트리는 블록 코딩 방식으로 구성되어 있어 프로그래밍 경험이 적은 학생들도 쉽게 접근할 수 있습니다. 특히 AI 기능이 블록 형태로 제공되어, 복잡한 알고리즘을 몰라도 음성인식, 번역, 이미지 분류, 텍스트 분석 등의 다양한 AI 기능을 쉽게 체험할 수 있습니다.

[그림 3-1] 인공지능 기능 체험

나. 실습 중심의 AI 모델 학습 가능

엔트리는 사용자가 직접 데이터를 입력하여 AI 모델을 훈련시키는 기능을 제공합니다. 학생들은 샘플 데이터나 자신이 수집한 데이터를 통해 의사결정 트리 기반 AI 모델을 학습시키고, 이를 통해 'AI가 어떻게 판단을 내리는지' 실제로 체험하게 됩니다.

[그림 3-2] 인공지능 모델 학습

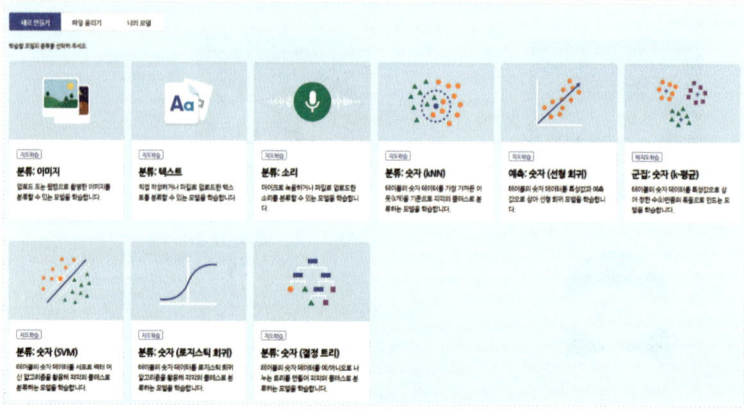

[그림 3-3] 인공지능 블록

다. 창의적 문제 해결 프로젝트에 적합

엔트리를 통해 학생들은 간단한 코딩 학습을 넘어, 문제 해결을 위한 AI 도구를 직접 설계하고 제작할 수 있습니다. 하나의 문제를 해결하기 위한 방안을 학생별 특기와 개성을 살려 다양한 작품으로 표현할 수 있다는 점이 특징입니다. 예를 들어, 세계의 환경 문제를 해결하는 프로그램을 제작한다고 할 때, 학생들은 환경 문제로 인한 일화를 스토리텔링 방식으로 제작하여 문제에 대한 경종을 울리거나, 환경오염을 줄이는 방법에 대한 퀴즈 혹은 게임을 제작할 수 있습니다.

(2) 활용 방법과 Tip은 어떻게 되나요?

① 엔트리 계정 만들기

- 학생 계정 생성: 엔트리 공식 웹사이트(https://playentry.org)에서 학생이 직접 계정을 생성하거나 교사가 학생 계정을 일괄적으로 생성할 수 있습니다. 나의 학급 > 새로운 학급 만들기 > 학생 관리 버튼을 누르면 학생을 일괄적으로 추가할 수 있고, 학생들의 학습 상황을 편리하게 공유받을 수 있습니다. 그러나 교사가 일괄적으로 생성한 아이디로는 해당 학급에서만 작품을 공유할 수 있고, 다른 학급에서 해당 학생을 초대할 수 없습니다.

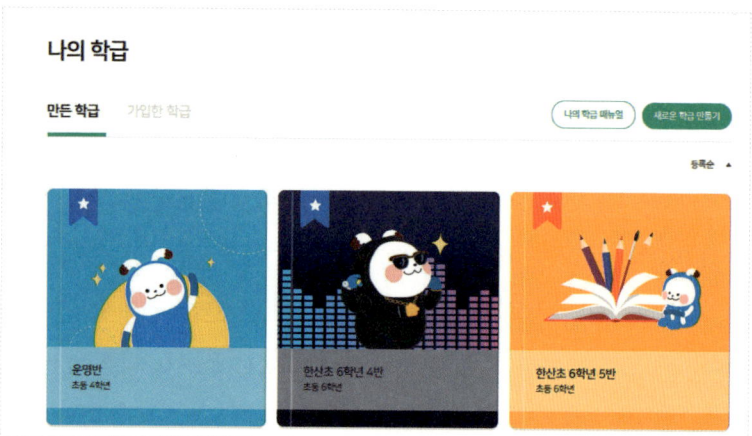

[그림 3-4] Entry 학급 생성

② 프로젝트 만들기: 만들기 메뉴를 클릭하면 작품 만들기가 있습니다.

③ 기본적인 프로그래밍 블록 사용법 익히기

- 블록 이해: 엔트리의 블록을 통해 기본적인 명령어를 이해하고 사용할 수 있습니다. 예를 들어, '이동', '소리', '변수' 블록 등 기본적인 블록을 사용하여 간단한 동작을 구현해봅니다.
- 단계별 연습: 생각하기 > 엔트리 학습하기 > 발견 부분에서 다양한 유형의 작품을 제작하는 실습을 할 수 있습니다. 또한, 생각하기 > 교과서 실습하기 부분에서는 실과 교과서에 등장하는 코딩을 절차적으로 실습할 수 있습니다. 학생들에게 설명할 때 도움을 주는 지도안과 PPT도 게시되어 있습니다.

Tip 공유된 작품 중 따라 하고 싶은 작품을 선택하여 '리메이크하기' 버튼을 누르면 학생들이 기존의 작품을 변형하여 코딩할 수 있습니다.

2. Canva AI

캔바는 누구나 손쉽게 디자인을 만들 수 있도록 도와주는 온라인 그래픽 디자인 플랫폼입니다. 수천 개의 템플릿과 직관적인 편집 기능을 제공해, 디자인 경험이 없어도 포스터, 프레젠테이션, 소셜 미디어 콘텐츠, 인포그래픽 등 다양한 시각 자료를 빠르게 제작할 수 있습니다.

최근에는 AI 기능이 통합되어, 텍스트 입력만으로 자동 글쓰기, 이미지 생성, 동영상 제작 그리고 자연어 프롬프트를 통한 웹페이지 코딩까지 지원합니다. 이를 통해, 누구나 쉽고 빠르게 맞춤형 콘텐츠를 제작할 수 있게 되었습니다.

(1) 왜 이 도구를 선택했나요?

캔바 AI에 있는 코드 생성 기능을 매우 유용하게 활용할 수 있습니다. 교사 입장에서 수업을 하면서 필요하지만 적절한 자료를 찾을 수 없어서 하지 못했던 활동들이 분명히 있을 것입니다. 이제는 이러한 자료나 프로그램을 직접 제작할 수 있습니다. "알맞은 그림과 함께 정답을 알려주는 속담 퀴즈 만들어줘"와 같이 프롬프트를 입력하면 해당 프로그램을 코딩 없이 만들 수 있고, 웹사이트로 손쉽게 배포하거나 학생들에게 링크로 공유하여 퀴즈를 풀도록 할 수 있습니다.

(2) 활용 방법과 Tip은 어떻게 되나요?

활용 방법은 ChatGPT와 같은 생성형 AI에 프롬프트를 입력하는 것과 같습니다. 프롬프트를 입력하고 결과물을 확인하면서 추가적인 요청을 하는 방식입니다. 원하는 프로그램을 효율적으로 만들기 위해서 미리 ChatGPT

에 프로그램 설계를 위한 프롬프트를 넣고 아이디어를 구체화하면 캔바 AI가 더 정교한 프로그램을 만들어냅니다.

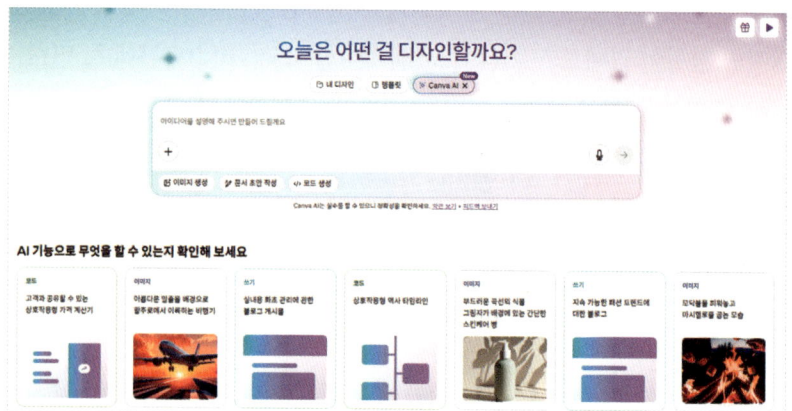

[그림 3-5] Canva AI

03 AI 융합 수업 계획

> 우리 모둠의 의사결정을 도와주는 마법의 나무, 의사결정 트리

이번 AI 융합 수업의 목표는 '의사결정 트리'라는 AI 작동 원리를 체득하고, 협력적 문제 해결을 통해 의사결정 도우미 앱을 제작하는 것입니다. 이 과정에서 학생들은 협력적 문제 해결, 의사결정 프로세스, 의사결정 트리 모델링, AI 모델 학습 원리 등을 학습하게 됩니다.

> 수업의 특징

- 초등학교 6학년 학생 대상
- 실과, 사회, 국어 융합
- 평가 방식: 단순한 지식 습득 여부를 넘어서 실제적 문제 해결 과정에서 나타나는 학습자의 AI 활용 능력, 의사결정 능력, 협업 역량 등을 다각도로 평가할 수 있도록 자기평가, 관찰평가, 포트폴리오 평가 진행

1. 수업 계획의 단계 설명

협력적 문제 해결 역량(Collaborative Problem Solving)은 OECD에서 핵심 역량으로 제시한 개념으로, 공동의 목표를 달성하기 위하여 다른 사람들과 함께 상호작용하면서 문제를 인식하고, 계획을 세우고, 실행하며 해결해나가는 과정을 의미합니다. 이 역량은 문제를 정확히 이해하고 해결 계획을 수립하는 능력, 팀원들과 효과적으로 의사소통을 하며 역할을 분담하는 능력, 필요한 정보를 공유하고 전략적으로 협력하는 능력 그리고 발생하는 갈등을 조율하여 공동의 결론을 도출하는 능력을 포함합니다.

아래는 Jonassen(2000)을 중심으로 많은 학자들이 만들어낸 협력적 문제 해결 학습의 단계입니다. 이번 AI 융합 수업에서는 이 단계를 자연스럽게 녹여내고자 하였습니다.

[표 3-1] 협력적 문제 해결 학습의 단계

단계	설명
1. 문제 제시	• 학습자에게 실제적이며 복잡한 문제 상황을 제공하기
2. 문제 분석 및 과제 설정	• 조원들과 함께 문제를 정의하고, 해결해야 할 핵심 과제를 도출하기 • 필요한 배경지식과 정보를 확인하기
3. 역할 분담 및 정보 탐색	• 조원들이 역할을 분담하여 필요한 자료나 정보를 수집하기
4. 협력적 토의 및 문제 해결 전략 개발	• 수집한 정보를 바탕으로 토의하고, 다양한 해결 방안을 구상하며 전략을 수립하기
5. 해결안 도출 및 결과 발표	• 최종적인 해결안을 정리하고 공유하기
6. 성찰 및 평가	• 학습자와 교사가 함께 학습 과정, 협력 과정, 결과에 대해 반성 및 평가하기

잠깐! 협력 학습과 협동 학습의 차이는?

협동 학습(Cooperative Learning)은 주로 과제를 분업화하여 각자 맡은 역할을 수행한 후 결과물을 조합하는 방식을 의미합니다. 반면, 협력 학습(Collaborative Learning)은 모든 구성원이 문제 해결 과정 전반에 참여하며 지속적인 상호작용을 통해 공동의 지식과 이해를 구축해나가는 방식을 뜻합니다. 우리의 AI 융합 수업에서는 특히 이 협력 학습의 원리를 중심으로 활동이 설계되었습니다.

2. AI 융합 수업의 전체 구성

1	실생활 문제 탐색	• 학생들의 실생활 속 의사결정 경험을 바탕으로 문제를 정의하고, 좋은 의사결정 도구의 조건 탐색 • 실제 겪은 갈등이나 선택 상황을 나누고 분석 → 의사결정 어려움을 시각화 → AI가 도움이 될 수 있는 부분 생각해보기
2	의사결정 모델 탐구	• 의사결정 트리의 기본 구조(노드 – 분기 – 결과)를 인터랙티브 그림책을 통해 자연스럽게 이해 • 인터랙티브 그림책을 함께 읽고, 트리로 구조화 → 나만의 간단한 트리 만들기
3	AI 모델 적용	• 학생 스스로 트리 구조로 의사결정을 시각화하고, AI의 사고 흐름을 모방해보기 • 실생활 문제 선택 → 스무고개 게임으로 트리 구조 감각 익히기 → 모둠별 트리 구성 및 공유
4	앱 제작	• 만든 트리를 디지털 도구로 구현해보며, AI의 학습 – 판단 – 출력 원리를 체험 • 엔트리를 활용한 간단한 AI 앱 제작 → 모둠별 협업을 통한 기능 설계 → 시연 및 피드백
5	평가 및 공유	• 만든 앱 발표 및 시연 (모둠별 발표회 또는 부스 운영) • 친구들과 상호 피드백 주고받기 • 루브릭을 활용해 자기평가 및 모둠 평가 하기

CHAPTER 02 AI 융합 수업 차시별 소개

01 모둠 활동에서 겪은 의사결정 문제는? (1차시)

	활동 순서
도입	• 학생들의 실제 의사결정 경험 나누기
전개	1. 의사결정 구조 분석 • 어떤 정보가 필요했는지, 어떤 기준을 사용했는지 돌아보기 • 문제 정의 → 정보 수집 → 기준 설정 → 결과 도출 2. 의사결정 과정의 어려움 공유 • 다양한 의견, 기준의 부재, 감정적 판단 등 • 왜 결정이 어려웠는지 원인 분석
정리	• 좋은 의사결정 도구의 조건 탐색 • AI가 제공할 수 있는 기능 떠올리기

수업은 학생들의 모둠별 토의로 시작합니다. 학생들은 그들의 삶과 밀접하게 관련이 있는 문제 중 결론이 쉽게 나지 않는 문제를 접하게 됩니다. 교사는 학생들에게 정답은 없으며 다양한 입장이 공존할 수 있는 상황이라는 점을 강조하며, 각자의 입장에서 의견을 나누도록 합니다. 예를 들어, 다음과 같은 문제 상황을 제시할 수 있습니다.

'우리 반이 학급 대표 체험 활동으로 놀이공원과 박물관 중 어디로 갈지 결정해야 합니다. 놀이공원은 재미있지만 비용이 더 들고, 박물관은 학습적이지만 덜 흥미롭습니다. 어떤 곳으로 가는 것이 더 적절할까요?'

모둠 안에서도 다양한 주장과 근거가 등장합니다. 학생들은 서로의 주장과 근거를 들으며 의견을 조율하려 노력하게 됩니다. 그러나 활동이 진행될수록 어느 한 선택지를 쉽게 고르기 어려움을 느낍니다. 한 쪽은 '재

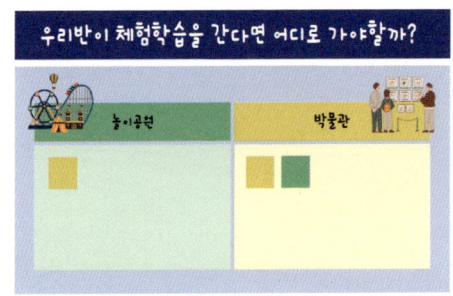

[그림 3-6] 일상의 문제 브레인스토밍

미'를 중요시하고, 다른 쪽은 '학습 효과'나 '비용 문제'를 강조하면서 입장이 팽팽히 맞서는 상황이 발생하는 것입니다.

이때, 교사는 활동을 잠시 중단시키고 각 모둠에게 질문을 던집니다. 결론이 나지 않는 이유는 무엇이고, 결정을 내리기 위해 무엇이 필요할까와 같은 질문을 말이죠.

학생들은 자연스럽게 다음과 같은 인식을 하게 됩니다.
- 어떤 기준(우선순위)이 없으면 결정을 내리기 어렵다는 점
- 사람마다 중요하게 생각하는 가치가 다를 수 있다는 점

결론적으로, 다수의 사람이 있는 상황에서 결정을 할 때 합리적인 기준을 미리 세우는 것이 의사결정에 도움이 된다는 점을 깨닫게 됩니다.

이후 활동은 '좋은 의사결정을 위한 기준 세우기'로 확장됩니다. 각 모둠은 자신들이 겪은 토의의 어려움을 바탕으로, 향후 비슷한 문제에 직면했을 때 어떤 기준을 가지고 판단할 수 있을지를 정리해봅니다. 예를 들어, '모두의 만족도', '예산 범위', '교육적 가치', '접근성' 등 다양한 요소를 고려한 의사결정 기준 목록을 만들어볼 수 있습니다.

마지막으로 각 모둠은 자신들이 정리한 기준을 공유하며 비교해보고, 공통적으로 중요한 기준이 무엇인지 학급 전체 토의를 통해 함께 정리해보는 시간을 갖습니다. 그리고 기준에 따라 결정을 내리게 됩니다. 이 과정을

통해 학생들은 결론이 쉽게 나지 않는 상황일수록 명확한 기준이 필요하며, 이 기준이 있을 때 보다 효율적이고 공정한 결정을 내릴 수 있음을 스스로 깨닫게 됩니다.

> **1차시 Tip**
> - '의사결정'이라는 말이 어려울 수 있어요.
>   → 사회 시간의 민주적 의사결정 과정 내용과 연결하여 쉽게 풀어 설명할 수 있습니다. 또는 학급회의에서 학급의 문제를 해결했던 경험을 떠올리도록 합니다.
> - 생각 나누기 도구로는 포스트잇, 패들렛 등을 활용하면 좋습니다.

02 AI 작동 원리와 연결해 그림책으로 배우는 의사결정 트리 (2차시)

활동 순서	
도입	• <너라면 어떻게 할래?> 인터랙티브 그림책을 함께 읽으며 주요 선택 지점에서 멈추고 질문하기 • 선택에 따라 이야기가 어떻게 달라지는지 확인하며, 이를 칠판에 간단한 트리 형태로 그려나가기
전개	• 그림책과 의사결정 트리 개념 연결하기 • 간단한 의사결정 트리 만들어보기
정리	• 학생들의 활동 결과물을 바탕으로 의사결정 트리의 개념을 정리하기

학생들에게 AI 알고리즘을 설명하는 것은 쉽지 않지만, 그림책이라는 친숙한 매체를 통해 자연스럽게 접근할 수 있습니다. 특히 교사가 생성형 AI로 쉽게 만들 수 있는 선택형 인터랙티브 그림책은 의사결정 트리의 개념을 직관적으로 이해하는 데 큰 도움이 됩니다.

아이들은 선택에 따라 이야기가 달라지는 그림책을 통해 자연스럽게 의사결정 구조를 경험합니다. 예를 들어, '친구와 다툰 후 먼저 사과할까 vs 기다릴까?'와 같은 선택 상황에서 한 가지를 선택 후 다음 페이지로 넘어가는 과정은 AI가 사용하는 의사결정 트리와 매우 유사합니다. 이때 AI도 이렇게 여러 가지 질문을 하고, 그 답변에 따라 다음 단계를 결정하면서 판단을 내린다는 점을 설명할 수 있습니다. 학생들은 선택에 따라 결과가 달라지는 구조를 체험하면서 자연스럽게 노드(결정 지점), 브랜치(선택지), 리프(최종 결과)와 같은 개념을 학습하게 되는 것입니다.

도입부 활동 이후에는 개별적으로 간단한 의사결정 트리를 직접 만들어 보는 시간을 가집니다. '주말에 어떤 음식을 먹으면 좋을까?'와 같은 일상적인 주제로 시작하여 '매운 음식을 좋아하는가?'와 같은 질문에서 '예/아니요'에 따른 각 경우를 트리 형태로 그려보게 합니다. 완성된 의사결정 트리를 활용하여 다른 학생들에게 음식을 추천하며 공유하는 시간을 통해 개념을 더욱 강화합니다.

이 차시의 주안점은 초등학생들의 발달 단계를 고려하여 친숙한 것에서 낯선 것으로, 구체적인 것에서 추상적인 것으로 나아가는 단계적 접근을 취하는 데 있습니다. 학생들은 단순히 설명을 듣는 것이 아니라 직접 선택하고, 트리를 만들어보는 참여적 학습을 통해 개념을 내면화합니다.

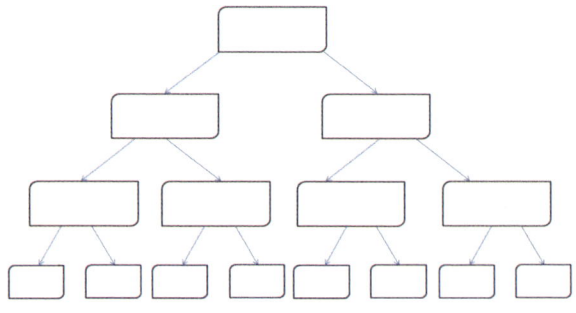

[그림 3-7] 의사결정 트리 제작 활동지

2차시 Tip

1. Canva AI를 활용한 인터랙티브 그림책 제작 방법

(1) 주제 선정과 기획

- 핵심 메시지 정하기: 독자에게 전달하고자 하는 가치나 교훈을 먼저 정합니다. (예: 친구의 소중함, 환경 보호, 감정 표현 등)
- 몇 단계의 선택을 하게 할 것인지 정하기

(2) ChatGPT를 통해 프롬프트를 구체화한 후 Canva AI에 입력하여 생성 버튼 클릭하기

프롬프트 예시

> 초등 6학년 대상 그림책을 만들려고 해요. 주제는 '인생게임'이고, 중간에 독자의 선택에 따라 결과가 달라지는 구조로 만들어주세요.

[그림 3-8]
체험형 그림책 예시 1

[그림 3-9]
체험형 그림책 예시 2

2. 앱스 스크립트(Apps Script)를 활용한 체험형·선택형 그림책 제작 방법

(1) ChatGPT에 앱스 스크립트 활용한 선택에 따라 달라지는 앱 코드 요청

(2) https://script.google.com/home에 접속하여 GS 파일 및 html 파일 생성

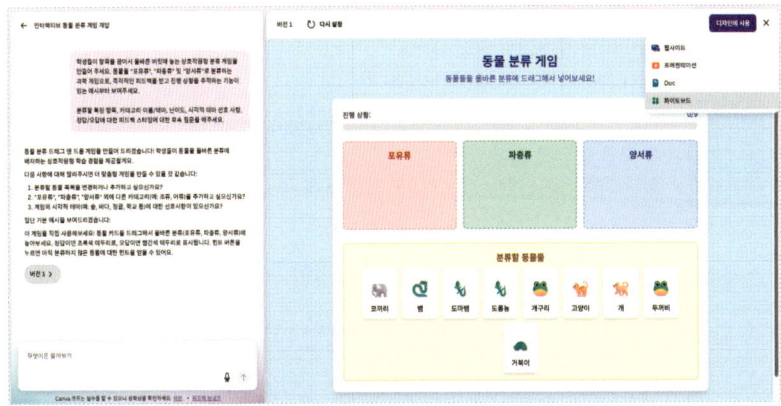

[그림 3-10] 캔바 AI 노코드 프로그래밍

[그림 3-11] 앱스 스크립트 코딩

03 의사결정 트리 체험하기 (3차시)

활동 순서	
도입	• 스무고개 게임으로 의사결정 트리 구조 떠올리기 • 예/아니요 질문으로 정답 유추
전개	• 자신들이 선정한 문제를 해결하는 트리를 구성 • 판단 기준(질문 노드), 선택지(분기), 결과(리프) 구분해 시각화
정리	• 각 모둠별 트리 공유 • 판단 기준이 타당했는지, 더 나은 분기 기준은 없었는지 함께 토의

스무고개 게임을 통해 의사결정 트리에 대한 기억을 상기시키는 활동으로 수업을 시작합니다. 이 게임에서는 '예/아니요'로 답할 수 있는 형식의 질문을 학생들로부터 유도하며 정답에 다가갈 수 있도록 합니다.

이후, 각 모둠은 자신들이 선정한 실제 문제 상황을 바탕으로 의사결정 트리를 구성합니다. 이때, 판단 기준(질문 노드), 선택지(분기), 결과(리프)의 세 요소를 명확히 구분하여 시각적으로 표현함으로써 논리적 사고를 구조화하는 연습을 합니다.

모든 모둠은 완성한 트리를 공유하며, 서로의 트리를 비교하고 피드백하는 시간을 갖습니다. 특히 판단 기준이 적절했는지, 더 효과적인 분기 기준은 없었는지를 중심으로 토론함으로써 비판적 사고와 협업 능력을 기릅니다.

3차시 Tip

- 트리를 잘 그린 모둠의 예시를 먼저 공유해주세요.
  → 다른 모둠들이 참고할 수 있고 활동의 방향을 잡는 데 도움이 됩니다.
- 디지털 도구 활용 : 구글 설문지를 '결정 트리처럼' 설계하면 답변 흐름 따라가기 체험도 가능해요.

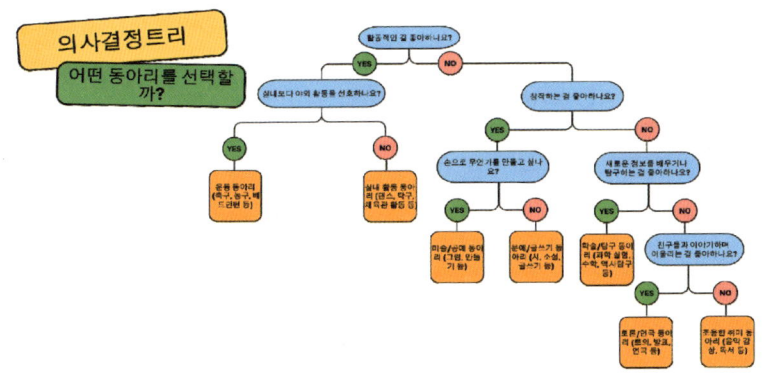

[그림 3-12] 의사결정 트리 시각화 예시

 AI 모델 학습으로 의사결정을 도와주는 앱 제작하기 (4차시)

	활동 순서
도입	• '우리 트리를 앱으로 만들어 같은 고민을 하는 다른 사람의 의사결정을 도와준다면 어떨까?'라는 질문으로 호기심 유발
전개	• Entry로 앱 제작하기 • 각 모둠이 만든 앱을 자체적으로 체험해보고 피드백 주고받기
정리	• 우리가 만든 앱이 실제로 어떻게 AI처럼 의사결정을 돕고 있는지 다시 정리 • AI가 가지는 장점(일관성, 객관성, 반복 처리 능력)과 한계(감정 고려 부족, 기준 설정의 어려움) 토의

'앱을 통해 다른 사람의 의사결정을 도와준다면 어떨까?'라는 질문을 던지며 수업을 시작합니다. 학생들은 전 차시에서 도출한 문제를 해결하는 의사결정 트리 기반 앱을 엔트리로 제작하게 됩니다.

엔트리의 모델 학습 기능을 활용해, 특정 조건에 따른 결과를 예측할 수 있도록 학생들이 분류: 숫자(결정트리)에서 AI 모델을 학습시키게 합니다.

엔트리 모델 학습은 AI 블록에서 찾을 수 있습니다. AI 블록을 클릭한 뒤 인공지능 모델 학습하기를 클릭합니다. 본격적으로 앱을 제작하기 전에 학생들은 예시 데이터를 활용하여 연습하는 과정을 거쳐야 합니다.

이를 위해서는 데이터 분석 블록을 클릭한 후 테이블 불러오기를 클릭 그리고 테이블 선택에서 '티셔츠 사이즈 예시 데이터'를 클릭한 후 우측 상단의 추가하기를 클릭합니다.

[그림 3-13]
Entry 의사결정 트리 모델 학습

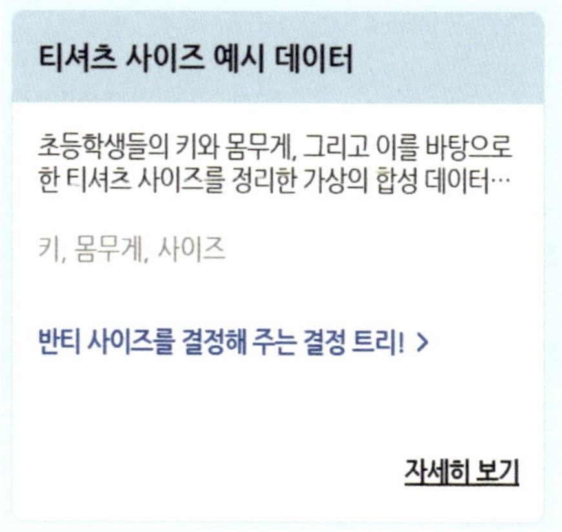

[그림 3-14]
데이터 분석 블록 예시 데이터

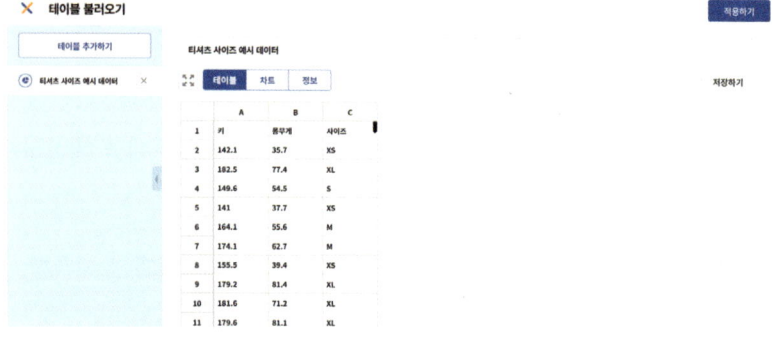

[그림 3-15] 테이블 불러오기

앱을 만드는 과정에서 학생들은 협력해야 합니다. 학생들은 모둠 내에서 각자 맡을 역할을 나눕니다. 예를 들어, 프로그래머는 엔트리의 블록 코딩을 사용하여 조건 분기와 결과 출력을 설정합니다. 디자이너는 앱의 화면과 버튼 배치, 시각적 요소를 조정하여 앱이 직관적으로 잘 작동할 수 있도록 합니다. 다만, 모둠별 협력 학습을 할 때 각 모둠에 코딩에 익숙한 학생을 한 명씩 배치하고 이들을 중심으로 기본적인 코딩을 공통적으로 한 후, 프로그램의 디자인이나 진행 방식은 개인별로 모두 다르게 제작할 수 있습니다. 이는 교실의 상황에 맞게 교사가 결정할 수 있습니다.

이 수업을 통해 학생들은 엔트리를 사용하여 협력적으로 앱을 만드는 경험을 쌓습니다. 팀원들이 각자 역할을 맡아 협력하며 의사결정 트리를 디지털 앱으로 만드는 과정에서 중요한 기술적, 사회적 기술을 학습합니다. 또한, AI와 협력을 통해 의사결정 문제를 해결할 수 있는 가능성을 탐구하게 됩니다.

4차시 Tip

- 앱 만들기가 어렵다면 카드 앱 형태로 구현해도 돼요.
  예: PowerPoint로 질문 → 선택 → 결과 카드 넘기기 형식
- 기능보다 '결정하는 구조'에 집중하게 유도하세요.
  복잡한 프로그래밍보다, 어떻게 질문을 만들고 결과를 연결할지를 중점적으로 지도해보세요.

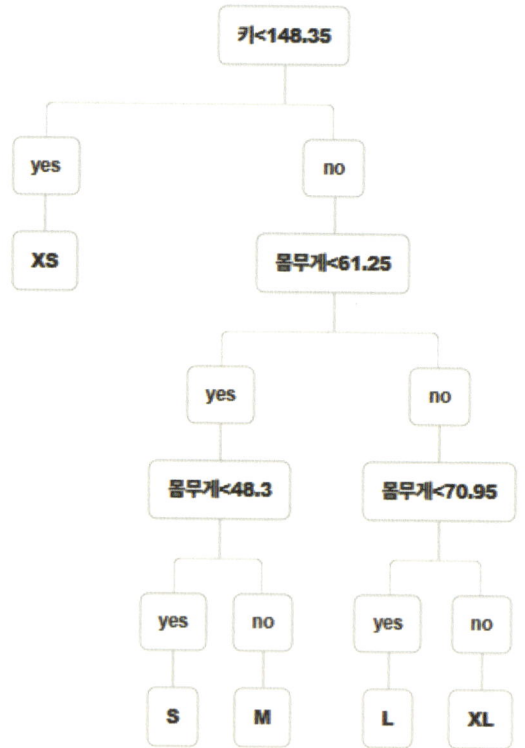

[그림 3-16] 모델 학습 과정

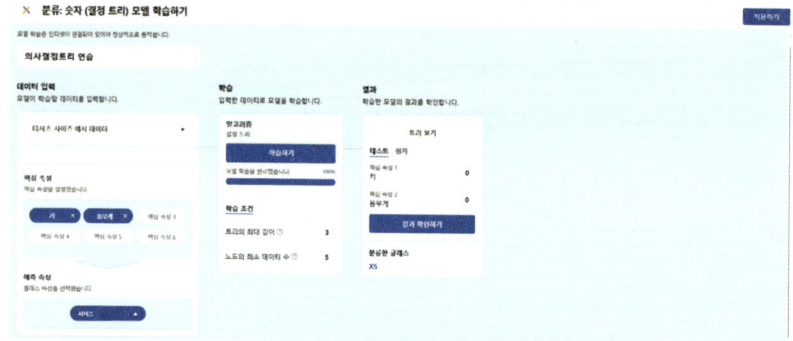

[그림 3-17] 모델 학습 시키기

05 적용 및 평가하기 (5차시)

활동 순서	
도입	• 앱 공유회 개최하기 • 발표할 내용 모둠별로 협의하여 준비하기
전개	1. 각 모둠이 만든 앱을 간단히 시연하며 구조와 기능을 소개 • 친구들이 각 모둠의 앱을 실제로 사용해보며 경험 • 체험 후 다음과 같은 형태로 피드백 작성 2. 피드백 정리 및 개선 아이디어 도출 • 모둠별로 받은 피드백을 바탕으로 개선점 정리 및 개선
정리	• 발표와 체험 활동을 통해 배운 점을 돌아보며 성찰

이번 차시의 목표는 학생들이 직접 만든 앱을 실제로 사용하고, 그 효과성과 실용성을 체험하며 평가하는 것입니다. 이를 위해 앱 공유회를 엽니다. 각 모둠은 돌아가며 앱을 시연하고, 앱의 의도를 발표한 후, 중점을 둔 코딩에 대해 설명합니다. 학생들은 발표를 듣고 앱을 직접 사용해보면서 피드백을 줍니다. 이를 반영하여 각 모둠의 앱의 완성도를 높일 수 있습니다. 학생들은 자신이 설정한 기준이 실제로 유효한지, 앱이 사용자에게 쉽게 다가갈 수 있는 구조인지 등을 점검합니다. 체험자들은 '이 기준은 실생활에 도움이 됐어요', '이런 상황도 고려했으면 좋겠어요'와 같은 형태로 구체적인 의견을 제시하고, 발표자는 이를 바탕으로 개선 방향을 정리합니다. 이렇게 피드백을 수용하고 적용하는 협력적 문제 해결 경험을 통해, AI 기술 자체보다 더 중요한 'AI를 바라보는 인간의 태도'에 대한 성찰이 이루어집니다. 이는 단순한 도구 제작을 넘어, AI와 함께 살아가는 사회를 위한 시민 의식을 함양하는 데 중점을 둔 설계 의도입니다. 무엇보다 이 수업은 학생들 스스로 만든 결과물에 책임감을 가지며, 타인의 조언을 자연스럽게

받아들이는 성장 중심 학습 문화를 경험하게 합니다. 결과보다 과정, 정확성보다 소통, 완성보다 개선 가능성에 주목하게 하는 점에서 매우 중요한 교육적 의미를 지니고 있습니다.

5차시 Tip

- '좋았던 점', '헷갈렸던 점', '이렇게 바꾸면 좋겠어요' 등의 항목으로 간단한 피드백 양식을 준비합니다.
- 협력적 문제 해결 역량 루브릭으로 팀워크를 함께 평가
  학습자들은 산출물 제작 과정을 거치면서 어떤 점이 이 수업의 과정에서 중요하게 다뤄지고 있는지를 인지한 상태입니다. 따라서, 학습자들과 교수자가 함께 루브릭을 제작하여 동료 평가를 하는 것도 좋은 방법입니다.

CHAPTER 03 수업 결과물 및 제언

01 결과물 예시 및 평가

1. 학생 산출물 예시

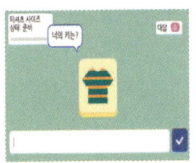

[그림 3-18] 학생 산출물 예시

2. 평가 방법

이 수업의 평가는 단순한 지식 습득 여부를 넘어서 실제적 문제 해결 과정에서 나타나는 학습자의 AI 활용 능력, 의사결정 능력, 협업 역량 등을 다각도로 평가할 수 있도록 설계하였습니다.

차시	방법	내용
1	관찰 평가	• 모둠 활동에서 결정하는 것의 어려움을 느끼고 해결의 필요성을 설명할 수 있는가?
2	관찰 평가	• 의사결정 트리가 무엇인지 이해하고, 이를 바탕으로 자신만의 트리를 제작할 수 있는가?
3	관찰 평가	• 복잡한 문제를 명확한 의사결정 노드로 체계적으로 분해하고, 논리적으로 일관된 트리 구조를 설계할 수 있는가?
4	포트폴리오 평가	• 의사결정 트리가 시각적으로 명확하게 표현되었으며, 체계적인 구조로 정보를 전달할 수 있는가?
5	관찰 평가	• 피드백을 원활히 주고받으며 자신의 결과물에 효과적으로 반영할 수 있는가?

부록 1(수업 지도안)

AI 융합 수업 지도안		
학교급	초등학교	
학년	6학년	
총 차시	5차시	
수업 개요		
과목	실과, 사회, 국어	
수업 주제	협력적 문제 해결 기반 AI 융합 수업	
성취 기준	[6미02-02]	• 디지털 매체 등 다양한 표현 재료와 용구를 탐색하여 작품 제작에 활용할 수 있다.
	[6실05-05]	• 인공지능이 만들어지는 과정을 체험하고, 인공지능이 사회에 미치는 영향을 탐색한다.
	[6실05-03]	• 실생활의 문제를 해결하는 프로그램을 협력하여 작성하고, 산출물을 타인과 공유한다.
	[6국01-06]	• 토의에 협력적으로 참여하며 서로의 의견을 비교하고 조정한다.
활용 주요 도구	Entry, Canva AI	
참고한 모형 혹은 원리	• Jonassen(2000)의 협력적 문제 해결 학습의 단계 문제 제시 → 문제 분석 및 과제 설정 → 역할 분담 및 정보 탐색 → 협력적 토의 및 문제 해결 전략 개발 → 해결안 도출 및 결과 발표 → 성찰 및 평가	
AI 융합 수업 구성 의도	• AI 융합 수업은 단순히 기술을 익히는 데 그치지 않는다. 이 수업의 중심에는 '협력적 문제 해결'이라는 핵심 역량이 자리 잡고 있다. 학생들은 AI를 활용해 실제 문제를 해결하는 과정에서, 서로 다른 의견을 조율하고 공동의 해결책을 도출하는 경험을 하게 된다. • 이러한 학습 과정은 단기적인 성과에 머무르지 않고, 미래사회에서 AI와 함께 일하는 데 필요한 실질적인 역량을 기르는 데 목적이 있다. 즉, 단순히 AI를 잘 다루는 사람이 아니라, AI와 함께 문제를 해결할 줄 아는 사람을 기르는 것이다. • 특히, 의사결정 트리를 중심으로 한 수업 구성은 학생들에게 체계적인 사고와 논리적 분석력을 길러준다. 모둠 활동을 통해 협업 능력과 소통 역량도 함께 키울 수 있으며, 문제 정의부터 해결까지 전 과정을 주도적으로 경험하면서 자기 주도적 학습 태도 역시 형성된다.	

AI 활용 수업 지도안	
수업 목표	1. 일상 속 의사결정 문제를 인식하고, 이를 해결하기 위한 사고 구조를 탐색한다. 2. 의사결정 트리를 통해 AI의 작동 원리를 이해한다.
차시	5차시
활용한 AI, 디지털 도구	Entry, Canva AI
지도 상의 유의점	• 학생들의 실제 경험에서 문제를 발견하도록 유도한다. • 선택형 그림책을 활용해 AI 개념을 자연스럽게 연결한다. • 디지털 도구 활용에서 기능 완성보다 창의적 설계를 중시한다. • 도구 사용에 어려움이 있는 학생은 역할 분담으로 협력하도록 한다.

학습 단계	교수 학습 활동	자료 및 유의점
1차시	• 학생들의 실생활 속 의사결정 경험을 바탕으로 문제를 정의하고, 좋은 의사결정 도구의 조건을 탐색 • 실제 겪은 갈등이나 선택 상황을 나누고 분석 • 의사결정 어려움 시각화	8절 도화지
2차시	• 의사결정 트리의 기본 구조(노드 – 분기 – 결과)를 그림책을 통해 자연스럽게 이해 • 선택형 그림책을 함께 읽고, 트리로 구조화 • 나만의 간단한 트리 만들기	Canva AI
3차시	• 스무고개 게임으로 트리 체험하기 • 실생활 문제 선택 • 모둠별 의사결정 트리 제작하기	8절 도화지
4차시	• 모둠별 협업을 통한 기능 설계 • 엔트리 의사결정 트리 모델 학습을 활용한 간단한 AI 앱 제작	Entry
5차시	• 만든 앱 발표 및 시연(모둠별 발표회 또는 부스 운영) • 친구들과 상호 피드백 주고받기 • 루브릭을 활용해 자기평가 및 모둠 평가 하기	Entry
평가 도구	• 1차시: 관찰평가, 2차시: 관찰평가, 3차시: 관찰평가, 4차시: 포트폴리오 평가, 5차시: 관찰평가	

04

수학과 코딩의 만남, 프랙털 세계 탐구하기

- 수열의 비밀을 푸는 코딩 창작 수업 -

들어가며

고등학교 정보 과목의 프로그래밍 단원에서 기본이 되는 핵심 내용은 '알고리즘'입니다. '알고리즘'은 곧 수학과 연결되는 영역으로 수열 단원에서도 학습합니다. 수학의 수열과 정보의 알고리즘은 규칙성과 논리라는 공통된 원리를 가지고 있어 융합 수업을 통해 학생들이 수학과 정보의 원리를 깊이 있게 이해할 수 있도록 도와주고 싶었습니다.

더 나아가 코딩으로 자신만의 프랙털 작품을 창조하는 경험을 통해, 미래 교육에서 강조하는 머릿속에 상상한 것을 직접 만들어보는 메이커 경험을 제공하고 싶습니다. 이러한 취지에서 다음과 같은 수업을 설계하게 되었습니다.

수업 개요	대상	고등학교 1학년
	관련 교과	정보, 수학
	수업 목표	프랙털 수열의 규칙을 탐구하고, 이를 알고리즘으로 구현하여 자신만의 프랙털 작품을 코딩으로 표현하는 융합 프로젝트를 수행할 수 있다.
	성취 기준	[12정03-09] • 실생활 및 다양한 학문 분야의 문제 해결을 위한 프로그램을 협력적으로 설계하고 구현한다.
		[12수대03-01] • 수열의 뜻을 설명할 수 있다.
	활용 도구	Google Colab, Padlet, ChatGPT
	AI 요소	인공지능 활용, AI와 인간의 협력 가능성 탐구

CHAPTER 01 수학과 코딩이 만난 날, 프랙털 세계가 열렸다!

01 AI 융합 수업 의도와 중점 사항

1. AI 융합 수업 의도

본 수업은 정보 과목에서의 알고리즘 작성 능력과 수학 과목에서의 수열 알고리즘의 개념 및 원리를 동시에 이해하는 것이 목표입니다. 즉, 수학과 정보 과목에서의 알고리즘 개념을 자유자재로 전환하여 문제를 해결하는 능력을 키워주는 것입니다. 더 나아가 수열 알고리즘을 파이썬 언어로 프로그래밍하여 논리력과 컴퓨팅 사고력을 높여주는 것이 목표입니다.

본 수업을 통해 학생들은 수학 문제나 실생활 문제를 해결할 때 자신만의 알고리즘을 작성하여 프로그램으로 제작할 수 있는 능력을 갖추게 됩니다. 문제 해결을 위한 알고리즘을 자연어 – 순서도 – 코딩으로 작성해보고 ChatGPT와 협업하여 자신만의 프로그램 코드를 제작하여 공유합니다. 그리고 프랙털 알고리즘을 활용한 실생활 작품을 제작하여 공유하는 창작 활동을 합니다.

학생들의 코드 작성 과정을 공유하여 사고를 확장시키고 사고력을 증진시키는 의도를 가지고 디벗 기기를 활용한 수업을 설계했습니다. AI를 협업과 학습 도우미의 도구로 활용할 수 있도록 프로그램 제작 및 작품 창작 과정에서 자유롭게 사용할 수 있게 수업을 설계했습니다.

2. 활용 도구

ChatGPT, Google Colab, Padlet, 태블릿 PC

02 활용 도구 소개

1. ChatGPT

(1) 왜 이 도구를 선택했나요?

ChatGPT는 파이썬 코드를 빠르고 정확하게 작성합니다. 학습자가 원하는 프로그램의 설명과 기능을 자세하게 프롬프트어로 작성하면 ChatGPT는 즉시 해당 코드를 구현해줍니다.

수열 알고리즘을 파이썬 코드로 작성할 때 학습자 스스로 해결하기 어렵다면 ChatGPT의 도움을 받아 알고리즘의 원리를 이해하도록 수업을 설계했습니다. 교사보다 더 빠르고 친절한 피드백으로 코드를 작성하는 데 도움을 줄 수 있기 때문에 ChatGPT를 협업 도구로 선택하였습니다.

(2) 활용 방법과 Tip은 어떻게 되나요?

ChatGPT는 프롬프트를 어떻게 작성하는가에 따라 답변이 다르게 나옵니다. 자신이 원하는 질문에 대한 구체적인 답변을 얻을 수 있게 학생들이 다양한 프롬프트를 익히도록 교사가 도와줘야 합니다.

Tip 1 '자신만의 스타일'로 코드 답변 얻기
- 그동안 정보 시간에서 해결한 다양한 문제에 대한 해결 방법으로 자신이 작성한 코드를 ChatGPT에 입력하여 학습시킵니다. 학습시킨 데이터를 통해 "내가 작성한 스타일로 코드를 작성해줘"라고 프롬프트를 넣으면 자신만의 스타일의 코드로 답변을 얻을 수 있습니다.

Tip 2 '구체적인 상황'과 '조건'을 프롬프트에 넣어 코드 답변 얻기
- "수열 문제를 해결하기 위한 프로그램 코드 작성해줘"라는 프롬프트어보다 더 자세한 문제 상황을 넣어 프롬프트를 작성하도록 합니다. 예를 들어, "수열 문제를 해결하기 위해 이중

for문을 이용해서 5줄 이내로 효율성이 높은 알고리즘을 가진 코드를 작성해줘"와 같이 구체적인 조건을 제시하여 답변을 얻는 경험을 제공합니다.

(3) 주의 사항에는 어떤 것이 있을까요?

첫째, 학생들은 문제를 해결하기 위해 충분히 고민하는 시간을 갖도록 해야 합니다. 즉, 문제를 해결할 때마다 ChatGPT를 무조건적으로 사용하는 것이 아니라, 학생 스스로 충분한 고민과 검토 후에 문제 해결의 어려움이 있을 때 ChatGPT의 도움을 받아야 함을 지도해야 합니다.

둘째, ChatGPT의 답변을 그대로 문제 해결 방안으로 사용하지 않도록 합니다. 문제 해결 과정과 결과를 검토하도록 하고, ChatGPT의 도움을 받은 부분과 그렇지 않은 부분을 명확하게 구분하여 학습할 수 있도록 지도합니다.

셋째, ChatGPT에 질문을 할 때 타인의 개인정보가 노출되지 않도록 주의시켜야 합니다. 입력된 개인정보는 다른 질문에 대한 답변으로 생성되어 개인정보 유출 피해가 있을 수 있음을 인지시켜야 합니다.

2. Google Colab

(1) 왜 이 도구를 선택했나요?

프로그램 설치 없이도 인터넷 연결만 된다면 파이썬 프로그램을 실행 작동할 수 있는 강력한 도구가 구글 코랩입니다. 언제 어디서나 파이썬 프로그램을 학습할 수 있도록 구글 코랩을 수업 도구로 선택했습니다. 학생들은 구글 아이디만 있으면 접속하여 파이썬 프로그램을 작성하고 실행하며 학습할 수 있습니다.

(2) 활용 방법과 Tip은 어떻게 되나요?

+ 코드 + 텍스트 ① 코드를 클릭

② 파이썬 코드 작성 후 버튼 클릭하여 실행 결과를 확인

03 AI 융합 수업 계획

'수학과 코딩이 만난 날, 프랙털 작품 창작하기'

본 융합 수업은 수학의 수열과 정보의 알고리즘 개념 및 원리를 통합적으로 이해하고, 수열을 파이썬으로 구현하여 컴퓨팅 사고력을 기르는 것을 목표로 합니다.

- 자연어 – 순서도 – 코딩으로 알고리즘을 설계하고, ChatGPT와 협업하여 자신만의 프로그램을 제작하고 공유합니다.
- 프랙털 수열을 기반으로 한 실생활 창작 활동을 통해 창의성과 문제해결력을 함께 향상시킵니다.
- 학생 간 코드 공유와 디벗 기기를 활용한 활동으로 사고의 확장을 유도하며, ChatGPT를 학습 도우미로 적극 활용합니다.

수업의 특징

- 고등학교 1학년 대상으로 진행
- 4차시 수업
- 정보, 수학 교과 융합
- 평가 방식: 관찰평가, 과정중심 평가, 정보·수학 지식 이해 평가
- 단계별 학습 목표

차시	학습 목표
1	• 수열 알고리즘을 프로그래밍할 수 있다.
2	• 프랙털 알고리즘을 이해할 수 있다.
3	• 프랙털을 파이썬 프로그램으로 제작하여 표현할 수 있다.
4	• 프랙털 알고리즘을 활용하여 다양한 실생활 작품을 창작할 수 있다.

1. 수업 계획의 단계 설명

1	수열 알고리즘 프로그래밍	• 수학에서의 수열의 개념과 정의 설명 • 등차수열, 등비수열, 피보나치수열 등 다양한 수열의 정의와 원리 이해 • 알고리즘 작성 후 파이썬 코딩 구현
2	프랙털 알고리즘 이해	• 1단계에서 학습한 기초적인 수열을 토대로 실생활 현상 속 프랙털 모습을 보여주며 프랙털은 자연현상에 적용되는 수열임을 강조 • 프랙털 개념 강의를 Padlet에 업로드하여 개별 맞춤 학습 진행 • 자연어 – 순서도로 프랙털 알고리즘을 표현하는 과제 수행 • 마지막으로 파이썬 코드로 작성하는 과정을 통해 논리력을 향상시킬 수 있도록 도움
3	AI와 협업하여 프랙털 표현 및 공유	• Google Colab 환경에서 파이썬을 활용하여 프랙털을 표현 • 프랙털을 표현하기 위한 코드 작성이 어려운 학생에게는 GPT와 협업하여 완성하도록 안내 • 자신이 작성한 프로그램 코드를 Padlet에 공유하여 다른 학생들이 작성한 다양한 알고리즘 학습 • 학생들은 자신과 다르게 작성한 알고리즘을 비교하고 친구의 발표 및 설명을 통해 사고 확장
4	실생활 작품 창작 및 공유	• 프랙털 개념과 원리를 이해한 것을 바탕으로 자신만의 작품을 창작 • 자신이 원하는 창작물을 얻기 위해 어떻게 프로그래밍을 작성해야 하는지에 대해 고민하여 Padlet에 공유

AI 융합 수업 차시별 소개

수열 알고리즘 프로그래밍 (1차시)

1
수열 알고리즘
프로그래밍

활동 순서
(1) 수학의 수열 알고리즘 원리 이해하기
(2) 알고리즘 표현 방법(자연어, 순서도, 코드) 익히기
(3) 수열 알고리즘 Google Colab에서 코드로 작성하기

1. 수열 정의 및 개념 설명(수학)

수열은 일정한 규칙에 따라 배열된 숫자의 나열로, 수학의 기초 개념 중 하나입니다. 수열의 기본 개념을 이해하고, 각 항의 위치(자연수 n)에 따라 값을 결정짓는 일반항에 대해 학습합니다. 또한 등차수열과 등비수열의 차이를 이해하며, 간단한 수열을 직접 만들어보는 활동도 진행합니다. 학생들은 다양한 예시를 통해 수열의 규칙성을 파악하고, 주어진 수열에서 다음 항을 유추하는 연습을 하게 됩니다. 이를 통해 학생은 기초적인 수열의 원리 및 알고리즘 개념을 학습합니다.

2. 수열 알고리즘 프로그래밍(정보)

정보 과목에서 알고리즘의 구조와 알고리즘을 표현하는 다양한 방법에 대해 학습합니다. 알고리즘을 표현하는 방법 중 순서도 표현 방법은 수학 시간의 수열에서 많이 다룬 내용임을 학습합니다.

자연어, 의사코드, 순서도로 표현된 알고리즘을 파이썬 언어로 표현하는 방법을 학습합니다. 수학에서 정의한 수열 알고리즘의 원리를 토대로 자연어-순서도를 표현해보고, 파이썬 프로그램으로 표현하는 방법을 수행합니다.

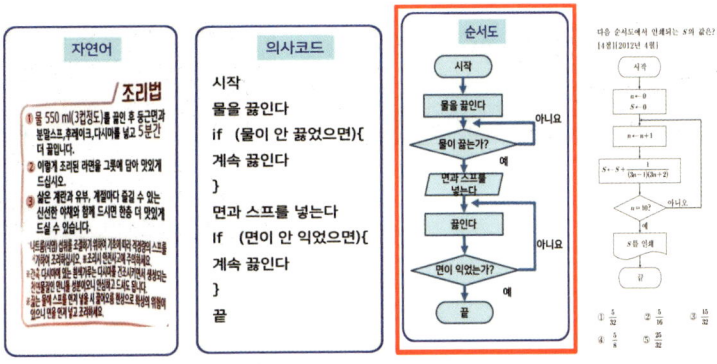

[그림 4-1] 라면 끓이기 알고리즘 표현 방법(세 가지), 수학에서의 순서도 표현 방법

02 프랙털 알고리즘 이해 (2차시)

2
프랙털
알고리즘 이해

활동 순서
(1) 자연 현상 속 프랙털의 다양한 사례 찾아보기
(2) 프랙털 알고리즘 이해하기
(3) 프랙털 알고리즘을 다양한 방법으로 표현하기
- 자연어, 순서도, 파이썬 언어로 작성하는 학습지 수행

1. 자연 현상 속 프랙털

프랙털은 일정한 패턴이 반복되는 구조로, 자연 속에서 자주 발견되는 독특한 형태입니다. 예를 들어 나뭇가지, 눈송이, 번개, 해안선 등은 프랙털 구조를 가지고 있어 복잡하면서도 규칙적인 아름다움을 지닙니다. 학생

들은 이러한 자연 현상을 관찰하며, 반복되는 모양이 어떤 수학적 알고리즘으로 표현될 수 있는지 탐구할 수 있습니다. 이를 통해 복잡해 보이는 자연의 구조도 수학적인 원리로 설명할 수 있다는 사실을 이해하게 됩니다.

[그림 4-2] 실생활 프랙털 예시

2. 프랙털 알고리즘 이해

프랙털 알고리즘의 정의와 수학적 개념을 바탕으로, 실제로 알고리즘을 어떻게 구현하는지에 대해 학습합니다. 먼저 학생들은 자연어로 알고리즘의 절차를 설명해보고, 그 과정을 순서도로 시각화하여 논리적 흐름을 파악합니다. 이후 이를 바탕으로 파이썬 언어를 활용하여 실제 코드를 작성하는 학습 활동을 수행합니다. 이러한 단계별 접근을 통해 알고리즘을 표현하는 사고력을 기르고, 프로그래밍의 기본 구조도 익힐 수 있습니다.

특히 파이썬 구현 과정에서는 재귀 함수, 반복문 그리고 무한 구조의 수학적 개념을 명확히 이해하는 데 초점을 맞춥니다. 학생들은 작은 단위의 프랙털을 반복적으로 호출하거나 계산함으로써 복잡한 전체 구조가 어떻게 형성되는지를 직접 확인합니다. 컴퓨팅 사고력의 일부분을 실천하는 활동 과정으로 이러한 활동은 단순히 코딩 능력뿐 아니라 문제 해결력과 수학적 사고력을 함께 향상시킬 수 있도록 도와줍니다.

```python
import numpy as np
import matplotlib.pyplot as plt

# 간단한 프랙탈 (삼각형 패턴) 생성 함수
def simple_fractal(size):
    grid = np.ones((size, size))

    def cut_triangle(x, y, size):
        if size < 3:
            return
        half = size // 2
        # 가운데 삼각형 비우기
        grid[x+half:x+size, y+half:y+size] = 0
        # 재귀적으로 삼각형 비우기
        cut_triangle(x, y, half)
        cut_triangle(x+half, y, half)
        cut_triangle(x, y+half, half)

    cut_triangle(0, 0, size)
    return grid

# 프랙탈 생성
size = 81  # 그리드 크기 (3의 거듭제곱수)
fractal = simple_fractal(size)

# 결과 시각화
plt.figure(figsize=(6, 6))
plt.imshow(fractal, cmap="binary", origin="upper")
plt.title("Simple Fractal (Triangle Pattern)")
plt.axis("off")
plt.show()
```

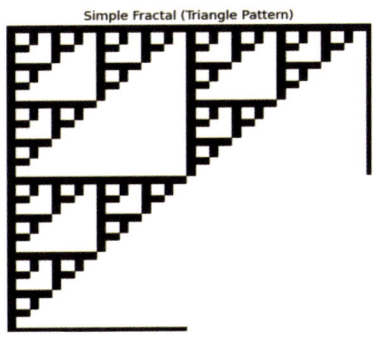

[그림 4-3] 프랙탈 코딩으로 표현하기 예시

03 AI와 협업하여 프랙탈 표현 및 공유 (3차시)

3

AI와 협업하여
프랙탈 표현 및
공유

활동 순서

(1) 학습자의 수준에 따라 코딩으로 다양한 프랙탈 표현하기
 - ChatGPT는 협업의 학습 친구!
(2) 작성한 프랙탈 알고리즘 Padlet에 공유하기

1. Google Colab을 활용한 프랙탈 표현

구글 코랩 환경을 활용하여 프랙탈 알고리즘을 직접 실행하고 시각적으로 표현해보는 활동을 진행합니다. 구글 코랩은 인터넷만 연결되어 있으면 언제 어디서나 파이썬 코드를 작성하고 실행할 수 있는 클라우드 기반의 개발 환경으로, 별도의 프로그램 설치 없이 사용할 수 있어 교육 현장에서 매우 유용합니다. 수업에서는 학생들이 디벗 기기를 활용하여 구글 코랩에 접속하고, 이전에 배운 알고리즘을 바탕으로 프랙털을 직접 코딩합니다.

학생들은 파이썬의 그래픽 라이브러리(예: turtle, matplotlib, pygame 등)를 사용하여 프랙털 구조를 시각화하고, 그 결과를 통해 반복과 재귀가 만들어내는 아름답고 복잡한 패턴을 관찰합니다. 코드를 수정하거나 매개변수를 바꾸며 다양한 형태의 프랙털을 실험적으로 탐구함으로써 프로그래밍 실력은 물론 수학적 창의력도 함께 기를 수 있습니다. 이러한 활동은 디지털 리터러시 역량 향상과 함께, 수학과 컴퓨터 과학의 융합적 사고를 키우는 데 큰 도움을 줍니다.

2. ChatGPT와의 협업을 통한 프랙털 알고리즘 작성 및 공유

프랙털 알고리즘을 처음 접하는 학생들에게는 개념 이해와 코드 작성이 다소 어려울 수 있습니다. 이를 보완하기 위해 본 수업에서는 인공지능 언어모델인 ChatGPT와의 협업을 통해 문제 해결 과정을 경험하도록 합니다. 학생들은 자신이 구현하고자 하는 프랙털 형태나 기능을 자연어로 설명하며 다양한 프롬프트(Prompt)를 작성하고, 이를 통해 ChatGPT로부터 코드를 제안받거나 수정 방향을 안내받습니다. 이러한 과정을 통해 학생은 ChatGPT를 단순한 도구가 아닌 학습 파트너이자 협업자로 인식하게 되며, 보다 능동적인 문제 해결 태도를 기를 수 있습니다.

교사는 ChatGPT 사용 방법을 단계적으로 안내하고, 학생들이 올바른 질문을 구성할 수 있도록 코칭하여 수업의 흐름을 자연스럽게 이끌어갑니다. ChatGPT의 도움을 받아 완성한 알고리즘은 구글 코랩 등에서 직접 실행해보며, 코드가 어떻게 작동하는지 체험하고 스스로 수정해보는 과정을 통해 프로그래밍에 대한 자신감을 기릅니다. 이러한 협업 경험은 단순한 지식 습득을 넘어, AI 리터러시와 디지털 문제 해결력 향상에도 큰 도움을 줍니다.

작업을 마친 후에는 각자의 프랙털 알고리즘 결과물을 패들렛과 같은 온라인 협업 게시판에 업로드하여 친구들과 공유합니다. 학생들은 서로의 알고리즘을 비교해보며 같은 문제를 해결하는 다양한 방법이 존재함을 이해하고, 토론과 발표를 통해 자신의 접근 방식에 대해 설명하면서 의사소통 능력과 논리적 사고력도 함께 발전시킵니다. 이 과정은 학생들에게 코드의 '정답'보다는 문제 해결 과정 자체의 다양성을 제공함으로써 창의성을 키울 수 있도록 도와줍니다.

04 실생활 작품 창작 및 공유 (4차시)

4
실생활 작품
창작 및 공유

활동 순서
(1) 나만의 프랙털 작품 창작하기
(2) 작품 창작 전시회: 작품 Padlet에 공유하고 발표하기

프랙털에 대한 개념을 수학적으로 명확히 이해하고, 이를 파이썬 언어로 자유롭게 구현할 수 있는 수준에 도달한 학생들은 한 걸음 더 나아가 자신만의 창의적인 프랙털 작품을 기획하고 구현하는 활동을 수행합니다. 이 활동은 기존의 알고리즘 단순 모방을 넘어, 학생이 스스로 주제를 정하고 상상한 형태를 수학적 원리와 코드로 표현하는 고차원적인 창작 과제로 구성됩니다.

학생은 머릿속에 떠오르는 구조나 패턴을 반복, 재귀, 무한의 개념과 연결 지어 구체적인 프랙털 알고리즘으로 변환하면서 구글 코랩에서 시각화된 창작물을 확인할 수 있습니다.

작품 제작이 끝난 후에는 단순히 결과물을 보여주는 데 그치지 않고, 해당 프랙털이 어떤 수학적 개념을 바탕으로 구현되었는지 그리고 이러한 구조가 실생활 속 어떤 현상이나 기술에 적용될 수 있는지를 조사하고 발표합니다. 예를 들어 프랙털이 건축 디자인, 자연 환경 예측, 디지털 이미지 압축 등에 응용되는 사례를 탐구함으로써, 수학과 기술이 실생활과 밀접하게 연결되어 있음을 체감하게 됩니다.

학생들의 결과물은 패들렛에 공유되며, 서로의 창작물을 감상하고 피드백을 주고받는 시간도 마련됩니다. 이 과정을 통해 학생들은 자신의 생각을 표현하고 설명하는 능력을 기르고, 동료의 아이디어를 존중하고 학습 자원으로 삼는 협업적 태도도 함께 배워나갑니다.

수업 결과물 및 제언

나만의 프로그램 결과물 예시 및 평가

1. 학생 산출물 예시

4단계에서는 학생들이 프랙털 알고리즘을 활용하여 자신만의 창의적인 작품을 설계하고 코딩으로 구현하는 활동을 진행했습니다. 학생들은 자신이 표현하고 싶은 문양이나 디자인을 스스로 구상하고, 이를 프랙털 수열의 원리를 적용하여 직접 구현하였습니다.

작품 제작 과정에서는 ChatGPT와의 협업을 통해 알고리즘 구성, 코드 생성, 오류 수정 등의 다양한 부분에서 도움을 받았습니다. ChatGPT는 학생들의 자연어 입력을 바탕으로 코드를 제안하거나 아이디어를 시각화하는 역할을 수행하였습니다.

일부 학생들은 ChatGPT의 코드가 자신의 의도와 다르게 작동하거나 오류가 발생하는 어려움을 겪었으며, 이때 교사의 지원을 통해 문제를 해결하였습니다. 이러한 과정을 통해 학생들은 AI를 협업 도구로 활용하는 경험을 쌓았고, 창의적 문제 해결 역량과 디지털 제작 능력을 함께 함양할 수 있었습니다.

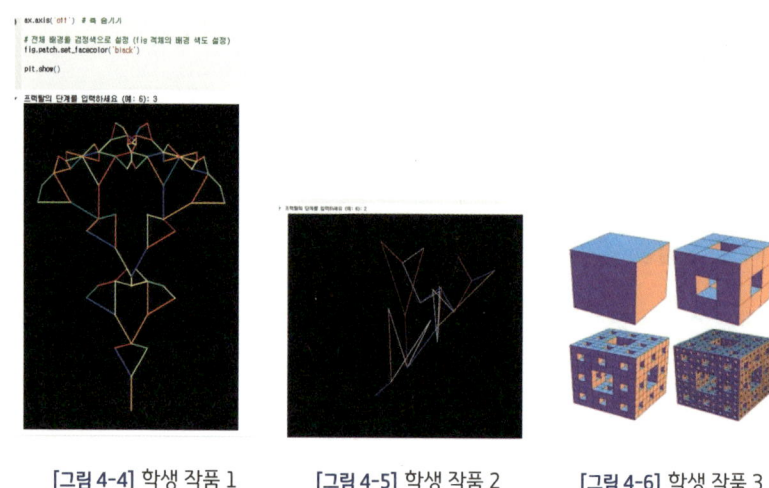

[그림 4-4] 학생 작품 1 [그림 4-5] 학생 작품 2 [그림 4-6] 학생 작품 3

2. 태블릿 PC를 활용한 수업 활동 모습

컴퓨터실에서 수업을 진행하지 않고 태블릿 PC와 전자칠판을 활용하여 교실에서 수업한 모습입니다. 학생들은 각자 자신이 작성한 프랙털 알고리즘을 패들렛에 공유하고 설명합니다.

[그림 4-7] 태블릿 PC와 전자칠판 수업 환경

[그림 4-8] 프랙털 원리 이해 팀 티칭

3. 수업 활동 내용 및 작품 공유 Padlet 화면

 정보 교사가 정보·수학 융합 수업을 진행할 때 수학 교과의 원리와 이해를 설명하기엔 다소 어려움이 있다고 생각했습니다. 프랙털 개념과 알고리즘에 대한 공유 강의를 패들렛에 업로드하여 개별 맞춤 학습으로 알고리즘을 이해하도록 설계했습니다. 즉, 정보 교사가 프랙털 구조와 알고리즘을 설명하지만 이해가 부족한 학습자를 위해 강의를 업로드하여 이해가 될 때까지 개별 맞춤형으로 학습을 지원하도록 한 것입니다. 그리고 학생들은 자신의 과제 결과물을 업로드하여 실시간으로 공유하면서 수업에 참여하도록 했습니다. 다른 학생들의 과제를 확인하고 자신의 결과와 다른 점을 비교하고 평가할 수 있도록 했습니다.

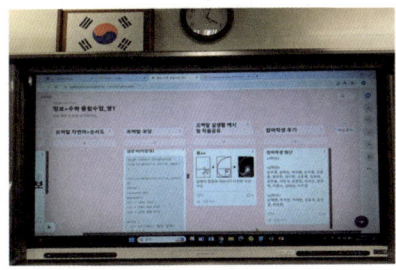
[그림 4-9] 전자칠판을 통한 공유 활동

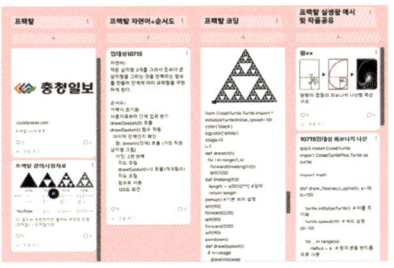
[그림 4-10] 학습자 활동 공유 Padlet

4. 알고리즘 작성 학습지 활동

 학생들은 AI 및 디지털 기구를 활용하여 수업에 참여하지만 종이 학습지에 직접 알고리즘을 작성하는 과제를 수행합니다. 영국의 학교에 방문했을 때, 디지털 기기를 활용한 수업 중 아날로그 방식인 노트 필기를 병행하는 모습이 가장 인상 깊었습니다. 알고리즘을 이해하기 위해서는 아날로그

방식의 필기 활동도 학습 효과가 매우 크기 때문에 알고리즘 작성 학습지 활동을 설계하였습니다.

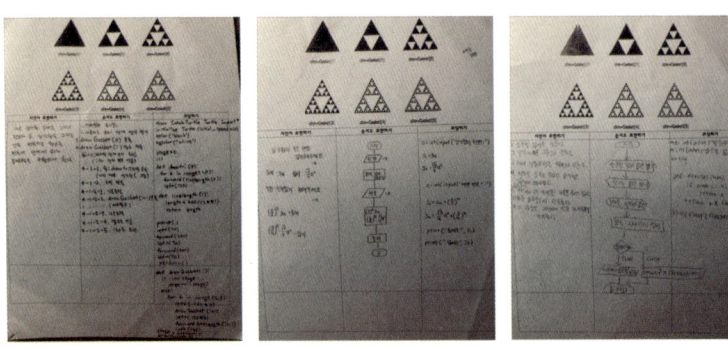

[그림 4-11] 프랙털 알고리즘 표현하기

2. 평가 방법(혹은 자세한 루브릭) 또는 수정 보완 과정

평가 항목		평가 기준 및 도구
프랙털 알고리즘 이해 (수학)	우수	• 프랙털 알고리즘의 원리를 명확하게 이해하여 설명할 수 있다.
	보통	• 프랙털 알고리즘의 원리를 이해했지만 설명하는 데 어려움이 있다.
	노력 요함	• 프랙털 알고리즘의 원리를 이해하지 못하여 설명하지 못한다.
프랙털 알고리즘 코딩 작성 능력 (정보)	우수	• 프랙털 알고리즘을 파이썬을 활용하여 작성할 수 있다.
	보통	• 프랙털 알고리즘을 파이썬을 활용하여 작성하는 데 어려움이 있다.
	노력 요함	• 프랙털 알고리즘을 파이썬을 활용하여 작성하지 못한다.
AI 도구 협업 능력	우수	• GPT와 능숙하게 협업하여 프랙털 프로그램 작성과 작품 창작을 완벽하게 수행한다.
	보통	• GPT와 협업은 할 수 있으나 프랙털 프로그램 작성 또는 작품 창작을 수행하지 못한다.
	노력 요함	• GPT와 협업하는 데 어려움을 겪으며 프랙털 프로그램 작성과 작품 창작 모두 수행하지 못한다.

02 마치며

1. 수업 진행 소감

본 수업은 수학의 수열 개념과 정보 과목의 알고리즘 개념을 통합적으로 경험하게 함으로써 두 교과의 이해도를 동시에 높이는 효과를 보였습니다.

특히 프랙털 수열을 직접 코딩해보는 활동을 통해 추상적인 수학 개념을 시각화하고, 이를 프로그램으로 구현하는 과정을 통해 컴퓨팅 사고력과 문제 해결력이 향상되었습니다. 학생들은 자신만의 프랙털 작품을 제작하면서 수학과 코딩의 융합을 창의적으로 체험하였고, 학습 동기 또한 높게 나타났습니다.

ChatGPT를 활용한 알고리즘 생성과 코드 협업 과정은 학생들이 AI를 도구로 인식하게 해주었고, 이를 활용한 학습에 대한 흥미와 자신감을 높여주었습니다. 또, 태블릿 PC를 활용한 시각적 공유는 학습 내용을 정리하고 친구들과 사고를 확장하는 데 효과적이었습니다.

> **학생 인터뷰**
> "프랙털 수열을 코딩으로 직접 구현해보니 수열 개념과 코딩 모두를 동시에 이해할 수 있었어요."
> "만들어보고 싶은 나만의 문양과 디자인을 프랙털을 이용해서 만들어보는 과정이 재미있었어요."

하지만 파이썬 프로그래밍에 익숙하지 않은 학생들에게는 초기 진입 장벽이 존재했으며, ChatGPT 활용 시 학생의 질문 수준에 따라 피드백의 질이 달라지는 어려움도 있었습니다. 또한 창작 활동의 수준 차이가 커서 개별 맞춤형 피드백이 더 필요하다는 점도 확인되었습니다.

본 수업은 융합형 수업의 가능성을 보여주는 사례로, AI가 학습 협업의 대상이 되어 다양한 교과 간 융합 수업의 모델로 발전할 수 있는 토대가 될 것으로 보입니다.

2. AI 융합 수업 확장을 위한 추가 활동 제안

간단한 프랙털 생성 알고리즘을 AI 모델로 예측하게 하기	• 활용 예시: AI에게 몇 가지 프랙털 패턴(입력 → 결과)을 학습시켜, 새로운 입력에 대한 결과를 예측하게 해보기 • 내용: 머신러닝의 기초 개념(입력 → 출력 → 예측)을 체험할 수 있음 • 도구: Teachable Machine, Scratch의 AI 확장 기능 등 간단한 도구 사용 가능
완성한 프랙털 작품을 AI 이미지 생성 모델과 비교하기	• 활용 예시: 'AI가 만든 프랙털 vs 내가 만든 프랙털' • 내용: DALL-E 같은 이미지 생성 AI에게 프랙털 이미지 생성 요청 → 자신의 코드 결과와 비교 • 효과: 창작과 AI의 차이점 이해 + 미적 감각 향상

부록(수업 지도안)

AI 융합 수업 지도안	
학교급	고등학교
학년	1학년
총 차시	4차시
수업 개요	
과목	정보, 수학
수업 주제	수학과 코딩이 만난 날, 프랙털 작품 창작하기
성취 기준	[12정03-09] • 실생활 및 다양한 학문 분야의 문제 해결을 위한 프로그램을 협력적으로 설계하고 구현한다. [12수대03-01] • 수열의 뜻을 설명할 수 있다.
활용 주요 도구	Google Colab, ChatGPT, Padlet
참고한 모형 혹은 원리	• 생성형 인공지능 챗봇을 활용한 수학과 인공지능 융합 수업 모형 개발 　- ChatGPT를 협업의 도구로 활용하는 방법론을 참고 　- 융합교육의 원리를 이해 적용
AI 융합 수업 구성 의도	• 수학과 정보 과목의 공통 주제인 '알고리즘'을 중심으로, 두 교과의 개념을 연결하여 융합적 사고력을 기르고자 합니다. • 학생들은 수학의 수열 개념을 정보 과목의 알고리즘 작성 과정과 연계하여, 문제를 논리적으로 분석하고 절차적으로 해결하는 경험을 하게 됩니다. • 자연어, 순서도, 코드의 흐름을 통해 알고리즘을 체계적으로 표현하며, 파이썬 프로그래밍을 활용해 수열 알고리즘을 구현합니다. • 이 과정에서 GPT와의 협업을 통해 창의적 아이디어를 반영하고, 자신만의 알고리즘 기반 프로그램을 제작하여 공유합니다. • 또한 프랙털 알고리즘을 실생활 맥락 속 창작 활동으로 확장하며, 수학적 아름다움과 정보적 구현을 융합적으로 경험합니다. • 태블릿 PC를 활용해 학습 과정을 시각화하고 공유함으로써, 학생 간 사고의 확장을 유도하고, AI를 도구로 활용하는 미래형 학습 환경을 조성합니다.

AI 융합 수업 지도안

수업 목표	1. 수열 알고리즘을 프로그래밍할 수 있다. 2. 프랙털 알고리즘을 이해할 수 있다. 3. 프랙털을 파이썬 프로그램으로 제작하여 표현할 수 있다. 4. 프랙털 알고리즘을 활용하여 다양한 실생활 작품을 제작할 수 있다.	
활용한 AI, 디지털 도구	Google Colab, ChatGPT, Padlet	
지도상의 유의점	• ChatGPT를 협업의 대상으로 인식하도록 한다. • 자신이 원하는 창작물, 코딩 프로그램 작성을 위해 협업 도구 ChatGPT를 어떻게 활용해야 하는지에 대해 설명해준다.	
학습 단계	교수 학습 활동	자료 및 유의점
1차시	• [수학] 수열의 개념 및 정의 학습하기 • [정보] 알고리즘 표현하기	학습지 작성
2차시	• 프랙털의 개념 학습하기 • 실생활 속 다양한 사례를 통한 프랙털 개념 학습	Google Colab, ChatGPT 협업하기
3차시	• ChatGPT와 협업하여 구글 Colab에서 프랙털 코딩하기 • 실생활 속 프랙털 코딩하여 표현하기	Google Colab, ChatGPT 협업하기
4차시	• 프랙털 개념과 원리를 바탕으로 자신만의 작품 창작하기 • 작품 공유하여 발표하기	Padlet에 공유하기
평가 도구	• 1-2차시: 관찰평가. 수학과 정보의 알고리즘 원리를 모두 이해했는지에 대한 융합적 지식 이해 평가, 코딩 작성하는 실습 평가 • 3-4차시: ChatGPT 학습 협업 가능 여부 관찰평가, 과정중심 평가, 자신만의 작품 창작 능력 평가	

AI가 만든 작품의 주인이 누구인지 판단하기

- 생성형 AI로 이해하는 저작권 수업 -

오늘날 생성형 인공지능(Generative AI)은 이미지, 음악, 글 등 다양한 분야에서 창작의 도구로 활용되며, 교육 현장에도 빠르게 스며들고 있습니다. 그러나 과연 이러한 기술을 사용할 때 학생들은 '창작자'로서의 책임까지도 인식하고 있을까요?

최근 다양한 생성형 AI 활용 수업이 이루어지고 있지만, 저작권에 대한 문제의식은 여전히 교육 현장에서 소홀히 다뤄지는 경우가 많습니다. 특히 초등학교와 같은 초기 교육 단계에서는 AI가 만든 결과물도 '내 것'처럼 느끼는 경향이 있으며, 타인의 작품을 참고한 AI 결과물이 무비판적으로 공유되기도 합니다.

이에 본 수업은 초등학생의 눈높이에 맞춘 생성형 AI 체험과 함께, 그 과정에서 자연스럽게 저작권의 개념을 익히고 스스로의 입장을 정리해보는 기회를 제공합니다. 이미지, 글, 음악 등 다양한 AI 도구를 직접 사용하며 창작과 소유의 경계를 고민하고, 친구들과 토론하며 공동의 기준을 만들어가는 과정을 통해 AI 시대에 필요한 디지털 시민성의 기초를 함께 길러보고자 합니다.

수업 개요	대상	초등학교 6학년	
	관련 교과	국어, 미술, 음악	
	수업 목표	생성형 AI에 대해 알아보고, AI의 저작권에 관한 자신의 의견을 이야기할 수 있다.	
	성취 기준	[6미02-05]	• 미술과 타 교과의 내용과 방법을 융합하는 활동을 자유롭게 시도할 수 있다.
		[6국01-05]	• 자신의 매체 이용 양상에 대해 성찰한다.
		[6음02-03]	• 느낌과 아이디어를 떠올려 여러 매체나 방법으로 자신감 있게 표현한다.
	활용 도구	Dream by WOMBO, 우리아이AI, Suno AI	
	AI 요소	생성형 AI 활용, 인공지능의 올바른 사용(저작권)	

CHAPTER 01 AI가 만든 작품의 주인은 누구?

01 AI 융합 수업 의도와 중점 사항

1. AI 융합 수업 의도

생성형 인공지능(Generative AI)은 이제 학생들이 일상 속에서 손쉽게 접할 수 있는 기술로 자리 잡고 있습니다. 하지만 이러한 창작 과정 속에서 'AI가 만든 결과물도 내 것일까?', '이 작품은 누구의 것이라고 말할 수 있을까?'와 같은 질문은 아직 익숙하지 않습니다. 창작의 즐거움만큼이나 그 결과물에 대한 책임과 권리에 대해서도 함께 고민해야 하는 시점입니다.

본 수업은 학생들이 생성형 AI를 직접 활용하여 이미지, 글, 음악 등을 창작해보고, 이를 통해 저작권에 대한 기본 개념과 쟁점을 자연스럽게 이해하도록 설계되었습니다. 이를 통해 학생들은 단순한 AI 체험을 넘어, 창작물의 소유와 책임, 공정한 사용과 출처 표기 등 디지털 시대의 시민으로서 갖추어야 할 윤리적 감수성을 함께 기를 수 있습니다.

2. 활용 도구

가. Dream by WOMBO: 초등학생이 직접 활용할 수 있는 이미지 생성 AI입니다. 한글로 프롬프트를 입력해도 된다는 점에서 강점이 있습니다.

나. 우리아이AI: 초등학생이 직접 활용할 수 있도록 개발된 대화형 생성 AI입니다. 다양한 목적에 맞게 활용할 수 있습니다.

다. Suno AI: 초등학생이 직접 활용할 수는 없지만, 가사와 장르를 입력하면 노래를 생성해주는 AI입니다.

02 활용 도구 소개

1. 이미지 생성엔 Dream by WOMBO

(1) 왜 이 도구를 선택했나요?

이 도구를 AI 융합 수업에 선택한 이유는 초등학생도 쉽게 접근할 수 있고, 다양한 스타일의 감성적인 이미지 생성이 가능하기 때문입니다.

특히 Dream by WOMBO는 로그인 없이도 바로 사용할 수 있어 수업 시간 활용이 매우 효율적이며, 자체 필터링 기능 적용으로 부적절한 이미지가 생성될 가능성이 낮아 교육적으로 안전하다는 점에서 큰 장점을 가지고 있습니다.

(2) 활용 방법과 Tip은 어떻게 되나요?

※ Dream by WOMBO는 웹사이트 또는 모바일 앱으로 손쉽게 접속할 수 있으며, 사용 방법도 매우 간단합니다.

① https://www.wombo.art 접속 후 'Create' 버튼 클릭

② 화면의 입력 창에 그림으로 만들고 싶은 문장을 입력(한글 가능)

③ 다양한 스타일(예: Fantasy Art, Realistic, Steampunk 등) 중 원하는 스타일 선택

④ 'Create' 버튼 클릭 후 AI가 그린 그림 감상

> **Tip**
> - 너무 짧거나 추상적인 문장보다는 구체적인 감정이나 장면을 설명하는 문장을 입력하면 더 만족스러운 결과가 나옵니다.
> - 스타일을 바꿔보며 동일한 문장이 어떻게 다르게 해석되는지도 비교해보면 흥미로운 수업이 됩니다.

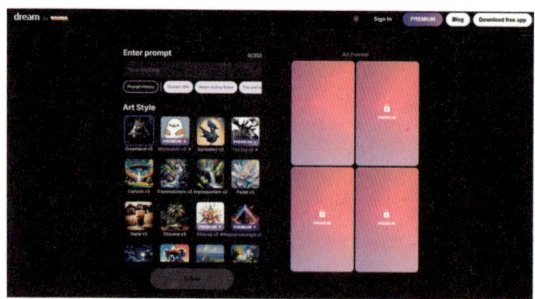

[그림 5-1] Dream by WOMBO

[그림 5-2] 예시 작품

(3) 주의 사항에는 어떤 것이 있을까요?

Dream by WOMBO는 초등학생도 직접 사용할 수 있을 정도로 직관적이고 쉬운 인터페이스를 가지고 있지만, 다음과 같은 점은 사전에 안내하는 것이 좋습니다.

- AI의 그림 생성 속도는 네트워크 환경에 따라 달라질 수 있으므로, 학생 개별 활용 시 약간의 기다림이 필요할 수 있습니다.
- 생성된 이미지가 완전히 현실적인 결과가 아닐 수 있으므로, AI의 상상력과 해석을 받아들이는 열린 자세가 필요합니다.

2. 이야기 생성엔 우리아이AI

(1) 왜 이 도구를 선택했나요?

우리아이AI는 초등학생이 직접 활용할 수 있도록 개발된 대화형 생성 AI입니다. 로그인 없이도 사용할 수 있어 접근성이 뛰어나며, 특히 이야기 만들기 활동에서 학생들이 상상력을 발휘하고, AI와의 상호작용을 통해 창의적인 글쓰기를 경험할 수 있어 이번 수업에 적합하다고 판단했습니다.

(2) 활용 방법과 Tip은 어떻게 되나요?

① https://wooriai.use.go.kr/ 접속 후 '지금 바로 시작' 버튼 클릭

② '학습 질문 시작하기' 버튼 클릭

③ 이야기 생성과 관련된 프롬프트 입력

④ 생성한 이야기를 확인하고 수정할 내용을 제시

Tip
- AI의 응답을 그대로 사용하기보다는 학생들이 자신의 아이디어를 추가하여 창의적인 이야기를 만드는 것이 중요합니다.
- 수업 후, AI와 함께 만든 이야기를 친구들과 공유하며 피드백을 주고받는 활동을 통해 협업 능력과 표현력을 향상시킬 수 있습니다.

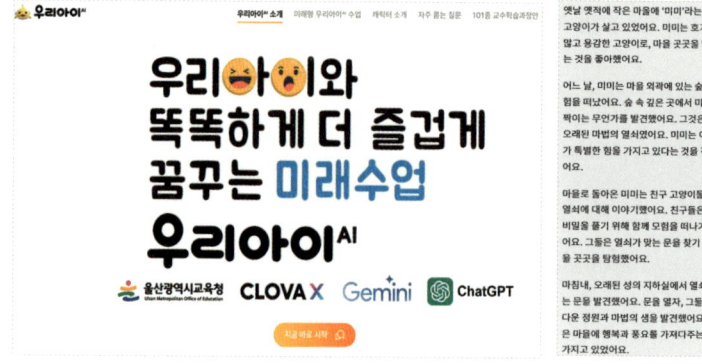

[그림 5-3]
우리아이AI

옛날 옛적에 작은 마을에 '미미'라는 이름의 고양이가 살고 있었어요. 미미는 호기심이 많고 용감한 고양이로, 마을 곳곳을 탐험하는 것을 좋아했어요.

어느 날, 미미는 마을 외곽에 있는 숲으로 모험을 떠났어요. 숲 속 깊은 곳에서 미미는 반짝이는 무언가를 발견했어요. 그것은 바로 오래된 마법의 열쇠였어요. 미미는 이 열쇠가 특별한 힘을 가지고 있다는 것을 직감했어요.

마을로 돌아온 미미는 친구 고양이들에게 이 열쇠에 대해 이야기했어요. 친구들은 열쇠의 비밀을 풀기 위해 함께 모험을 떠나기로 했어요. 그들은 열쇠가 맞는 문을 찾기 위해 마을 곳곳을 탐험했어요.

마침내, 오래된 성의 지하실에서 열쇠가 맞는 문을 발견했어요. 문을 열자, 그들은 아름다운 정원과 마법의 샘을 발견했어요. 샘물은 마을에 행복과 풍요를 가져다주는 힘을 가지고 있었어요.

[그림 5-4]
예시 작품

(3) 주의 사항에는 어떤 것이 있을까요?

우리아이AI는 초등학생도 직접 사용할 수 있을 정도로 직관적이고 안전한 인터페이스를 가지고 있지만, 다음과 같은 점은 사전에 안내하는 것이 좋습니다.

- AI가 만든 이야기를 그대로 '내 글'이라 주장하기보다는, AI의 도움을 받았음을 함께 밝히는 태도가 필요합니다.
- 생성된 내용이 저절로 만들어진 것처럼 보여도, 그 과정에는 다른 창작물의 영향을 받은 결과일 수 있다는 점을 인식시켜야 합니다.

3. Suno AI

(1) 왜 이 도구를 선택했나요?

Suno AI는 간단한 가사나 주제 문장, 음악 장르를 입력하면 노래를 자동으로 생성해주는 생성형 AI입니다.

이 도구를 선택한 이유는 학생들이 직접 작곡을 하지 않아도 음악 창작 결과물을 쉽게 체험할 수 있고, 이를 통해 AI가 만든 창작물도 과연 '내 것'이라 할 수 있는지 생각해볼 수 있기 때문입니다.

특히 Suno AI는 AI가 만든 음악이 실제 대중가요처럼 자연스럽고 매끄럽게 들리는 특징이 있어, 학생들이 그만큼 저작권과 창작자의 권리에 대해 비판적으로 성찰할 기회를 갖기에도 적합합니다.

(2) 활용 방법과 Tip은 어떻게 되나요?

① 교사가 https://suno.com에서 계정 로그인

② 학생과 함께 만든 짧은 가사나 주제 문장을 입력
  (또는 AI가 자동 생성한 가사 활용)

③ 음악 장르 입력 후 'Create' 클릭(AI 추천 기능 사용 가능)

④ 완성된 노래를 함께 감상하고, 느낌 나누기
  → '이건 누구의 노래일까?' 질문 제시

Tip

- 가사 창작은 수업의 주요 목적이 아니므로, 학생이 쓴 문장을 활용하거나 AI가 제공한 가사를 그대로 사용해도 무방합니다.
- 감상 후 곡의 '창작자'를 누구라고 생각하는지 간단한 글이나 말로 표현하게 하면 자연스럽게 저작권 주제와 연결됩니다.

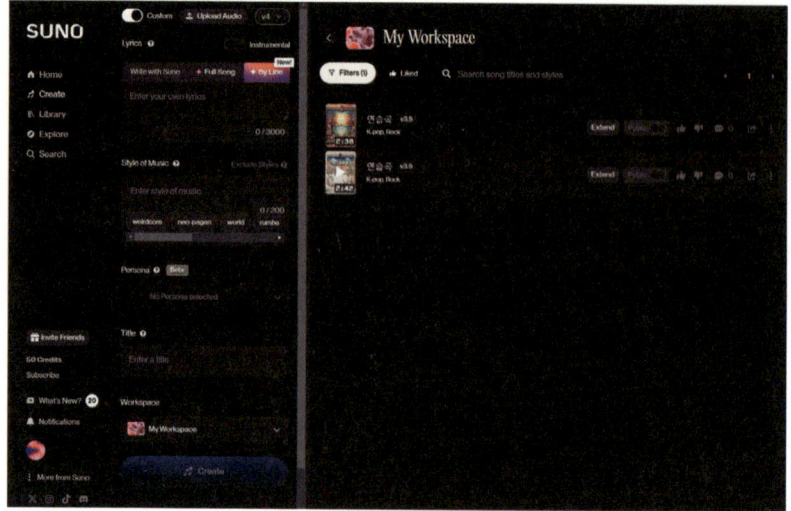

[그림 5-5] Suno AI

(3) 주의 사항에는 어떤 것이 있을까요?

Suno AI는 만 13세 이상부터 이용할 수 있으며, 만 13세 이상에서 만 18세 미만인 학생은 보호자(법정대리인) 동의가 있어야 사용이 가능합니다. 따라서 초등학생이 직접 회원가입을 하여 활용하기에는 제한이 있으므로, 교사가 시연하거나 생성된 결과물을 제공하는 방식으로 활용하는 것이 적절합니다.

- AI가 만든 음악을 '내가 다 만든 노래'처럼 발표하거나 게시하지 않도록 지도합니다.
- AI의 결과물도 기존 음악을 참고했을 수 있다는 점을 인식시키고, '출처 밝히기'와 '공정 사용'의 중요성을 함께 안내합니다.

03 AI 융합 수업 계획

> 'AI가 만든 작품의 주인은 누구?'

본 프로젝트는 초등학교 6학년 학생들을 대상으로 하여, 생성형 인공지능을 활용한 저작권 교육을 중심에 둔 AI 융합 수업 사례입니다.

특히 이미지와 글, 음악과 같은 학생들에게 익숙하고 흥미로운 창작 요소들을 중심 주제로 선정함으로써, AI를 통해 창작하는 과정 속에서 자연스럽게 저작권 개념과 디지털 윤리에 대한 고민을 이끌어내고자 하였습니다.

> 수업에 적용한 이론적 근거

(1) 생활 중심 저작권 교육의 원리[2]

AI가 만든 이미지, 음악, 글 등은 실제로 교실 밖에서도 자주 접하는 콘텐츠입니다. 학생들이 이를 단순한 '도구 사용'으로만 인식하지 않고, 생활 속의 법적, 윤리적 문제로 바라볼 수 있도록 수업을 설계하였습니다.

구체적으로는 저작권 개념, 출처 표기, 공유와 인용, 공정한 활용 등 실생활과 관련된 사례 중심의 문제 해결 활동을 구성하였고, 토의와 토론 중심의 참여형 수업 구조를 적용하였습니다.

(2) 문제 이해 기반의 탐구형 수업 설계 원리[3]

수업은 단순 체험형 활동이 아니라, AI가 생성한 결과물에 대해 '이건 누

---

[2] 정문성 and 전영은. (2016). 저작권교육 양상에 관한 탐색적 연구 -중학교 저작권교실 실태분석을 중심으로-. 사회과교육, 55(4), 99-113.
[3] 이창권, 노하은 and 김민정. (2024). 문제 이해 역량을 위한 창의적 문제해결(CPS) 모형 기반 인공지능 융합 수업 모형(AI-CPF) 개발. 창의력교육연구, 24(2), 17-43.

구의 것인가?', '사용해도 되는가?'라는 '비정형적 문제'를 발견하고 이해하는 사고 흐름을 중심으로 설계되었습니다.

이는 CPS 모형 기반의 인공지능 융합 수업 설계 원리 중 '문제에 대한 민감성', '문제 골격 구성', '다양한 관점에서의 문제 정의' 단계를 반영한 것으로, 학생들이 실제 문제 상황을 정의하고 비판적으로 사고할 수 있도록 유도하였습니다.

(3) 저작권 소양 함양을 위한 통합적 접근 원리[4]

이 수업은 생성형 AI를 활용한 창작 활동을 중심으로, 결과물에 대한 권리와 책임을 돌아보며 **'저작권에 대한 소양(Literacy)'**을 기를 수 있도록 설계되었습니다.

저작권 소양은 단순한 지식 이해에 그치지 않고,

인지적 측면	저작권의 개념과 범위 이해
정의적 측면	타인의 창작물을 존중하는 태도
심동적 측면	실천적 판단과 책임 있는 행동

이 세 가지가 통합적으로 길러져야 함을 강조합니다.

따라서 본 수업은 단편적인 정보 전달이 아니라 **직접 창작하고, AI 결과물과 비교하며, 사용 가능 여부를 판단하고, 저작권 선언문·포스터 등 실천적 표현**으로 이어지는 구조로 구성하였습니다.

---

[4] 강경순 and 이철현. (2009). 저작권 교육 프로그램이 초등학생의 저작권 소양에 미치는 효과. 실과교육연구, 15(2), 181-202.

CHAPTER 02 AI 융합 수업 차시별 소개

01 창작 방식 이해하기 (1차시)

1. 생성형 AI와 인간 창작 방식의 차이를 이해하기 (1차시)

활동 순서
(1) 생성형 AI의 결과물(이미지·글·음악 등)과 인간이 만든 결과물을 비교하여 관찰하기 (2) 관찰 체크리스트를 바탕으로 차이를 탐색하기 (3) '이건 사람이 만든 걸까, AI가 만든 걸까?'에 대한 토의 진행하기

1차시는 생성형 AI가 어떻게 창작물을 만들어내는지 관찰을 통해 이해하고, 인간의 창작 방식과 AI의 생성 방식이 어떻게 다른지 감각적으로 파악하는 도입 차시입니다.

직접 활동에 들어가기 전에 AI 결과물에 대한 감식력과 비판적 거리 두기를 위한 관찰 능력을 키우며, 이 수업의 핵심인 '창작물의 주체는 누구인가'라는 질문의 단초를 마련합니다.

> **Tip** AI와 인간의 창작물(그림·글·음악)을 보여줄 때에는 정답을 먼저 공개하지 않고 학생들에게 직관으로 추측하게 해보세요.
> → 정답 공개 전의 '이건 AI야!' 혹은 '사람이 만들었을걸?'과 같은 반응을 통해 관찰의 재미와 집중도가 올라갑니다.

02 창작과 소유 고민하기 (2-4차시)

1. 이미지 생성 AI 체험과 창작물의 소유 고민하기 (2차시)

활동 순서
(1) 이미지 생성 AI(Dream by WOMBO)를 활용하여 텍스트 기반 그림 생성하기 (2) 친구들과 결과물을 공유하고 감상하기 (3) '이 그림은 누구의 것일까?' 질문을 중심으로 토의 진행하기

학생들이 직접 이미지 생성 AI를 사용하여 그림을 만들어보며, 텍스트만으로도 결과물이 만들어지는 AI의 방식에 대한 직관적 경험을 합니다.

결과물을 친구들과 공유하고 감상하면서 '이 그림을 내가 그렸다고 해도 될까?'라는 저작권적 질문이 자연스럽게 유도되고, 창작자에 대한 인식이 점차 구체화되기 시작합니다.

> **Tip** AI가 생성한 이미지를 업로드할 때 '제작자 이름'을 제시하도록 해보세요.
> → 학생 스스로 이름을 쏠지 말지 고민하면서 '내가 그렸다고 할 수 있을까?'라는 질문이 자연스럽게 발생합니다.

2. 글 생성과 창작 주체 비교하기 (3차시)

활동 순서
(1) 우리아이AI를 활용해 간단한 이야기 생성하기 (2) AI가 만든 이야기와 학생이 만든 이야기 비교하기 (3) '이야기의 주인은 누구인가?'를 주제로 의견 나누기

이 차시는 텍스트 영역에서의 창작 경험을 기반으로, 글쓰기의 '주체'에 대한 문제를 탐색합니다.

AI가 제공한 이야기 내용이 실제로는 기존 작품의 문장 구조를 흉내 낸 것일 수 있다는 점을 짚으며, 학생들이 '창의성', '표현', '표절' 등에 대한 감각을 길러가는 과정으로 설계되어 있습니다.

창작이라는 개념의 경계를 경험적으로 탐색해보는 데 초점을 맞추었습니다.

> **Tip** AI가 만든 이야기를 본인의 스타일에 맞게 수정해서 생성해보도록 해보세요.
> → 자신의 의도에 맞게 AI가 이야기를 수정해갈수록 이 이야기는 AI가 만든 것인지 본인의 것인지 헷갈리기 시작하고, 창작에 대해 더 깊이 고민하게 됩니다.

3. 음악 생성 AI 감상과 작사 경험 (4차시)

활동 순서
(1) 교사가 Suno AI를 활용해 주어진 가사로 음악을 생성하여 시연하기
(2) 같은 가사로 만든 여러 장르의 음악을 비교하며 감상하기
(3) AI가 만든 노래를 내 노래라고 말해도 될지 의견 나누기

음악은 학생들이 직접 작곡하기 어려운 영역이기 때문에, AI의 창작 능력이 더욱 두드러져 보이는 도구입니다.

학생들은 음악을 듣고 난 뒤 '이건 내가 만든 노래일까, AI가 만든 걸까?' 라는 고민을 통해 '공동 창작', '기여도', '표시의 의무'와 같은 저작권 개념의 세부 사항으로 관심을 확장합니다.

이는 이후 토의 중심 수업(5-6차시)의 기초 배경이 됩니다.

> **Tip** 같은 가사로 장르를 달리해 음악을 두 곡 생성한 뒤 '어떤 노래가 더 내 마음에 와닿았나요?'라는 질문을 던져보세요.
> → 음악 감상의 주체로서 학생이 '내용의 소유자'와 '표현 방식'에 대해 고민하게 되고, AI 작곡의 역할과 한계를 탐색할 수 있습니다.

03 저작권 성찰과 입장 정리 (5-6차시)

1. AI 창작물 저작권 쟁점에 대한 찬반 토론 (5차시)

활동 순서
(1) 'AI가 만든 작품도 저작권 보호를 받아야 할까?'를 주제로 찬반 토론하기
(2) 모둠별 입장 정리 및 근거 마련하기
(3) 결과물 발표 및 학급 디지털 윤리 공동 규약 만들기

이 차시는 생성형 AI 창작물에 대한 저작권 쟁점에 대해 서로 다른 입장을 나누며 비판적 사고를 확장하는 활동 중심 차시입니다.

학생들은 자신이 체험했던 AI 결과물들을 다시 떠올리며 '누구의 노래인가?', '이 그림을 누가 사용할 수 있는가?'에 대한 기준을 정리하고, 다양한 의견을 공유하면서 자신만의 판단 기준과 윤리적 태도를 정립해나갑니다.

Tip AI 저작물 관련 찬반 주장을 적은 쟁점 카드를 미리 나눠주고, 모둠별로 찬반을 바꾸어 역할극처럼 발표하게 해보세요.
→ 자기 입장만 고수하는 것보다 다양한 관점을 이해하고 설득하는 능력이 함께 자랍니다.

2. AI 창작물에 대한 나의 선언 정리 (6차시)

활동 순서
(1) AI 창작물 저작권 관련 실제 사례(수상, 출판 등) 소개하기 (2) 학생 개인 또는 모둠별로 'AI 창작 윤리 선언문' 또는 포스터 작성하기 (3) 조별 발표를 통해 다양한 관점 공유하기

6차시는 수업 전체를 윤리적 판단과 실천으로 마무리하는 성찰 차시입니다.

학생들은 그간의 체험과 토론 내용을 바탕으로, AI 창작물의 사용에 대한 자신의 원칙과 기준을 문장으로 표현하고 공유합니다.

이는 단순한 결론이 아니라, AI 시대를 살아가는 디지털 시민으로서의 선언이며, 책임 있는 창작자로서의 첫 약속이기도 합니다.

> **Tip** 'AI와 함께 만든 창작물, 이렇게 사용할게요!'라는 제목으로 나만의 규칙을 세 가지 정해보게 하세요.
> → 각자의 기준을 친구들과 비교하면서 학급 공동의 디지털 윤리 선언으로 확장시킬 수 있습니다.

CHAPTER 03 수업 결과물 및 제언

01 나만의 프로그램 결과물 예시 및 평가

1. 학생 산출물 예시

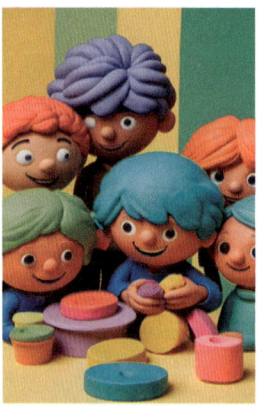

[그림 5-6]
AI로 생성한 이미지

"펭귄의 모험"

남극의 차가운 바다 근처, 작은 펭귄 '피터'가 살고 있었어요. 피터는 다른 펭귄들과는 조금 달랐어요. 그는 항상 새로운 것을 탐험하고 싶어 했죠.

어느 날, 피터는 친구들과 함께 얼음 위에서 놀다가 멀리서 반짝이는 빛을 발견했어요. 호기심 많은 피터는 그 빛이 무엇인지 알아보기로 결심했어요. 친구들은 걱정했지만, 피터는 용감하게 모험을 떠났어요.

피터는 빛을 따라가며 여러 가지 도전을 겪었어요. 미끄러운 얼음길을 지나고, 바람이 세차게 부는 곳을 지나며, 피터는 점점 빛에 가까워졌어요. 마침내, 피터는 빛의 정체를 알게 되었어요. 그것은 바로 하늘에서 떨어진 아름다운 오로라였어요.

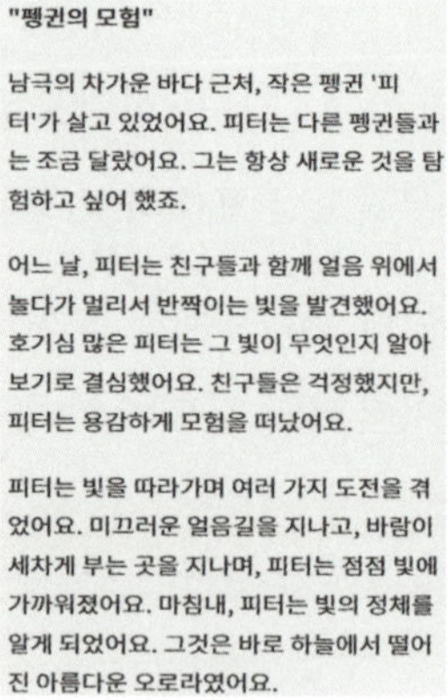

[그림 5-7]
AI로 생성한 글

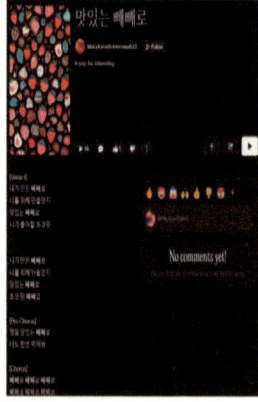

[그림 5-8]
AI로 생성한 음악

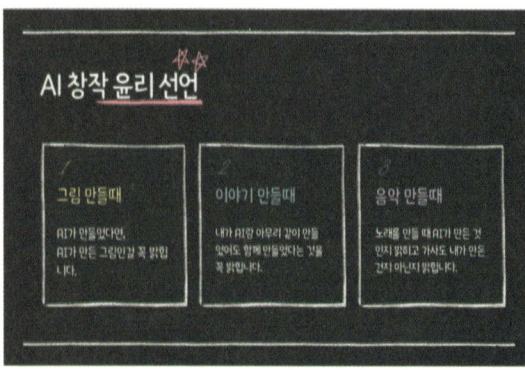

[그림 5-9]
AI 창작 윤리 선언문

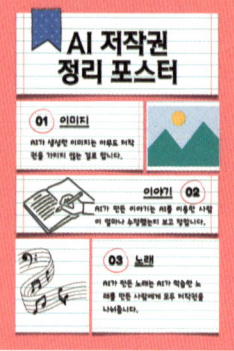

[그림 5-10]
AI 저작권 포스터

2. 평가 방법

창작 과정에서의 비판적 사고, AI 생성물에 대한 저작권 인식, 자신의 입장을 정리하고 표현하는 능력을 종합적으로 평가하기 위해 관찰평가와 포트폴리오 평가를 활용합니다. 1-4차시에서는 창작 활동과 AI 결과물에 대한 인식 및 반응을 중심으로, 5-6차시에서는 저작권 쟁점 토의와 자신의 윤리적 입장 정리를 중심으로 평가합니다.

차시	방법	내용
1	관찰평가	• 생성형 AI와 인간의 창작 방식을 구분하고 차이를 말할 수 있는가?
2	관찰평가	• 생성형 AI를 활용하여 이미지를 만들고, 그림의 소유에 대해 질문하는가?
3	포트폴리오 평가	• AI가 만든 이야기와 자신의 생각을 비교하며 이야기 구성에 적극적으로 참여하는가?
4	포트폴리오 평가	• 생성된 음악을 감상하고, 그 소유와 발표 가능성에 대해 자신의 입장을 표현하는가?
5	관찰평가	• 저작권 쟁점에 대해 찬반 입장을 정리하고 토론에 참여하는가?
6	포트폴리오 평가	• AI 창작물에 대한 자신의 윤리적 입장을 선언문 또는 포스터로 구성하는가?

02 마치며

1. 수업 진행 소감

이번 생성형 AI와 저작권 융합 수업에서는 6학년 학생들이 AI 도구를 직접 체험하며 창작하고, 그 결과물을 바탕으로 저작권에 대한 쟁점과 윤리적 고민을 함께 나누는 과정을 경험했습니다. 이미지, 글, 음악 등 다양한 표현 도구로서 AI를 사용해 보며, 학생들은 창작자의 역할과 책임에 대해 스스로 질문하고 친구들과 의견을 나누는 기회를 가졌습니다.

학생들은 AI를 단순한 '도구'로 인식하기보다는 함께 창작을 완성하는 주체로 받아들이기 시작했습니다. 특히, 자신이 만든 콘텐츠를 AI가 어떻게 해석해 보여주는지를 체험하면서, 창작물에 대한 권리와 책임이라는 중요한 윤리적 질문을 자연스럽게 탐색할 수 있었습니다. 하지만 다음과 같은 한계점과 보완점도 함께 발견되었습니다.

첫째, 일부 AI 도구는 실행 환경에 따라 출력 속도나 결과물 품질이 일정하지 않아, 수업 흐름 조율이 필요했습니다. 둘째, 생성형 AI의 결과물을 가지고 '내 것'으로 주장할 수 있는 기준을 토론하는 과정에서 학생들 간 이해 수준 차이가 발생하였고, 이에 관해 교사의 사전 개념 정리와 개별 피드백 제공이 중요함을 느꼈습니다.

이번 수업은 학생들이 AI를 활용하여 창작하고, 저작권에 대한 자기 생각을 또렷하게 표현해 보는 비판적 디지털 시민성 교육의 시작점이었습니다. AI가 단순한 자동 생성기가 아니라, 생각을 자극하고 표현을 도와주는 창의적 파트너가 될 수 있다는 것을 학생들과 함께 확인할 수 있었고, 앞으로의 AI 융합 수업이 더욱 풍부해질 가능성을 체감할 수 있었습니다.

2. 융합 수업 확장을 위한 추가 활동 제안

역할극: AI 저작권 모의재판	• 학생들이 판사, 창작자, AI 개발자 등 역할을 맡아 모의재판을 진행하면서 AI가 만든 작품의 저작권 문제를 다양한 관점에서 경험하는 연극형 활동
인간 대 AI 창작 챌린지	• 학생 팀과 AI가 각각 동일한 주제로 글쓰기나 그림 그리기 도전을 한 후, 결과물을 비교하며 창의성의 특징과 AI의 역할, 저작권상의 시사점을 함께 분석해보는 체험 활동입니다.
AI 창작 동화책 만들기	• 생성형 AI와 학생들이 협업하여 동화책의 글과 그림을 창작하고, 인간과 AI의 공동 창작물에 대한 저작권 개념을 체험하는 프로젝트입니다.

부록(수업 지도안)

AI 융합 수업 지도안					
학교급	초등	학년	6학년	총 차시	6차시
과목	국어, 미술, 음악				
수업 주제	AI가 만든 작품의 주인은 누구?				
성취 기준	[6미02-05]	• 미술과 타 교과의 내용과 방법을 융합하는 활동을 자유롭게 시도할 수 있다.			
	[6국01-05]	• 자신의 매체 이용 양상에 대해 성찰한다.			
	[6음02-03]	• 느낌과 아이디어를 떠올려 여러 매체나 방법으로 자신감 있게 표현한다.			
활용 주요 도구	Dream by WOMBO, 우리아이AI, Suno AI				
AI 요소	생성형 AI 활용, 인공지능의 올바른 사용(저작권)				
참고한 모형 혹은 원리	• 생활 중심 저작권 교육의 원리 • 문제 이해 기반의 탐구형 수업 설계 원리 • 저작권 소양 함양을 위한 통합적 접근 원리				
AI 융합 수업 구성 의도	• 생성형 인공지능은 학생들이 일상 속에서 이미지, 글, 음악 등을 손쉽게 창작할 수 있게 하며, 이를 통해 자기표현의 기회를 넓혀주고 있습니다. 그러나 'AI가 만든 결과물의 소유는 누구에게 있는가?'와 같은 질문은 여전히 낯설기에, 창작의 즐거움과 함께 저작권에 대한 고민도 필요합니다. • 이 수업은 학생들이 직접 AI를 활용해 창작 활동을 경험하고, 실제 사례를 바탕으로 토론하며 저작권 개념과 윤리적 쟁점을 자연스럽게 이해하도록 설계되었습니다. 이를 통해 학생들은 디지털 시대의 시민으로서 창작물의 소유와 책임, 공정한 사용에 대한 감수성을 기르며, 주체적이고 성찰적인 창작자로 성장할 수 있습니다.				

AI 융합 수업 지도안	
수업 목표	1. 생성형 AI에 대해 알아보고, AI의 저작권에 관한 자신의 의견을 이야기할 수 있다.
지도 상의 유의점	• 학생들이 AI가 만든 결과물과 자신의 창작 사이의 차이를 인식할 수 있도록, 창작 과정에서의 '인간의 기여'에 대한 대화를 유도해야 한다. • 저작권 개념이 다소 추상적일 수 있으므로, 실제 사례(예: 유명 AI 그림 소송, 음악 표절 논란 등)를 통해 구체적으로 접근하도록 한다. • 토론 활동 시, 학생들의 의견이 다를 수 있음을 존중하는 분위기를 조성하고, 근거 기반 사고와 출처 표기의 중요성을 강조한다.

학습 단계	교수 학습 활동	자료 및 유의점
1차시	• 생성형 AI의 결과물(이미지·글·음악 등)과 인간이 만든 결과물을 비교하여 관찰하기 • 관찰 체크리스트를 바탕으로 차이를 탐색하기 • '이건 사람이 만든 걸까, AI가 만든 걸까?'에 대한 토의 진행하기	PPT
2차시	• 이미지 생성 AI(Dream by WOMBO)를 활용하여 텍스트 기반 그림 생성하기 • 친구들과 결과물을 공유하고 감상하기 • '이 그림은 누구의 것일까?' 질문을 중심으로 토의 진행하기	Dream by WOMBO
3차시	• 우리아이AI를 활용해 간단한 이야기 생성하기 • AI가 만든 이야기와 학생이 만든 이야기 비교하기 • '이야기의 주인은 누구인가?'를 주제로 의견 나누기	우리아이 AI
4차시	• 교사가 Suno AI를 활용해 주어진 가사로 음악을 생성하여 시연하기 • 같은 가사로 만든 여러 장르의 음악을 비교하여 감상하기 • AI가 만든 노래를 내 노래라고 말해도 될지 의견 나누기	Suno AI
5차시	• 'AI가 만든 작품도 저작권 보호를 받아야 할까?'를 주제로 찬반 토론하기 • 모둠별 입장 정리 및 근거 마련하기 • 결과물 발표 및 학급 디지털 윤리 공동 규약 만들기	PPT
6차시	• AI 창작물 저작권 관련 실제 사례(수상, 출판 등) 소개하기 • 학생 개인 또는 모둠별로 'AI 창작 윤리 선언문' 또는 포스터 작성하기 • 조별 발표를 통해 다양한 관점 공유하기	PPT, Canva
평가 도구	• 1차시: 관찰평가 – AI와 인간 창작 방식 구분 • 2차시: 관찰평가 – 이미지 생성과 소유 인식 • 3차시: 포트폴리오 평가 – 이야기 비교 및 구성 참여 • 4차시: 포트폴리오 평가 – 음악 감상과 소유 판단 • 5차시: 관찰평가 – 저작권 쟁점 토론 참여 • 6차시: 포트폴리오 평가 – 저작권 선언문 또는 포스터 작성	

06. AI 챗봇과 선생님의 협력 방안 탐구하기

- 학생이 만드는 AI 챗봇 협력 수업 -

 들어가며

오늘날 AI 챗봇은 학습 보조, 질문 응답, 개인화된 학습 지원 등에서 점점 더 중요한 역할을 하고 있죠. 그렇다면, AI 챗봇이 교실에서 선생님과 협력하여 어떤 방식으로 활용될 수 있을까요?

AI 기술이 발전하면서, 많은 교사들이 이를 교육 현장에 도입하려는 시도를 하고 있지만, AI가 교사의 역할을 완전히 대체할 수 있을지에 대한 논의는 여전히 활발합니다. 하지만 중요한 것은 대체가 아니라 협력입니다. AI 챗봇은 교사의 업무를 보조하고, 학생들에게 추가적인 학습 자원을 제공하며, 보다 효율적인 학습 환경을 조성하는 데 도움을 줄 수 있습니다.

이에 본 장에서는 'AI 챗봇과 선생님이 어떻게 협력할 수 있을까?'라는 주제를 중심으로 한 수업 사례를 소개하고자 합니다. 이 수업은 AI 챗봇과 선생님이 어떻게 협력할 수 있는지 탐구하며, 학생들이 직접 AI 챗봇을 설계하고 활용해보는 경험을 제공합니다. 이를 통해 학생들은 AI 기술의 가능성과 한계를 이해하고, AI와 인간이 함께 만들어갈 미래 교육의 방향성을 고민해볼 수 있습니다.

수업 개요		
대상	초등학교 5-6학년	
관련 교과	국어, 실과	
수업 목표	대화형 AI 챗봇을 설계하며, AI와 인간의 협력 방안을 탐구할 수 있다.	
성취 기준	[6국01-06]	• 토의에 협력적으로 참여하며 서로의 의견을 비교하고 조정한다.
	[6실05-05]	• 인공지능이 만들어지는 과정을 체험하고, 인공지능이 사회에 미치는 영향을 탐색한다.
활용 도구	Mizou, Google Docs, Gamma	
AI 요소	대화형 AI 설계 원리, AI와 인간의 협력 가능성 탐구, AI 윤리와 투명성	

AI 챗봇 활용 수업의 설계와 준비

 AI 챗봇 활용 수업 의도와 중점 사항

1. AI 챗봇 활용 수업 의도

디지털 시대를 살아가는 우리에게, AI는 새로운 친구처럼 다가와 학생들의 학습을 돕고 창의적 문제 해결 능력을 키워주는 멋진 도구의 역할을 하고 있어요. 특히, 대화형 AI 챗봇은 학생들이 직접 설계하고 활용할 수 있는 실질적이고 흥미로운 학습 도구로 주목받고 있습니다. 이를 통해 학생들은 AI 기술의 기본 원리를 이해하고, 이를 활용해 실생활 문제를 해결하는 경험을 쌓을 수 있죠.

이 장에서는 AI 챗봇을 활용한 창의적이고 협력적인 학습 경험을 통해, 학생들이 미래사회에서 요구되는 디지털 소양과 문제 해결 능력을 키울 수 있는 구체적인 방안을 제시합니다. AI 챗봇과 선생님이 교실에서 어떻게 협력할 수 있는지, 실제 수업 과정을 통해 그 가능성과 의미를 살펴봅니다.

2. 활용 도구

가. Mizou: 초등학생도 간단한 설정으로 자신만의 AI 챗봇을 만들 수 있는 도구예요. 챗봇의 역할과 대화 내용을 직접 설계하며 창의적 사고를 키울 수 있답니다.

나. Google Docs(문서): 온라인에서 문서를 작성하고 공유할 수 있는 도구예요. 여러 사람이 동시에 문서를 편집하거나 댓글을 달며 협업할

수 있어서 팀 프로젝트나 아이디어 정리할 때 정말 유용하답니다. 자동으로 저장되어 작업 중 데이터를 잃어버릴 걱정도 없어요!

다. Gamma: AI로 PPT를 자동으로 생성해주는 도구예요. 주제만 입력하면 몇 초 만에 멋진 프레젠테이션 초안이 만들어져요! 슬라이드 디자인과 내용 배치를 AI가 알아서 해주기 때문에, 학생들이 발표 자료를 빠르고 쉽게 준비할 수 있어요.

02 활용 도구 소개

1. 챗봇을 뚝딱 만드는 Mizou

(1) 왜 이 도구를 선택했나요?

Mizou는 초등학생들이 직접 AI 챗봇을 설계할 수 있는 간단한 도구로, 학생들이 AI와 인간의 사고방식을 비교하기에 효과적이에요. 예를 들어 학생들이 챗봇에게 '학교생활 도우미' 역할을 부여하고 질문을 던지면, 챗봇은 데이터를 기반으로 답변을 생성하지만 인간 선생님은 감정적 공감을 바탕으로 답변하죠. 이런 차이를 경험하며 AI와 인간의 협력 가능성을 고민해볼 수 있어요.

(2) 활용 방법과 Tip은 어떻게 되나요?

※ 영어 기반 사이트이므로 구글 크롬으로 접속하여 주소창 우측 상단의
 클릭, 한국어 번역을 활용할 수 있습니다.

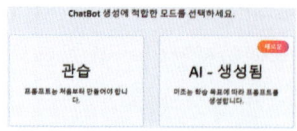

[그림 6-1] Mizou 챗봇 개발 옵션

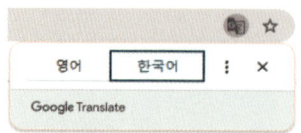

[그림 6-2] 크롬 한국어 번역

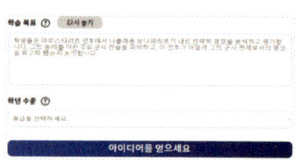

[그림 6-3] Mizou 프롬프트 입력 창

① Mizou 사이트 접속

② 우측 상단의 시작하기 로 회원가입 또는 로그인

③ 챗봇 제작

- 좌측 상단의 챗봇 만들기 클릭
- 우측 AI – 생성됨 옵션 선택
- 학습 목표: AI 챗봇이 수행할 역할과 목표를 입력
- 학년 수준: 챗봇 활용할 학년 선택
- 아이디어를 얻으세요 클릭. AI가 제안하는 세 가지 챗봇 모델 중 적합한 챗봇을 선택하고 생성하다 클릭

Tip 1 AI – 생성됨(AI-Generated) 기능은 처음으로 챗봇을 설계할 때 유용한 도구예요! 이 기능을 활용하면 복잡한 설계 과정을 거치지 않아도, 간단한 프롬프트 입력만으로 챗봇을 빠르게 생성할 수 있답니다. 예를 들어, 학습 목표(Learning Objectives)에 '학교생활에서 필요한 조언을 주는 챗봇'이라고 입력하고 챗봇을 활용할 학년 수준(Grade Level)을 선택하면, 미조우가 자동으로 대화 흐름과 구조를 제안해줘요. 한 번 사용해보면 '이렇게 쉽게 만들 수 있다니!' 하고 놀라실 거예요!

Tip 2 학생들이 만든 챗봇이 더 흥미롭게 느껴지도록 역할에 개성을 부여해보세요! 예를 들어, '유머러스한 선생님'이나 '엄격하지만 따뜻한 선생님' 같은 성격을 추가하면 재미있는 상호작용이 가능해요.

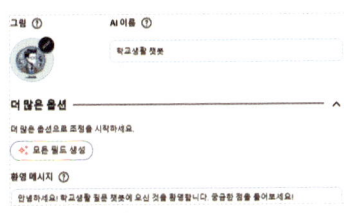

[그림 6-4] Mizou 챗봇 세부 설정

[그림 6-5] Mizou 챗봇 예시

④ 챗봇 세부 설정

※ AI가 생성한 내용을 수정할 수 있습니다.

- AI 이름: 생성한 AI 챗봇 이름 설정
- 환영 메시지: AI 챗봇의 첫 화면에 표시할 메시지 입력

⑤ 우측 Start Chat 클릭, 챗봇 테스트

⑥ 챗봇 배포

- 우측 상단 게시하다 → 클릭
- 하단의 '공공의' 체크하고 확인하다 클릭

Tip 3 미조우에서 챗봇을 배포할 때 두 가지 옵션이 있어요.
사적인(Private): Private으로 설정하면 챗봇은 본인만 사용할 수 있어요. 외부에서 링크를 공유하더라도 접근이 불가능하답니다. 나만의 챗봇을 만들어봐요!
공공의(Public): Public으로 설정하면 누구나 링크를 통해 챗봇을 사용할 수 있어요. 탐구하다(Explore)에서 다른 사람들이 내가 만든 챗봇을 검색할 수도 있어요!

- 새로운 세션 , 출시 클릭
- URL 복사 또는 QR코드로 공유

⑦ 챗봇 활용: 공유된 링크를 통해 접속하여 이름 입력 후 세션 시작

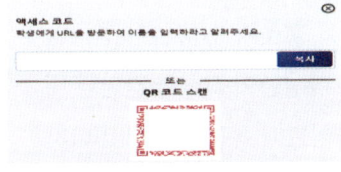

[그림 6-6] Mizou 배포

(3) 주의 사항에는 어떤 것이 있을까?

미조우에서는 대화 기록 기능을 통해 개별 학생들이 작성한 내용을 이름별로 확인할 수 있어요. 이 기능은 챗봇 개발자가 사

용자의 활동을 모니터링하고 학습 진행 상황을 파악하는 데 정말 유용하답니다. 하지만 이 기능을 사용할 때 학생들에게 미리 알려주는 것이 중요해요. 예를 들어, 수업 시작 전에 **'여러분이 작성한 대화 내용은 선생님과 챗봇을 개발한 친구들이 확인할 수 있어요!'**라고 안내하면, 학생들이 더 책임감 있게 활동에 참여하게 돼요. 이렇게 하면 학생들이 주제와 관련 없는 이야기를 하지 않고, 학습 활동에 집중할 수 있게 되죠.

(4) 초등학생 대상 수업에서는 어떤 것을 고려해야 할까요?

> 간단하고 명확한 지침을 제공하면 좋아요!

초등학생들은 처음부터 대화 흐름을 설계하기 어려울 수 있어요. 예를 들어, '학교생활에서 도움이 되는 질문 세 가지를 만들어보세요!'처럼 구체적인 가이드를 제공하면 훨씬 쉽게 접근할 수 있답니다.

질문 예시
- 친구와 잘 지내려면 어떻게 해야 할까요?
- 수업 시간에 집중하는 방법은 무엇인가요?
- 학교 규칙을 잘 지키려면 어떻게 해야 할까요?

2. PPT를 순식간에 완성하는 Gamma

(1) 왜 이 도구를 선택했나요?

감마는 초등학생들이 직접 PPT를 제작하기 어렵다는 점을 고려해, 선생님이 AI의 도움을 받아 발표 자료를 빠르고 간편하게 제작할 수 있는 도구로 적합해요. 예를 들어, 학생들이 '교실에서 AI 챗봇과 선생님이 협력할 수 있는 방법'을 주제로 발표 자료를 준비할 때, 학생들이 작성한 간단한 내용을 선생님이 감마에 입력하면 자동으로 슬라이드 내용을 구성하고 디자인을 설정해 줘요.

(2) 활용 방법과 Tip은 어떻게 되나요?

※ Gamma는 무료 계정 시 약 열 개의 PPT를 제작할 수 있습니다.

[그림 6-7] Gamma AI로 만들기

[그림 6-8] Gamma '생성'

[그림 6-9] Gamma 테마 선택

① Gamma 사이트 접속

② 우측 상단 🌐 English 눌러 한국어 선택

③ 무료로 가입하기 또는 로그인

④ + 새로 만들기 AI, '생성' 클릭

⑤ 무엇을 만들지 설명하세요 메시지 창에 만들고 싶은 PPT의 주제 입력

⑥ ✦ 개요 생성 클릭

⑦ 윤곽선: 각 슬라이드에 들어갈 내용 확인 (수정 및 보완 가능)

⑧ 스크롤을 내려 원하는 테마 선택

⑨ ✦ 생성 클릭(수정 및 보완 가능)

⑩ 우측 상단 ▶ 프레젠테이션 ▼ 또는 Ctrl + Enter로 시작

⑪ 좌우 방향키로 PPT 화면 전환

Tip AI가 자동으로 슬라이드를 생성하지만, 반드시 내용을 검토하고 수정해야 해요. AI는 초안을 제공하는 데 강점이 있지만, 세부적인 내용의 정확도나 맥락을 완벽히 이해하지 못할 수 있답니다. 따라서 AI가 생성한 내용을 꼼꼼하게 확인하고, 필요한 경우 자료를 추가하거나 수정하는 과정이 중요해요. **AI는 도구일 뿐, 최종 결과물은 인간의 판단과 손길로 완성된다는 점**을 기억해주세요!

(3) 주의 사항에는 무엇이 있을까요?

감마는 가입 시 무료 크레딧이 제공되어, 별도 비용 없이 여러 번 PPT를 만들 수 있어요(예: 2025년 기준, 400크레딧이 주어지며 PPT 한 개당 40크레딧이 소모되어 최대 10개까지 생성 가능).

> **Tip** 크레딧은 슬라이드 개수나 수정 횟수, 추가 AI 기능 사용 등에 따라 더 빨리 소진될 수 있으니, 필요한 자료를 미리 계획해두면 효율적으로 사용할 수 있습니다. 특히 슬라이드를 많이 생성하거나 내용을 여러 번 수정할 경우 크레딧이 예상보다 빨리 소진될 수 있으므로, 수업에 활용할 때에는 자료 구성과 작업 순서를 미리 정해두는 것이 좋습니다. 만약 크레딧이 부족하다면, 친구 초대 등으로 추가 크레딧을 받을 수 있고, 더 많은 사용이 필요할 때에는 유료 플랜을 고려할 수 있습니다. Gamma의 크레딧 정책이나 기능은 변경될 수 있으니, 최신 정보를 확인해보세요!

(4) 초등학생 대상 수업에서는 어떤 것을 고려해야 할까요?

> 학생들이 작성한 프롬프트를 활용해 멋진 PPT를 생성해보세요.

감마는 만 16세 이상 사용자만 계정을 생성할 수 있기 때문에 초등학생들이 직접 사용할 수는 없어요. 하지만 학생들이 작성한 주제와 간단한 프롬프트를 선생님이 감마에 입력하면, AI가 알아서 깔끔하고 멋진 발표 자료로 만들어준답니다. 감마를 활용해 학생들의 창의적인 생각을 더욱 반짝반짝 빛나게 만들어보세요!

03 AI 챗봇 활용 수업 계획

> 교실에서 AI와 선생님의 협력 방안 탐색

본 프로젝트는 초등학교 5-6학년 학생들이 AI 챗봇을 직접 설계하고 활용하며, 인간과 AI의 협력 가능성을 탐구하는 과정에서 기술의 사회적 영향과 교육적 가치를 깊이 있게 성찰할 수 있도록 설계되었습니다.

이 수업의 특별한 점은 'AI 챗봇과 선생님이 어떻게 협력할 수 있을까?'라는 주제를 중심으로 학생들이 AI 챗봇 제작과 테스트를 통해 기술의 장점과 한계를 직접 체험하는 것입니다. 예를 들어, '학교생활 도우미' 챗봇이 반복 질문은 잘 처리하지만, 친구 간 갈등 해결에는 한계가 있다는 사실을 발견하게 됩니다.

학생들은 챗봇을 제작하고 활용하는 과정에서 'AI는 데이터를 학습하지만, 인간은 맥락을 이해해요!'와 같은 통찰을 깨닫게 됩니다. 또한, 'AI가 학생의 개인정보를 수집해도 될까?'와 같은 질문으로 데이터 프라이버시와 기술의 책임을 고민하며 비판적 사고력을 발휘합니다.

본 프로젝트는 단순한 기술 체험을 넘어, 인간과 AI의 상호보완적 관계를 탐구하며 미래 교육 패러다임을 제시합니다.

수업의 특징

- 초등학교 6학년 학생 24명을 대상으로 진행
- 국어, 실과 교과 융합
- 평가 방식
  - 자기평가: 챗봇 제작 과정에서의 문제 해결 태도 반성
  - 관찰평가: 모둠별 협력 활동과 AI 활용 창의성 평가
  - 포트폴리오 평가: 구글 문서를 통한 토론 개요서
  - Gamma 발표 자료

1. 수업 계획의 단계 설명

본 수업은 윤지원(2023)의 디자인 씽킹 기반 인공지능 챗봇 제작 수업 설계 원리[5] 중 초등학생 대상 수업에 적합한 원리를 선정 및 수정하여 구체적인 방안을 수립하였습니다.

(1) 학습 경험 선정의 원리

> 창의적 문제 해결 과정을 통한 AI 챗봇 활용 학습 경험 설계

학생들이 비구조화된 문제 해결을 통해 교과 융합적 활동을 체계적으로 수행할 수 있도록 AI 도구를 선정하여 수업을 설계하였습니다.

도입
- AI 챗봇의 개념과 사례 소개
- 'AI 챗봇이 선생님을 대신할 수 있을까?' 생각해보기

탐색
- 미조우를 활용해 간단한 대화형 챗봇을 제작하며, AI가 수행할 수 있는 교사의 역할 탐구
- 제작된 챗봇을 테스트하며 AI와 인간의 사고방식 차이를 탐구하고, AI 챗봇과 선생님이 협력할 수 있는 방안 찾기

공유
- 토의 주제: AI 챗봇과 선생님이 협력할 수 있는 방안
- 구글 문서를 활용해 모둠별로 해결 방안 작성
- 학급 전체 토의 진행

발전
- 토의 후 제언 및 개선 사항을 반영하여 해결 방안 수정
- Gamma로 발표 자료를 제작하며 아이디어 시각화

종합 및 성찰
- 수정된 해결 방안을 PPT로 발표하고 피드백 진행
- 협력 과정과 AI 활용 경험에 대해 성찰하며 학습 목표 달성 여부 점검

---

5) 윤지원 (2023). 디자인 싱킹 기반 인공지능 챗봇 제작 수업 모형 개발. 석사학위논문. 서울대학교.

(2) 상호작용의 원리

> 모둠 활동과 AI 도구를 활용한 쌍방향 학습 환경 조성

학생들이 교사–동료–AI와의 다각적 상호작용을 통해 협력적 문제 해결 역량을 기를 수 있도록 다음과 같이 설계하였습니다.

모둠별 역할 분담으로 협력 체계 구축	• 학생들이 토의 과정에서 능동적 참여와 책임감을 기를 수 있도록 역할을 세분화합니다. 각 모둠은 발표자, 질의자, 응답자, 최종 발표자로 역할을 나누어 활동합니다.
AI 도구를 통한 실시간 협업 경험	• Mizou와 Gamma를 활용해 학생들이 기술과 인간의 협업을 직접 체험합니다.
피드백과 개선을 통한 순환적 학습	• 모둠별로 제작한 챗봇을 테스트하고, 선생님과 친구들로부터 피드백을 받아 개선합니다.

AI 융합 수업 차시별 소개

문제 인식하기 (1차시)

1. AI 챗봇의 개념과 역할 탐색 (1차시)

활동 순서
(1) AI 챗봇 사례 탐색하기 (2) AI 챗봇과 선생님이 협력할 수 있는 방안

　1차시는 AI 챗봇의 기본 개념과 인간 교사와의 역할 차이를 탐구하는 차시입니다. 학생들은 **ChatGPT, AI 디지털교과서의 AI 튜터, 고객 상담 봇** 등 일상 속 AI 챗봇 사례를 조사하며 '정보 전달'과 '상호작용' 기능을 분석합니다. 예를 들어 수학 문제 풀이는 정확히 안내하지만, 친구와 다툰 이유에 관한 질문에는 감정적 공감을 표현하지 못하는 AI의 한계를 발견합니다. 이를 통해 AI의 특성을 이해하고, **인간 선생님의 맥락 이해 및 창의적 문제 해결 능력과의 차이점**을 논의합니다. 마지막으로 'AI 챗봇과 선생님이 협력할 수 있는 방안'을 생각해보며 기술의 보조적 역할과 교육 현장 적용 가능성을 탐색합니다.

02 해결 방안 탐색하기 (2차시)

1. AI 챗봇 제작 및 사고방식 탐구 (2차시)

탐색

활동 순서
(1) Mizou로 챗봇 제작하기
(2) 챗봇 테스트하기
(3) AI 챗봇과 선생님이 협력할 수 있는 방안 찾기

2차시는 미조우를 활용해 **선생님의 역할을 보완할 수 있는 AI 챗봇**을 직접 제작하고 테스트하는 차시입니다. 학생들은 '학습 질문 답변 봇'과 같이 AI 선생님 챗봇을 설계하며 AI가 수행할 수 있는 선생님의 역할(예: 반복적 문제 풀이 안내, 규칙 설명)을 탐구합니다. 예를 들어, "분수의 덧셈 방법을 알려줘"와 같은 질문에 대한 답변을 구체화합니다. 이후 제작된 챗봇을 테스트하며 '친구와 다툰 후 화해 방법'과 같이 감정적 맥락이 필요한 질문에는 AI가 제한적임을 발견합니다.

이를 통해 **AI의 규칙 기반 처리와 선생님의 상황 판단 차이를 분석**하고, 'AI는 객관적 정보 전달, 인간은 감정적 지원'과 같은 협력 가능 영역을 도출합니다.

> **Tip** 학생들이 AI의 강점과 약점을 체계적으로 분석할 수 있도록 구체적 질문 리스트를 제공하세요. 예를 들어, "분수의 곱셈 방법 알려줘"와 같은 객관적 질문과 "친구와 다툰 후 화해 방법은?"과 같은 주관적 질문을 포함합니다.

03 아이디어 도출하기 (3차시)

1. AI 챗봇과 선생님의 협력 방안 탐색 (3차시)

활동 순서
(1) 협력 방안 토의하기
(2) 구글 문서로 모둠별 해결안 작성하기
(3) 학급 전체 토의 진행하기

3차시는 AI 챗봇과 선생님의 협력 가능성을 탐구하고 구체적인 실행 방안을 모색하는 차시입니다. 학생들은 모둠별 토의를 진행하며, AI 챗봇의 **데이터 기반 분석**(예: 학습 패턴 진단)과 선생님의 **감정적 지원**(예: 학생 관계 조정)을 결합한 방안을 논의합니다. 구글 문서를 활용해 모둠별 협업 전략을 작성할 때에는 실시간 공동 편집 기능으로 아이디어를 즉시 통합하고, **의견 댓글** 기능을 통해 피드백을 교환합니다. 예를 들어, 'AI가 학생의 학습 데이터를 분석해 맞춤형 문제 제공 → 선생님이 데이터 기반 학습 지원 및 정서 지원'과 같은 시나리오를 구체화합니다. 이후 학급 전체 토의에서 각 모둠의 방안을 발표하며 'AI의 편향성은 어떻게 보완할까?'와 같은 윤리적 쟁점을 함께 논의합니다. 이를 통해 기술의 객관성과 인간의 주관성이 상호 보완되는 교육 모델의 가능성을 탐색합니다.

> **Tip** 'AI 편향성 보완 방법은?', '개인정보 보호 방안은?'과 같은 질문을 사전에 제공해 학급 토의 시 논점을 명확히 합니다.

04 평가 및 수정 (4차시)

1. 해결 방안 개선 및 발표 자료 시범 제작 (4차시)

활동 순서
(1) 제언 반영하여 해결 방안 수정하기
(2) 교사 시연을 통한 Gamma 발표 자료 체험하기

4차시는 3차시 토의 결과를 바탕으로 협력 방안을 구체화하고, AI 도구의 시각화 가능성을 체험하는 차시입니다. 학생들은 학급 토의에서 제기된 'AI의 편향성 보완을 위한 인간 교사의 검토 시스템 추가'나 'AI 데이터 수집 시 개인정보 보호 방안 강화'와 같은 제언을 반영해 해결안을 수정합니다.

이후 교사가 학생들이 작성한 내용을 **감마**에 입력해 AI 생성 기능을 시범 운영합니다. 학생들은 텍스트가 자동으로 인포그래픽 슬라이드로 변환되는 과정을 관찰하며, **AI의 자동화된 시각 표현 능력**을 체험합니다. 교사는 감마가 생성한 자료를 보여주며, 'AI가 초안을 만들면 인간이 창의적으로 보완하는 협업 구조'를 강조합니다. 이를 통해 학생들은 기술과 인간의 조화를 시각적으로 이해하고, 발표 자료의 완성도를 직관적으로 평가할 수 있습니다.

> **Tip** AI가 의도와 다르게 슬라이드를 생성했을 때, '어떻게 고치면 더 좋을까?'라고 묻고 함께 수정하는 과정을 보여주세요. 이렇게 하면 기술의 보조적 역할을 자연스럽게 이해할 수 있어요.

2. 최종 방안 발표 및 성찰 (4차시)

종합 및
성찰

활동 순서
(1) 수정된 해결 방안 PPT 발표하기
(2) 피드백 진행하기
(3) AI 활용 경험 성찰하기

　감마로 생성한 발표 자료를 활용하여 학생들이 최종 해결 방안을 발표하고 학습 과정을 성찰하는 차시입니다. 예를 들어, 'AI 챗봇이 학생의 취약 과목을 진단하여 선생님께 알려주면, 선생님이 동기부여 멘토링 진행'과 같은 구체적 시나리오를 설명합니다. 발표 후에는 학생 또는 선생님이 'AI 편향성 보완 방법은 구체적이었나요?'와 같은 질문을 통해 피드백을 제공합니다.

CHAPTER 03 수업 결과물 및 제언

01 나만의 산출물 예시 및 평가

1. 학생 산출물 예시

학생 산출물은 미조우로 생성한 AI 챗봇, 구글 문서로 작성한 토론개요서, 감마로 생성한 최종 발표 PPT가 있습니다. 산출물은 아래와 같습니다.

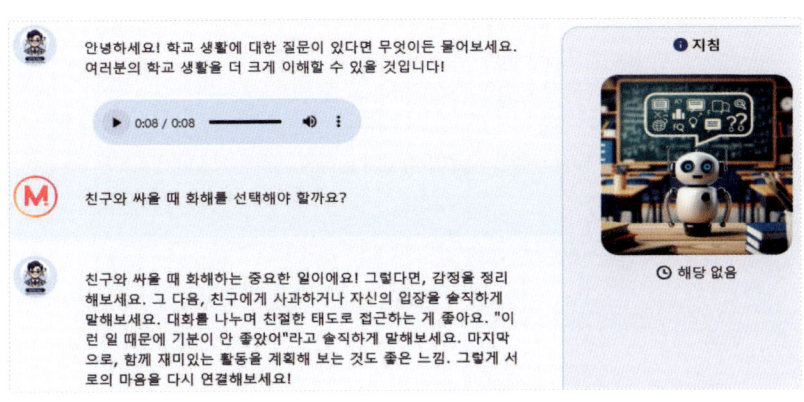

[그림 6-10] 학교생활 FAQ 챗봇

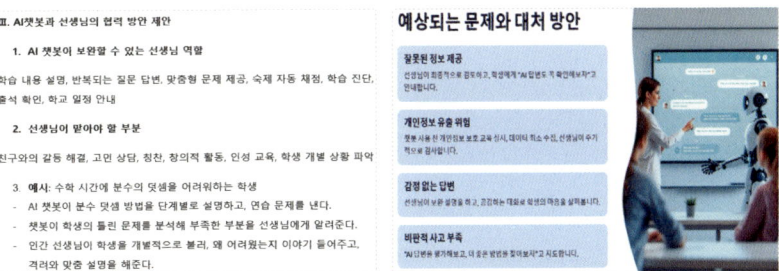

[그림 6-11] AI와 선생님의 협력 방안   [그림 6-12] 최종 발표 PPT

서울대학교 AI융합교육학과 인공지능 수업 가이드 **169**

2. 평가 방법

학생들의 AI 윤리 이해, 기술 활용 창의성, 협력적 문제 해결 역량을 종합적으로 평가하기 위해 관찰평가, 자기평가, 포트폴리오 평가를 활용합니다.

차시	방법	내용
1	관찰 평가	• AI 챗봇의 사회적 역할과 한계를 논의하는가? • AI와 인간 선생님의 차이를 논리적으로 설명하는가?
2	자기 평가	• 챗봇 제작 과정에서 문제를 해결하는 태도를 성찰하는가? • Mizou를 활용해 AI의 규칙 기반 사고를 이해하는가?
3	포트 폴리오 평가	• 모둠별로 협력 방안을 창의적으로 기획하는가? • 구글 문서 협업을 통해 아이디어를 발전시키는가?
4	관찰 평가	• Gamma 발표 자료에서 AI와 인간의 협업 완성도를 인식하는가?

부록(수업 지도안)

AI 융합 수업 지도안		
학교급	초등학교	
학년	6학년	
총 차시	4차시	
수업 개요		
과목	국어, 실과	
수업 주제	교실에서 AI 챗봇과 선생님의 협력 방안 탐색	
성취 기준	[6국01-06]	• 토의에 협력적으로 참여하며 서로의 의견을 비교하고 조정한다.
	[6실05-05]	• 인공지능이 만들어지는 과정을 체험하고, 인공지능이 사회에 미치는 영향을 탐색한다.
활용 주요 도구	Mizou, Google Docs, Gamma	
참고한 모형 혹은 원리	• 디자인 싱킹 기반 인공지능 챗봇 제작 수업 설계 원리 - 학생들이 비구조화된 문제 해결을 통해 교과 융합적 활동을 체계적으로 수행할 수 있도록 AI 도구를 선정하여 수업을 설계함 - 상호작용의 원리를 반영하여 학생들이 교사 – 동료 – AI와의 다각적 상호작용을 통해 협력적 문제 해결 역량을 기를 수 있도록 설계함	
AI 융합 수업 구성 의도	• AI 기술이 학교 현장에 들어오면서, 교사와 AI가 어떻게 협력할 수 있을지에 대한 탐구가 중요한 과제로 떠오르고 있다. 이에 따라 본 수업은 초등학교 5-6학년 학생들이 AI 챗봇을 직접 설계하고 테스트하는 경험을 통해 기술과 인간의 역할을 비교하고, 두 주체가 교실에서 어떻게 협력할 수 있는지 구체적으로 탐색할 수 있도록 구성하였다. • 본 수업은 'AI 챗봇과 선생님이 어떻게 협력할 수 있을까?'라는 질문을 중심으로 진행된다. 학생들은 Mizou를 활용해 학교생활 도우미 챗봇을 테스트하며 교실에서 AI와 인간의 협력 방안을 논의하고, 구글 문서를 통해 아이디어를 발전시킨다. 또한 Gamma로 AI 생성 발표 자료를 수정하며, 기술과 인간의 조화를 탐구한다. • 이 과정에서 학생들은 AI의 객관적 처리 능력과 인간의 주관적 판단이 상호 보완됨을 이해한다. 더 나아가 'AI가 학생의 개인정보를 수집해도 될까?'와 같은 질문을 통해 기술의 윤리적 영향력을 성찰하며 비판적 사고력을 키운다. 본 수업은 단순한 도구 체험을 넘어, 인간과 AI가 협력하는 미래 교육의 가능성을 탐색하는 의미 있는 경험이 될 것이다.	

AI 활용 수업 지도안

수업 목표	1. AI 챗봇의 교육적 역할과 한계를 이해하고 직접 체험한다. 2. AI 챗봇과 선생님의 협력 가능성을 탐구하며 구체적 해결 방안을 도출한다. 3. AI 기술의 윤리적 사용에 대해 비판적으로 사고한다. 4. 협업을 통해 창의적 해결 방안을 발표 자료로 시각화한다.
차시	4차시
활용한 AI, 디지털 도구	Mizou, Google Docs, Gamma
지도상의 유의점	• 창의적 표현을 유도하고 획일화를 방지한다. • AI와 인간의 창작 차이를 비교하고 토론하도록 유도한다. • AI 협력 과정에서 창의성을 발휘하도록 격려한다. • AI 감정 표현 여부에 대해 비판적으로 사고하도록 유도한다.

학습 단계	교수 학습 활동	자료 및 유의점
1차시	• AI 챗봇의 개념 도입 및 사례 탐색 • 'AI 챗봇과 선생님이 어떻게 협력할 수 있을까?' 생각해보기	PPT
2차시	• 간단한 대화형 챗봇 제작 • AI가 수행할 수 있는 교사의 역할 탐색 • 챗봇 테스트 및 AI와 인간의 사고방식 차이 이해 • AI 챗봇과 선생님이 협력할 수 있는 영역 찾기	Mizou
3차시	• 토의 주제: AI 챗봇과 선생님이 협력할 수 있는 방안 • 모둠별 해결 방안 작성 • 학급 전체 토의 진행	Google Docs
4차시	• 토의 후 제언 및 개선 사항을 반영하여 해결 방안 수정 • Gamma로 생성한 발표 자료 수정 • 수정된 해결 방안을 PPT 발표 및 피드백	Google Docs, Gamma
평가 도구	• 1차시: 관찰평가, 2차시: 자기평가, 3차시: 관찰평가, 4차시: 포트폴리오 평가	

딥페이크 해부하기

- 교실에서 여는 인공지능 윤리 수업 -

들어가며

오늘날 청소년들은 어릴 때부터 디지털 기기를 자유롭게 활용하며 성장한 세대로, 소위 '디지털 네이티브'라고 불립니다. 이들은 인공지능 기술과 그로 인한 다양한 영향을 직접적으로 경험하고 있습니다. 이러한 청소년들이 인공지능 기술을 안전하고 책임감 있게 활용할 수 있도록 딥페이크 이슈를 활용한 인공지능 윤리 수업을 소개하고자 합니다. 이를 위해 Canva의 DALL-E, Reface 앱, Padlet을 활용하였습니다.

	대상	중학교 2-3학년
	관련 교과	도덕, 기술
	수업 목표	딥페이크 이슈를 활용하여 인공지능 윤리 알아보기
수업 개요	성취 기준	[9도02-03] • 가상공간과 현실 세계에 대한 비교·분석을 바탕으로 가상공간에서 발생하는 도덕 문제들의 원인과 해결 방안을 제안하고, 타인을 존중하며 가상공간을 활용하는 태도를 함양한다.
		[9도03-07] • 현대 과학기술과 관련된 윤리적 쟁점의 분석을 통해 과학기술의 유용성과 한계를 인식하고, 과학기술의 바람직한 활용에 관한 관심과 책임 의식을 기른다.
		[9기가04-05] • 정보통신과 인공지능 기술의 활용 사례를 탐구하고, 정보통신과 인공지능 기술이 우리 삶에 미치는 영향을 다양한 관점에서 평가한다.
		[9기가04-06] • 정보통신과 인공지능 기술 관련 문제를 이해하고 해결 방안을 탐색, 실현, 평가함으로써 긍정적인 문제 해결 태도를 갖는다.
	활용 도구	Canva의 DALL-E, Reface 앱, Padlet
	AI 요소	인공지능 윤리, 딥러닝, 생성적 적대 신경망(GAN)

딥페이크 이슈를 활용한 인공지능 윤리 수업

AI 융합 수업 의도와 중점 사항

1. 딥페이크 이슈를 활용한 인공지능 윤리 수업 설계

오늘날 인공지능과 정보통신 기술은 우리 삶에 큰 영향을 미치고 있습니다. 이에 따라, AI 기술이 초래하는 윤리적 문제를 이해하고 해결 방안을 모색하며 긍정적인 문제 해결 태도를 기르는 것이 필요합니다.

이와 관련된 대표적인 윤리적 이슈 중 하나가 딥페이크(Deepfake)입니다. 이 기술은 범죄자 색출, 테러범 차단, 영화·영상 특수효과 등 긍정적인 용도로 활용될 수 있지만, 가짜 뉴스 제작, 디지털 성범죄, 금융사기와 같은 범죄에 악용될 경우 심각한 사회적 문제를 초래할 수 있습니다.

2021년 국가수사본부 발표에 따르면, 딥페이크 불법 영상을 제작해 성폭력처벌법 위반 혐의로 검거된 사람 중 10대 청소년이 70%를 차지했으며, 피해자의 60% 또한 미성년자였습니다. 경찰 관계자는 '청소년들이 불법 합성물 제작을 단순한 장난으로 여기거나 처벌받지 않을 것이라고 오해하는 경우가 많다'라며, 이에 대한 강력한 제재 방침을 밝혔습니다. 이에 대응하여 학교에서는 청소년들을 위해 인공지능 기술을 안전하고 윤리적으로 사용할 수 있도록 학생들의 눈높이에 맞춘 디지털 윤리 교육을 제공하는 것이 중요합니다.

수업에 사용할 AI 및 디지털 도구는 **DALL-E, Reface 앱, Padlet**입니다. Canva에 탑재되어 있는 인공지능 기능인 DALL-E를 활용하여 생성형

AI를 체험하고, Reface 앱을 활용하여 교사가 직접 제작한 샘플을 보여주고 학생들끼리 딥페이크의 순기능과 역기능을 탐색합니다. 또한 Padlet을 활용하여 학생들이 딥페이크 사용 윤리 강령을 작성하게 합니다. Padlet을 활용하면 학생들이 작성 중인 과제가 실시간으로 보이기 때문에 학생들에게 즉각적인 피드백을 해줄 수 있습니다.

2. 활용 도구

    가. Canva의 DALL-E: 오픈AI가 개발한 자연어 서술로부터 이미지를 생성하는 기계 학습 모델

    나. Reface 앱: 얼굴 사진을 활용하여 유명한 영화나 비디오에 얼굴을 합성할 수 있는 앱

    다. Padlet: 사람들이 다른 사람들과 콘텐츠를 만들고 공유하기 위해 사용하는 소프트웨어. 주로 학교 수업에 활용되며 과제의 진행 상황을 실시간으로 보기에 용이하다.

02 활용 도구 소개

1. Canva의 DALL-E

(1) 왜 이 도구를 선택했나요?

이번 수업에서 이 도구를 활용한 이유는 학생들이 손쉽게 접할 수 있는 캔바에 탑재되어 있어 사용이 용이하기 때문이에요. 캔바의 AI 도구에서 AI 이미지 생성기를 선택한 후, 생각했던 이미지의 텍스트 프롬프트를 입력하면 이미지로 변환하여 쉽게 활용할 수 있어요!

(2) 활용 방법과 Tip은 어떻게 되나요?

※ 캔바에서 교사용 계정을 인증하면 Canva Pro 기능을 무료로 활용 가능합니다.

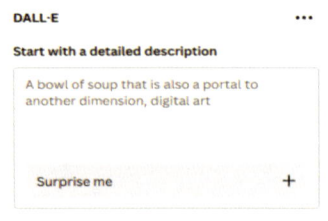

[그림 7-1] DALL-E 검색창

① Canva 사이트 접속 및 로그인
② 좌측 앱 버튼 클릭
③ 　　　 앱 다운
④ 목적에 따라 텍스트 입력
⑤ 이미지 생성 AI 기능 체험

Tip 1 Canva 플랫폼 내에서 제시된 디자인 툴에 적용시킬 수 있어요!
DALL-E 자체를 사용하는 것과 다르게, Canva에서 DALL-E 앱을 사용하면 생성된 이미지를 바로 템플릿, 슬라이드, 포스터 등에 삽입하여 디자인할 수 있어요! 또한, 교사 인증을 하여 Canva Pro 이용자가 되면 DALL-E 기능을 추가 비용 없이 활용 가능합니다.

(3) DALL-E 자체를 활용하는 것과 Canva에서 DALL-E를 활용하는 것에는 어떤 차이가 있을까요?

구분	DALL-E 자체 사용	Canva에서 사용
목적	독립적인 이미지 생성 및 다운로드	이미지 생성 + Canva 플랫폼 내 디자인 작업 통합
접근성	OpenAI 계정 필요	Canva 계정 필요
편리성	실험적, 고급 사용에 적합	직관적이고 쉽게 활용 가능, 디자인 작업용
비용	제한적인 무료 크레딧과 일부 유료 크레딧 필요	Canva 플랜 내 기능 포함 (교사 인증 시 추가 비용 없음)

(4) 중학생들을 대상으로 수업할 때 어떤 것을 고려해야 할까요?

> 구체적인 경계를 분명히 제시하세요!

중학생들은 호기심도 많고 창의적이지만, 동시에 위험성과 책임을 깊이 인식하지 못할 수도 있습니다. 따라서 활동 전에 미리 명확한 규칙을 다음과 같이 미리 설명하는 것이 중요합니다.

※ 주의 사항
1. 특정 사람의 얼굴/이름은 사용하지 않기: 친구, 선생님, 연예인 등
2. 선정적·폭력적 내용 금지: 재미를 넘어서 불편함이나 피해를 주지 않기
3. 생성 이미지는 활동 이후 외부에 공유하지 않기: 수업용으로만 사용
4. 프롬프트는 미리 검토받기: 제출 전에 선생님께 미리 확인받기

2. Reface 앱

(1) 왜 이 도구를 선택했나요?

이 도구를 AI 융합 수업에서 선택한 이유는 교사가 별도의 복잡한 기술을 익히거나 프로그램을 설치하지 않아도 간단한 조작만으로 딥페이크 영상을

무료로 만들어볼 수 있기 때문입니다. 또한, 딥페이크에 대한 단순한 설명보다 직접 제작한 딥페이크 영상을 보여줌으로써 학생들에게 '내 얼굴이 동의 없이 사용된다면?', '이 기술이 선한 목적과 악한 목적 중 어디에 더 많이 사용될까?'와 같은 윤리적 질문을 자연스럽게 이끌어낼 수 있기 때문입니다.

(2) 활용 방법과 Tip은 어떻게 되나요?

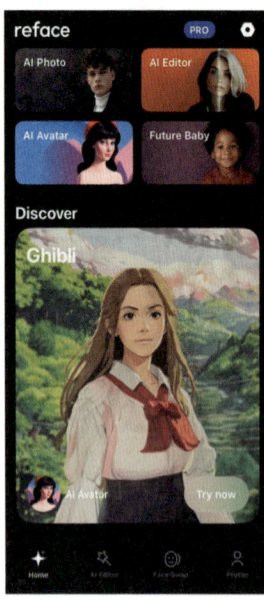

[그림 7-2] Reface 앱 초기화면

① 🌐 스마트폰 앱 설치하고 실행

② 🔲 앱 하단의 Face Swap 클릭

③ 원하는 영상이나 사진 클릭

④ 딥페이크 영상 제작

Tip 1 단, 딥페이크 제작이 윤리적 논란이 있을 수 있으므로 학생들이 직접 딥페이크를 제작하지 않도록 유의합니다.

Tip 2 Reface 앱 활용 팁
Reface 앱에 사용할 사진과 영상을 미리 구상하는 것이 좋습니다.
너무 긴 영상은 합성 정확도가 떨어질 수 있으므로 30초 이내의 간결한 영상을 선택합니다.

(3) 주의 사항에는 어떤 것이 있을까요?

리페이스 기술을 활용하여 인공지능 윤리 교육을 진행한다는 것은 기술의 오용 가능성과 윤리적인 논란을 내포하고 있어, 아주 민감하고 신중한 접근이 필요합니다. 주의 사항은 다음과 같습니다.

구분	주의 사항
제작 전	• 교사 본인의 얼굴이나 공공 자료만 활용합니다. 학생, 동료 교사 또는 제3자의 얼굴은 사용하지 않으며, 사용 시 반드시 사전 동의를 받습니다.
제작 중	• 중학생 수준에 맞는 주제와 템플릿을 사용합니다. 과격하거나 부적절한 콘텐츠는 사용하지 않습니다.
시연 전	• 학생들에게 '이 영상은 합성된 것이며 진짜가 아니다'라고 명확히 알립니다.

(4) 중학생들을 대상으로 수업할 때 어떤 것을 고려해야 할까요?

> 윤리 메시지를 강조하세요!

중학생들은 소셜 미디어, 유튜브, 게임 등 일상에서 딥페이크 영상이나 인공지능 기술을 누구보다 많이 접하는 세대입니다. 따라서 수업에서 딥페이크 영상을 교사가 시연한 후, 딥페이크 기술의 긍정적 사례와 부정적 사례를 제시하며 학생들에게 딥페이크 기술의 양면성을 강조해야 합니다. 또한, 딥페이크 기술로 인한 피해자가 되어본다면 어떤 기분일지 상상하게 하거나 피해를 예방하기 위해 본인은 어떻게 행동해야 하는지 스스로 정의하게 하여 책임감을 가지도록 하는 것이 중요합니다.

AI 융합 수업 계획

> 딥페이크 해부하기: 인공지능 윤리의 경계에서

- 수업 대상: 중학교 2학년 또는 3학년
- 수업 교과: 기술, 도덕 교과 융합
- 학습 목표: **딥페이크의 순기능과 역기능을 파악하고, 딥페이크를 바람직하게 사용하기 위한 원칙을 제시할 수 있다.**

- 수업 모형: TTRM 메이커 수업 모형
- 학생들은 기본적인 인공지능의 정의와 원리는 알고 있으나, 생성형 AI나 딥페이크에 대해서는 잘 모르는 것으로 가정하고 수업을 진행합니다.

1. 수업 계획의 단계 설명

[그림 7-3] TTRM 메이커 수업 모형

(1) 자세히 살펴보기(Take a Closer Look)

학생들에게 먼저 생성형 AI의 정의와 원리를 설명합니다. 'Canva의 DALL-E' 기능을 활용하여 학생들이 이미지 생성 AI를 직접 체험할 수 있도록 합니다.

(2) 함께 생각하기(Thinking Together)

생성형 AI의 대표적인 기술 중 하나인 '딥페이크 기술'의 원리와 사례를 설명합니다. 딥페이크 기술의 순기능과 역기능으로 나누어 학생들이 생각해볼 수 있도록 지도합니다.

(3) 재미있게 만들기(Make it Fun)

교사가 'Reface 앱'을 활용해 제작한 샘플 딥페이크 영상을 학생들에게 보여준 후 '내 얼굴이 동의 없이 사용된다면?'과 같은 윤리적 질문을 제시하고 생각해보게 합니다. 또한, 학생들이 딥페이크의 역기능과 순기능에 대해 조사해보고 딥페이크를 올바르게 활용하기 위한 윤리 강령을 세울 수 있도록 지도합니다.

(4) 소통하며 공유하기(Communicate and Share)

학생들은 자신이 세운 딥페이크 윤리 강령을 패들렛에 공유합니다. 패들렛에 제시되어 있는 다른 학생들의 의견과 자신의 의견을 비교해보고, 자유로운 발표와 토론의 시간을 가집니다.

CHAPTER 02 AI 융합 수업 차시별 소개

수업 단계	교수 학습 내용
자세히 살펴보기 (기술 - 1차시)	• 생성형 AI 체험해보기 　- 생성형 AI의 정의와 원리를 설명한다. 　- 'Canva의 DALL-E 기능'을 활용하여 학생들이 생각한 주제를 사진으로 나타내본다. • 딥페이크 기술의 정의와 활용 분야 찾아보기 　- 딥페이크 기술로 만든 영상을 보여주고 딥페이크 기술에 대해 알아본다. 　- 딥페이크 기술의 원리를 설명한다.
함께 생각하기 (기술 - 2차시)	• 딥페이크 기술의 미래 예측하기 　- 딥페이크 기술의 활용 분야에 대해 긍정적, 부정적 부분으로 나누어 생각해본다. • 딥페이크 체험하기 　- 딥페이크를 사용하기 위한 규칙 세우기 　- 교사가 제작한 샘플 딥페이크 영상 보여주기
재미있게 만들기 (도덕 - 3차시)	• 딥페이크 사용 윤리 강령 세우기 　- 영상을 보여준 후 '내 얼굴이 동의 없이 사용된다면?'과 같은 윤리적 질문을 제시하고 생각해보게 한다. 　- Padlet에 딥페이크를 올바르게 활용하기 위한 윤리 강령 세우기
소통하며 공유하기 (도덕 - 4차시)	• 딥페이크 원칙 발표하기 　- 친구들에게 자신이 만든 딥페이크 원칙을 발표한다. 　- 자신이 세운 원칙과 친구들이 세운 원칙을 비교해보고 자유롭게 의견을 제시하는 시간을 가진다.

01 기술 수업 (1-2차시)

학습 단계		자세히 살펴보기, 함께 생각하기	차시	1,2
학습 목표		딥페이크의 순기능과 역기능을 파악할 수 있다.	교과	기술
차시	단계	주요 학습 내용	자료 및 유의점	
1차시	도입	• 이미지 생성 AI 기능을 체험해보며 동기 유발	Canva	
	전개	• 생성형 AI의 의미와 활용 분야 찾아보기 • 딥페이크의 의미와 원리, 활용 분야 알아보기	Canva	
	정리	• Kahoot! 퀴즈 및 학습 내용 정리	Kahoot!	
2차시	도입	• 교사가 제작한 샘플 딥페이크 영상을 통해 동기 유발	Reface 앱	
	전개	• 딥페이크의 윤리적 문제 발견 및 해결 방안 탐색 • 딥페이크의 순기능과 역기능 모둠별 토의	브레인스토밍 또는 브레인라이팅	
	정리	• 학습 내용 정리 및 수업 소감 발표	Padlet	

1. 1차시 수업 전개

(1) 이미지 생성 AI 기능을 체험해보며 동기 유발

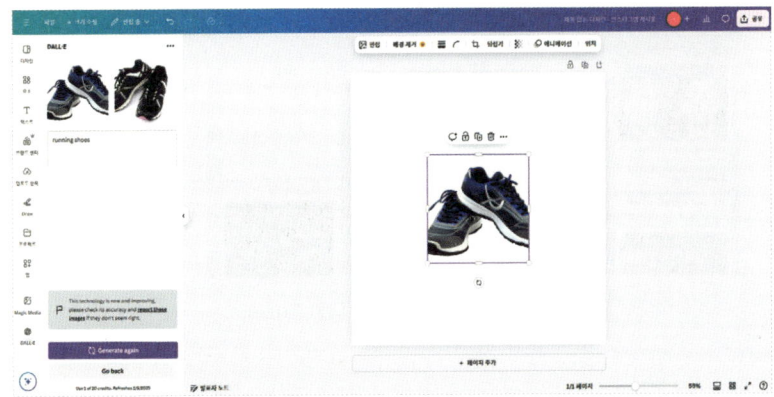

[그림 7-4] Canva의 DALL-E 기능 활용 모습

(2) 딥페이크 영상을 시청하고 모둠별로 딥페이크의 의미와 활용 분야를 조사

[그림 7-5] 딥페이크 활용 영상

(3) Padlet에 모둠별로 조사한 내용 작성하기

[그림 7-6] 수업 내용이 담긴 Padlet

(4) Kahoot! 퀴즈 및 수업 내용 정리

정리 단계에서 카훗을 통해 제작한 간단한 OX퀴즈를 통해 수업 내용을 정리합니다. 카훗에서 출제된 퀴즈는 게임 형식으로 진행되며, 문제를 빠르게 푼 학생일수록 더 높은 점수를 받게 됩니다. 퀴즈가 끝난 후에는 점수와 순위가 공개됩니다. 따라서 수업 내용을 정리하거나 학생들이 적극적으로 참여하게 하는 데 효과적인 수업 방법 중 하나입니다.

[그림 7-7] Kahoot! 퀴즈를 활용한 수업 내용 정리

2. 2차시 수업 전개

(1) 교사가 Reface 앱으로 제작한 샘플 딥페이크 영상을 통해 동기 유발

[그림 7-8] 샘플 딥페이크 영상(영화 <나홀로 집에> 영상 활용)

(2) 딥페이크의 순기능과 역기능 모둠별 토의

[예시]

이름	홍길동	학번	10101
딥페이크의 긍정적인 점		딥페이크의 부정적인 점	
• 돌아가신 위인이나 보고 싶은 사람들의 영상을 제작해볼 수 있다. • 미래나 과거의 내 모습을 간접적으로 체험해 볼 수 있다.		• 초상권을 침해당하는 사례가 발생할 수 있다. • 영상에 대한 신뢰도가 떨어진다.	
딥페이크 안전 원칙			
• 영상의 출처를 먼저 확인한다. • 영상을 제작하기 전 활용하는 얼굴이나 목소리의 주인에게 반드시 허락을 맡는다. • 만들어진 영상을 무조건적으로 신뢰하지 않는다.			

(3) 학습 내용 정리 및 수업 소감 발표

마지막 정리 단계에서는 오늘 조사한 내용들과 수업 소감을 간단하게 발표합니다. 조사한 내용과 수업 소감을 패들렛에 적게 하여 다음 도덕 수업 시간에 이어서 작성할 수 있도록 하고, 패들렛을 통해 전체 학생들의 의견을 참고하여 부족한 내용은 보충 설명 후 수업을 마무리합니다.

02 도덕 수업 (3-4차시)

학습 단계	재미있게 만들기, 소통하며 공유하기		차시	3,4
학습 목표	딥페이크를 바람직하게 사용하기 위한 원칙을 제시할 수 있다.		교과	도덕
차시	단계	주요 학습 내용	자료 및 유의점	
3차시	도입	• 딥페이크 구분 앱 개발 뉴스를 보여주며 동기 유발	유튜브 영상 제시	
	전개	• 딥페이크를 바람직하게 사용하기 위한 원칙 마련 • 딥페이크 사용 윤리 강령 Padlet에 업로드	노트북 또는 태블릿 PC 활용 Topic 학습 모형	
	정리	• 학습 내용 정리	Kahoot!	
4차시	도입	• 지난 시간 활동 내용 복습	Padlet	
	전개	• 딥페이크 사용 윤리 강령 모둠별 발표 • 디지털 휴먼 윤리 가이드라인 제시	Padlet	
	정리	• 학습 내용 정리 및 수업 소감 발표	Padlet	

1. 3차시 수업 전개

(1) '딥페이크 찾아내는 앱 개발' 뉴스 시청

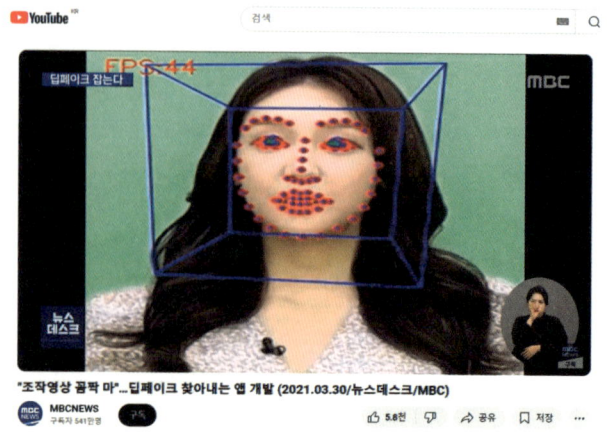

[그림 7-9] '딥페이크 찾아내는 앱 개발' 뉴스 영상

(2) 딥페이크 악용 사례 한 가지 선정 및 해결 방안 모색

학생들에게 뉴스 검색을 통해 딥페이크 악용 사례 한 가지를 선정하게 한 후, 해결 방안을 모둠별로 토의할 수 있도록 지도합니다.

> ① 우리 모둠이 선택한 딥페이크 악용 사례는?
> ② 그 사례에서 발견되는 윤리적 문제는?
> ③ 윤리적 문제를 해결할 수 있는 방안은?
> ④ 딥페이크를 바람직하게 사용할 수 있는 원칙을 마련해본다면?

크게 위 네 가지 질문에 대한 답변을 생각해보고, 이를 패들렛에 모둠별로 정리하도록 합니다.

2. 4차시 수업 전개

(1) 딥페이크 사용자 윤리 강령 수립

지난 시간 학생들이 선정한 딥페이크 악용 사례에 대비할 수 있는 윤리 강령을 세우도록 지도합니다. 이때 IAAE에서 제시한 디지털 휴먼 가이드라인을 제시하여 참고할 수 있도록 하되, 따라하지 않고 모둠별로 자신들만의 윤리 강령을 만들 수 있도록 합니다.

[표 7-1] 국제인공지능윤리협회(IAAE)에서 제시한 디지털 휴먼 윤리 가이드라인

조항	내용
제1조	• 디지털 휴먼(Digital Human)은 인공지능, VR/AR, 메타버스 기술 등을 이용하여 구현해낸 디지털 형태로 존재하고 활용되는 인간을 말한다. 예를 들어, 가상인간(Virtual Human), 메타휴먼(Meta Human), 아바타(Avatar), AI 챗봇(AI Chatbot) 등을 포함하는데 구현 방식으로는 영상, 음성, 이미지, 텍스트 등이 모두 포함된다.
제2조	• 디지털 휴먼은 인간과 매우 흡사한 외모를 가지고, 인간의 말과 행동을 하며 사용자, 소비자와의 소통을 통해 인간에게 큰 영향력을 미칠 수 있기 때문에 그 개발과 활용에 유의해야 한다.
제3조	• 디지털 휴먼은 편향적이지 않으며, 신뢰할 수 있고, 합법적이어야 하며, 인간의 존엄성과 인류 보편의 가치를 존중해야 한다. 이를 위해 학습하고 사용하는 데이터의 신뢰성을 확보해야 하며, 선한 방향으로 지속적인 자기학습 능력을 발전시켜야 한다. 그리고 사용자나 소비자의 요구가 있을 경우, 자신이 학습하고 사용하는 데이터의 출처를 밝혀야 한다.
제4조	• 실제 존재하는 인물을 디지털 휴먼으로 구현하여 사용할 경우에는, 사전에 반드시 해당 인물의 동의를 받아야 한다. 구현된 디지털 휴먼에 대해서는, 원칙적으로 초상권, 저작권, 사용권 등 일체의 권리는 실제 인물에게 있으므로 해당 콘텐츠를 실제 인물의 동의 없이 온라인상으로 무단으로 퍼 나르거나, 유포하거나 상업적, 정치적, 범죄적 목적으로 이용해서는 안 된다.
제5조	• 고인을 디지털 휴먼으로 구현할 경우에는 생전에 고인의 동의를 받음을 원칙으로 해야 한다. 또한 동의를 받고 구현할 경우에도, 생전 고인의 명예를 훼손하지 않도록 주의해야 한다.
제6조	• 디지털 휴먼을 개발하여 사용할 때에는, 사용자, 소비자를 기망하지 않아야 한다. 따라서 디지털 휴먼이 표현되는 영상, 음성, 이미지, 텍스트 등의 콘텐츠의 처음부터 끝까지 해당 인간이 디지털 휴먼이라는 점을 표지나 문자, 음성 등으로 표시하고, 사용자와 소비자에게 디지털 휴먼임을 알 수 있도록 하는 명확한 정보를 제공해야 한다.
제7조	• 정치인이나 선거의 후보자를 디지털 휴먼으로 구현하여, 선거 운동, 홍보 등 정치적 목적으로 사용할 경우에는, 사회와 유권자에게 미치는 영향이 더욱 클 수 있으므로, <제6조>보다 강화된 표지와 정보를 추가로 표시하여 유권자에게 제공해야 한다. 예를 들어, 개발한 회사, 학습 및 사용 데이터의 출처, 해당 콘텐츠의 편집자, 운영자, 총괄 책임자, 해당 정치인의 관여 정도 등을 콘텐츠의 맨 처음이나 마지막에 추가로 표시해야 한다.

조항	내용
제8조	• 기성 미디어를 통해 신뢰도와 인지도를 확보하고 있는 방송인, 연예인, 유명인 등을 모델로 하거나 소셜 미디어와 메타버스 등 디지털 공간에서 많은 팔로워(follower)나 구독자를 보유한 디지털 휴먼은 실제 사회에서도 사람들에게 큰 영향력을 가지고 이를 행사할 수 있다. 따라서 큰 영향력을 가진 디지털 휴먼은 활동과 언행에 보다 신중하고 책임감을 가져야 한다.
제9조	• 디지털 휴먼 기술의 이용은 어디까지나 인간의 삶과 실생활을 보다 풍요롭고 편리하게 하는 것을 목적으로 해야 하며, 이를 악용하여 타인에게 피해를 끼치거나 범죄의 목적으로 사용해서는 안 된다.
제10조	• 향후 스스로 판단하고, 활동하고, 소통하는 자율성을 가진 디지털 휴먼이 등장할 경우, 통제된 디지털 인간보다 사회와 인간에 미치는 영향이 막대할 수 있으므로, 지금부터 모든 관련 주체들이 자율성을 가진 디지털 휴먼에 대한 논의와 연구를 진행해야 한다.

(2) 딥페이크 사용 윤리 강령 발표 및 공유

모둠별로 토의를 통해 패들렛에 작성한 딥페이크 사용 윤리 강령을 발표시키고 발표 내용을 정리해줍니다. 자유롭게 다른 모둠의 윤리 강령에 대해 질문하는 질의응답 시간을 가집니다.

(3) 학습 내용 정리 및 수업 수감 발표

패들렛에 수업 후 느낀 점을 적도록 하고 발표한 후 마무리합니다.

CHAPTER 03 수업 결과물 및 제언

01 나만의 프로그램 결과물 예시 및 평가

1. 학생 산출물 예시

기술 교과 수업, 도덕 교과 수업의 활동에 대한 결과는 아래와 같습니다.

[그림 7-10] 활동 모습 1    [그림 7-11] 활동 모습 2

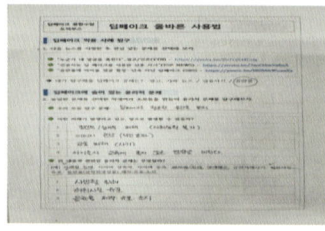

[그림 7-12]
딥페이크 올바른 사용법 결과물 예시 1

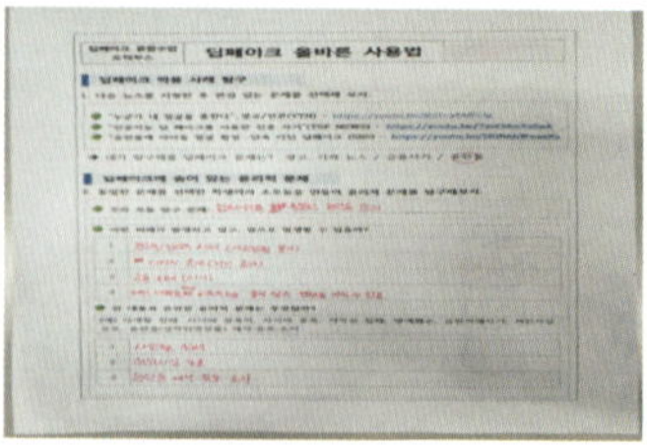

[그림 7-13]
딥페이크 올바른 사용법 결과물 예시 2

[그림 7-14]
딥페이크 사용 윤리 강령 결과물 예시 1

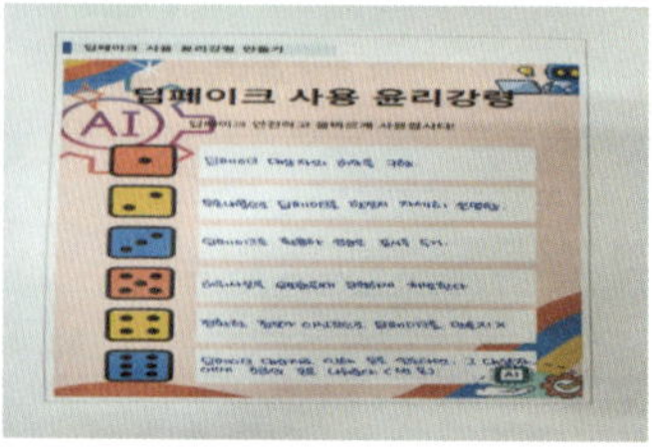

[그림 7-15]
딥페이크 사용 윤리 강령 결과물 예시 2

2. 평가 방법

[표 7-2] 인공지능 윤리 의식 검사지

범주	문항	척도				
책임성	1. 나는 인공지능이 운전하여 움직이는 자율주행 자동차로 피할 수 없는 사고가 일어났을 때, 보행자보다 운전자를 최우선적으로 보호해야 한다고 생각한다.	1	2	3	4	5
	2. 나는 인공지능 개발자가 가장 우선 깊게 생각해야 할 원칙은 경제적인 이익이나 기술적 발달보다, 윤리적인 내용이라고 생각한다.	1	2	3	4	5
	3. 나는 인공지능 로봇에 의한 가짜 뉴스나 가짜 정보를 만들어 널리 퍼뜨려서 생긴 사고에 대해서, 그 프로그램을 만든 개발자와 그 기업 그리고 사용자에게도 법적 책임이 있다고 생각한다.	1	2	3	4	5
안전성 및 신뢰성	4. 나는 인공지능 기술은 대부분 믿을 수 있고, 안전하다고 생각한다.	1	2	3	4	5
	5. 나는 인공지능 질병 검진, 로봇수술, 로봇 판사의 판단을 신뢰하고 따를 수 있다.	1	2	3	4	5
	6. 나는 인공지능 로봇이 안전 관리자 없이 단독으로 학생들과 함께 있으며, 수업을 진행해도 된다고 생각한다.	1	2	3	4	5
차별 금지	7. 나는 인간처럼 스스로 생각과 판단을 하는 강한 인공지능에 의해서도 또 다른 형태의 차별이나 불공평한 일이 생길 수 있다고 생각한다.	1	2	3	4	5
	8. 나는 인공지능의 발달은 우리 인간에게 공평한 기회와 나눔을 줄 것이라고 생각한다.	1	2	3	4	5
	9. 나는 인공지능이 발전한다면 인간이 인공지능 로봇의 위치보다 더 낮은 위치에서 대우받는 사람들도 생길 것이라고 생각한다.	1	2	3	4	5
투명성 및 설명 가능성	10. 나는 국가나 단체, 사회, 모든 사람들의 이익을 위해서 인공지능 기술을 개발하고 데이터를 모으는 일을 할 때도, 개인정보와 사생활은 보호되어야 한다고 생각한다.	1	2	3	4	5
	11. 나는 인공지능 자동차 사고가 일어난다면, 인공지능 자동차를 만든 회사가 인공지능 자동차의 기술에 대해 특별한 권리를 가지고 있다고 하더라도, 그 사고의 원인이나 진실을 밝히기 위해 필요하다면 인공지능 자동차의 기술에 대해서 시민에게 공개해야 한다고 생각한다.	1	2	3	4	5
	12. 나는 인간처럼 생각하고 판단 가능한 인공지능 로봇이 자신과 유사한 인공지능 로봇이나 더 발전시킨 인공지능 로봇을 만들고 개발할 때에도, 인간에게 인공지능 기술에 대해 충분한 설명을 할 수 있는 투명함을 가져야 한다고 생각한다.	1	2	3	4	5

범주	문항	척도				
사람 중심 서비스	13. 나는 빠른 속도로 인공지능 프로그램 기술을 사용하는 사회가 되어가는 현상으로 인해 우리 사회가 이웃이나 단체보다는 혼자를 선호하는 개인화가 빠른 속도로 진행될 것으로 생각한다. 이 때문에 우리 사회는 서로 소통하고 교제하는 일이 줄어들 것으로 생각한다.	1	2	3	4	5
	14. 나는 우리 집에 인공지능 장치 및 기술이 더 많이 도입되면 우리 가정의 삶이 더 편해지고 나아질 수 있는 장점이 많아서, 인공지능 프로그램과 로봇이 많으면 많을수록 좋다고 생각한다.	1	2	3	4	5
	15. 나는 현재 선생님께 배우는 학교 수업 방식보다 최신의 기술이 적용된 인공지능 로봇 학습 환경을 갖춘 학교 수업 방식이 학생에게 훨씬 더 학습 효과를 높이고 효율적이라고 생각한다.	1	2	3	4	5
고용	16. 나는 앞으로 인공지능 기술로 인해 인간의 일자리의 많은 부분이 인공지능 로봇이나 인공지능 프로그램으로 대체될 수 있다고 생각한다.	1	2	3	4	5
	17. 나는 노동자들에게는 인공지능 로봇에 의한 혜택보다는 손실이 더 많을 것이라고 생각한다.	1	2	3	4	5
	18. 나는 인공지능이 인간의 직업에 큰 영향을 끼칠 것이라고 생각한다.	1	2	3	4	5
허용과 한계	19. 나는 종교, 예술, 출산, 문화 등의 분야는 기계가 대체할 수 없는 인간 고유의 영역에 해당하는 것이므로, 이것에 대한 의미나 가치를 인공지능 기술로부터 허가받거나 침해당해서는 안 된다고 생각한다.	1	2	3	4	5
	20. 나는 인공지능 기술이 발달함에 따라 윤리성, 인간성, 문화성, 예술성에 영향을 끼치는 효과가 클 것이라고 생각한다.	1	2	3	4	5
	21. 나는 인공지능 로봇에 의한 그림, 소설 등의 제작물이나 창작물에 대해 예술의 한 형태로 인정할 수 있다고 생각한다.	1	2	3	4	5
로봇의 권리	22. 나는 인간처럼 스스로 느끼고 생각하는 인공지능 로봇을 위해 법을 만드는 것에 찬성한다.	1	2	3	4	5
	23. 인공지능 로봇에게 직업을 선택할 수 있는 권리를 주어도 된다고 생각한다.	1	2	3	4	5
	24. 나는 인간처럼 느끼고 생각하고 판단이 가능한 로봇도 일에 있어 파업도 할 수 있으며 이것을 인정하고 허용해야 한다고 생각한다.	1	2	3	4	5

02 마치며

1. 수업 진행 소감

딥페이크 이슈를 활용한 인공지능 윤리 수업을 마친 후, 학생들의 인터뷰를 통해 긍정적인 변화를 확인할 수 있었습니다.

학습자 C 인터뷰
"처음에는 딥페이크에 대한 악용 사례만 알고 있었는데, 이번 수업을 통해서 좋은 사례들을 많이 알게 돼서 좋았어요. 그리고 딥페이크라는 한 주제를 가지고 도덕 기술 두 가지 과목에서 다양하게 설명을 해주셔서 더 자세히 알 수 있었어요. 딥페이크에는 물론 단점들도 많이 있지만 이 단점들을 보완하면 굉장히 이로운 기술로서 우리들이 잘 활용할 수 있겠다는 생각이 들었어요."

학습자 S 인터뷰
"딥페이크 영상을 처음 봤을 때에는 초상권 침해, 명예 훼손 등 안 좋게 받아들였는데, 딥페이크로 누군가의 소중한 가족과 누군가의 소중한 사람을 대신해줄 수도 있다는 점에서 딥페이크에 대해 긍정적으로 생각하게 되었어요. 이번 시간을 통해서 딥페이크의 장단점을 알 수 있게 되어서 정말 좋은 시간이었어요. 그리고 딥페이크 기술을 악용하면 안 된다는 것을 명심하게 되었어요."

2. 인공지능 윤리 관련 AI 융합 수업 확장을 위한 추가 활동 제안

진짜 VS 가짜 탐지 퀴즈	• 학생들에게 진짜 영상과 딥페이크 영상을 섞어서 보여주고 진위를 판단하게 하기
딥페이크 찬반 토론	• 딥페이크의 긍정적 측면(영화, 역사 복원)과 부정적 측면(가짜 뉴스, 명예 훼손)을 놓고 찬반 팀을 나눠서 토론하기

부록(수업 지도안)

AI 융합 수업 지도안			
학교급	중학교		
학년	2-3학년		
총 차시	4차시		
수업 개요			
과목	도덕, 기술		
수업 주제	딥페이크 해부하기 – 인공지능 윤리의 경계에서		
성취 기준	[9도02-03]	• 가상공간과 현실 세계에 대한 비교·분석을 바탕으로 가상공간에서 발생하는 도덕 문제들의 원인과 해결 방안을 제안하고, 타인을 존중하며 가상공간을 활용하는 태도를 함양한다.	
	[9도03-07]	• 현대 과학기술과 관련된 윤리적 쟁점의 분석을 통해 과학기술의 유용성과 한계를 인식하고, 과학기술의 바람직한 활용에 관한 관심과 책임 의식을 기른다.	
	[9기가04-05]	• 정보통신과 인공지능 기술의 활용 사례를 탐구하고, 정보통신과 인공지능 기술이 우리 삶에 미치는 영향을 다양한 관점에서 평가한다.	
	[9기가04-06]	• 정보통신과 인공지능 기술 관련 문제를 이해하고 해결 방안을 탐색, 실현, 평가함으로써 긍정적인 문제 해결 태도를 갖는다.	
활용 주요 도구	Canva의 DALL-E, Reface 앱, Padlet		
AI 요소	인공지능 윤리, 딥러닝, 생성적 적대 신경망(GAN)		
참고한 모형 혹은 원리	**TTRM 메이커 수업모형** 자세히 살펴보기(Take a Closer look) ↓ 함께 생각하기(Thinking Together) ↓ 재미있게 만들기(Make it Fun) ↓ 소통하며 공유하기(Communicate and share)		
AI 융합 수업 구성 의도	• 인공지능과 정보통신 기술 발전에 따라 딥페이크는 긍정적 활용과 함께 심각한 윤리적 문제를 초래할 수 있다. 따라서 학교에서 진행하는 청소년을 위한 맞춤형 디지털 윤리 교육이 중요하다. • 이에 따라 AI를 융합한 '딥페이크 이슈를 활용한 인공지능 윤리 수업'을 구성하였다. 이 활동을 통해 학생들은 AI 기술을 안전하고 윤리적으로 활용하는 능력을 기를 수 있다. 또한, 윤리적 판단력과 책임감을 함양하여 사회적 문제에 대한 인식을 높이는 데 기여할 수 있다.		

AI 융합 수업 지도안	
수업 목표	1. 딥페이크의 순기능과 역기능을 파악할 수 있다. 2. 딥페이크를 바람직하게 사용하기 위한 원칙을 제시할 수 있다.
차시	1-4차시
활용한 AI, 디지털 도구	Canva의 DALL-E, Reface 앱, Padlet
지도 상의 유의점	• 딥페이크 앱 사용 시 특정 사람의 얼굴·이름은 사용하지 않는다. • 학생들에게 선정적·폭력적 내용의 딥페이크 영상을 제시하지 않도록 한다. • 생성 이미지는 활동 이후 외부에 공유하지 않도록 지도한다. • 프롬프트는 미리 검토받을 수 있도록 안내한다.

학습 단계	교수 학습 활동	자료 및 유의점
1차시	• 이미지 생성 AI 기능을 체험해보며 동기 유발 • 생성형 AI의 의미와 활용 분야 찾아보기 • 딥페이크의 의미와 원리, 활용 분야 알아보기 • Kahoot! 퀴즈 및 학습 내용 정리	Canva, Kahoot!
2차시	• 교사가 제작한 샘플 딥페이크 영상을 통해 동기 유발 • 딥페이크의 윤리적 문제 발견 및 해결 방안 탐색 • 딥페이크의 순기능과 역기능 모둠별 토의 • 학습 내용 정리 및 수업 소감 발표	Reface, Padlet
3차시	• 딥페이크 구분 앱 개발 뉴스를 보여주며 동기 유발 • 딥페이크를 바람직하게 사용하기 위한 원칙 마련 • 딥페이크 사용 윤리 강령 Padlet에 업로드	Youtube, Kahoot!
4차시	• 딥페이크 사용 윤리 강령 모둠별 발표 • 디지털 휴먼 윤리 가이드라인 제시 • 학습 내용 정리 및 수업 소감 발표	Padlet
평가 도구	• 1차시: 관찰평가 – 딥페이크의 의미와 활용 분야 탐구 • 2차시: 관찰평가 – 딥페이크의 순기능과 역기능 탐구 • 3차시: 관찰평가 – 딥페이크를 바람직하게 사용하기 위한 원칙 제시 • 4차시: 관찰평가 – 딥페이크 사용 윤리 강령 제시	

부록(학습지 예시)

1. 딥페이크의 순기능과 역기능 학습지

딥페이크 안전원칙

| 학년/반 | 번호 | 이름 |

목표: 딥페이크 기술의 순기능과 역기능을 알고, 딥페이크 안전 원칙을 제시할 수 있다.

딥페이크의 순기능

딥페이크의 역기능

딥페이크 안전원칙

2. 딥페이크의 올바른 사용법 학습지

딥페이크 융합수업 도덕부	딥페이크 올바른 사용법	( )학년 ( )반 ( )번 이름( )

■ 딥페이크 악용 사례 탐구

1. 다음 뉴스를 시청한 후 관심 있는 문제를 선택해 보자.

- "누군가 내 얼굴을 훔친다"_광고/언론(YTN) - https://youtu.be/RsTcybMFclg
- "인공지능 딥 페이크를 이용한 신종 사기"(TSP NEWS) - https://youtu.be/7xoOdmXsEaA
- "음란물에 아이돌 얼굴 합성…단속 더딘 딥페이크 (SBS) - https://youtu.be/HGBAhWuaaXs

→ 내가 탐구해볼 딥페이크 문제는? 광고, 가짜 뉴스 / 금융사기 / 음란물

■ 딥페이크에 숨어 있는 윤리적 문제

2. 동일한 문제를 선택한 학생끼리 소모둠을 만들어 윤리적 문제를 탐구해보자.

- 우리 모둠 탐구 문제: _____

- 어떤 피해가 발생하고 있고, 앞으로 발생할 수 있을까?

1	
2	
3	
4	

- 위 내용과 관련된 윤리적 문제는 무엇일까?

[예] 사생활 침해, 사이버 성폭력, 사이버 중독, 저작권 침해, 명예훼손, 금전거래사기, 허위사실 유포, 음란물(성착취영상물) 제작·유포·소지

1	
2	
3	

3. 딥페이크 사용 윤리 강령 학습지

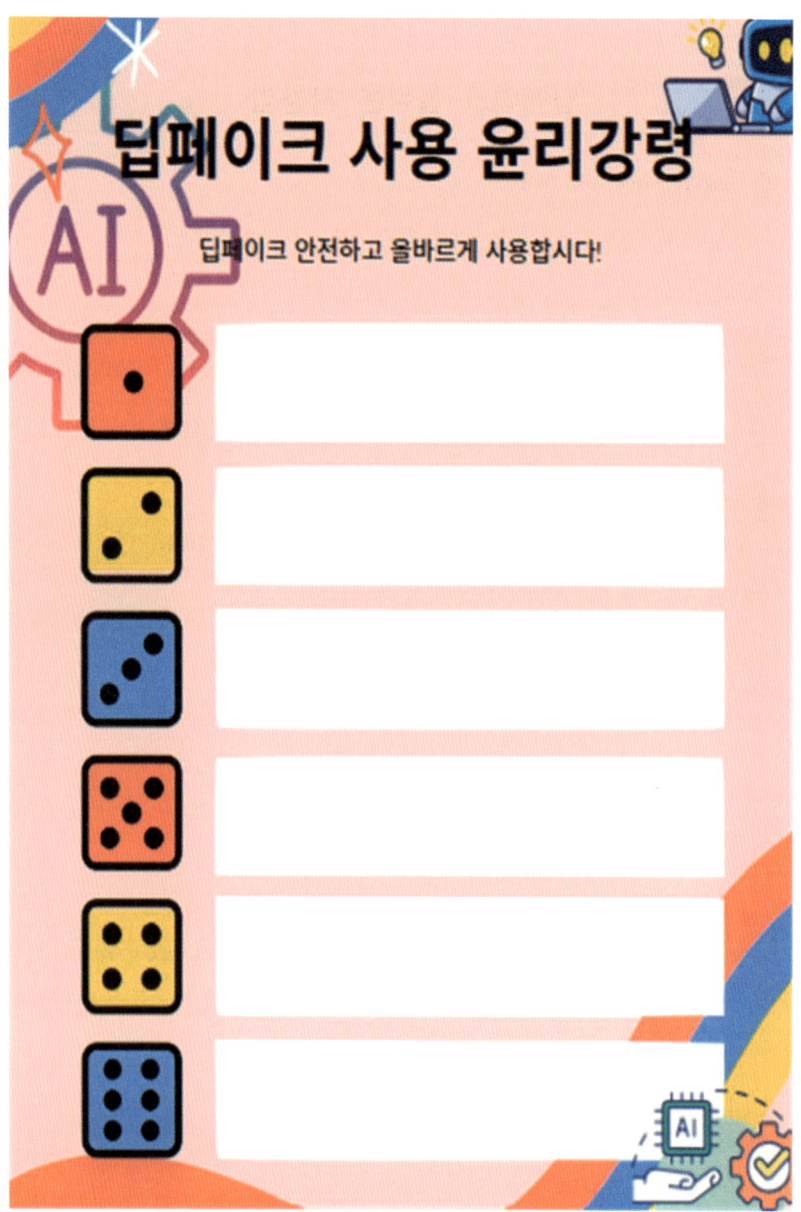

AI와 함께 지구촌 문제 해결하기

― 똑똑한 질문을 통해 해결하는 사회 문제 해결 수업 ―

 들어가며

사회 교과에서 다루는 현실 문제들은 단순한 이론적 접근만으로는 해결하기 어려운 복잡한 양상을 보입니다. 서로 다른 계층과 이해관계를 가진 사람들의 가치관, 이익이 상충하면서 이로 인해 해결 과정이 더욱 까다로워지기 때문입니다. 기존 사회과 문제 해결 수업에서는 실제 문제를 해결하기 위해 필요한 시간과 자원이 부족한 경우가 많아, 효과적인 해결책 도출에 한계를 보이는 경우가 많았습니다. 그렇기에 이번 단원에서는 전통적인 사회과 문제 해결 학습과 인공지능의 융합을 통해, 복잡하고 다양한 실생활 문제들을 보다 효과적으로 해결할 수 있는 AI 융합 수업 사례를 소개하고자 합니다. AI의 도움을 받아 시간과 자원의 한계를 극복하고, 학생들이 창의적인 해결 방안을 도출할 수 있도록 돕는 것이 이 수업의 목적입니다.

수업 개요			
	대상	초등학교 6학년	
	관련 교과	사회, 실과, 창의적 체험 활동	
	수업 목표	AI와 협력해 국제기구, 비정부기구를 조직하여 지구촌 문제를 해결하기 위한 방법을 탐색할 수 있다.	
	성취 기준	[6사12-02]	• 지구촌을 위협하는 다양한 문제들을 파악하고, 지속 가능한 미래를 위한 해결 방안을 탐색한다.
		[6실05-03]	• 실생활의 문제를 해결하는 프로그램을 협력하여 작성하고, 산출물을 타인과 공유한다.
	활용 도구	Wrtn	
	AI 요소	프롬프트 엔지니어링, 기계 학습	

AI와 힘을 합쳐 문제 해결하기

01 AI 융합 수업 의도와 중점 사항

1. AI 융합 수업 의도

왜 사회과 수업에 AI를 접목할까요? 이번 융합 수업은 문제 해결 학습의 흐름에 생성형 AI 기술을 접목하여, 학생들이 현실의 사회 문제를 더 깊이 탐구하고 효율적으로 자료를 활용하도록 설계되었습니다. 쉽게 말해, AI를 도구 삼아 더 빠르고 다양하게 자료를 탐색하고, 창의적인 해결책을 모색해보자는 것입니다. 예를 들어 생성형 AI를 활용하면, 사회 수업 활동으로 국제기구나 NGO를 설립할 때 필요한 문서 작성이나 아이디어 정리가 훨씬 수월해집니다. 복잡한 아이디어도 AI와 대화하면서 간결하게 다듬을 수 있지요. 또 AI의 이미지 생성 기능을 쓰면 그림 실력이 뛰어나지 않아도 포스터나 웹툰 같은 시각 자료를 뚝딱 만들 수 있습니다. 덕분에 학생들이 산출물을 만드는 데 드는 시간을 아끼고, 아이디어 구현에 더 집중할 수 있게 됩니다.

물론 AI를 수업에 활용할 때에는 AI에 대한 기본 이해와 윤리 교육도 매우 중요합니다. 그래서 수업 초반에는 학생들이 AI를 맹목적으로 신뢰하기보다는, 비판적으로 활용하는 자세를 기르도록 하기 위해서 AI의 작동 원리와 저작권, 편향성과 같은 AI 윤리 이슈도 함께 배우도록 했습니다.

이 수업의 중점은 '**AI와 인간이 협력**'하는 경험입니다. AI가 모든 답을 대신 하게 하기보다는 학생들이 AI를 조력자로 활용하여 자신들의 문제 해결 능력을 확장하는 것을 목표로 하고 있습니다. AI의 장점을 십분 활용하되, 최종적인 판단과 창의적인 발상은 학생들 스스로 해보는 것이지요. 앞으로 살펴볼 수업 진행 방식에서도 이러한 의도를 곳곳에서 확인할 수 있을 것입니다. 자, 이제 어떤 도구들을 어떻게 활용했는지 알아볼까요?

02 활용 도구 소개

1. Wrtn

(1) 왜 이 도구를 선택했나요?

이 수업에서는 **뤼튼**이라는 생성형 AI 플랫폼을 중심으로 활용했습니다. 뤼튼은 한국어에 최적화된 GPT 기반의 AI로, 초보자도 쉽게 쓸 수 있을 만큼 직관적인 UI를 갖추고 있습니다. 텍스트 생성부터 이미지 생성까지 한 곳에서 할 수 있어 수업 도중에 여러 사이트를 오갈 필요도 없답니다. 이제 뤼튼을 수업에 활용하기 위해 어떻게 사용하는지 하나씩 알아보겠습니다. 선생님께서도 함께 한번 따라 해보실까요?

(2) 활용 방법과 Tip은 어떻게 되나요?

① 회원가입 및 로그인

뤼튼 웹사이트에 접속하여 오른쪽 로그인 버튼을 누르고 회원가입을 합니다. 가입을 마치고 나서 다시 로그인 버튼을 누르면 나오는 왼쪽 그림과 같은 화면에서 이메일과 비밀번호를 입력하고 들어갈 수 있습니다.

② AI 모델 선택

로그인 후에는 대화 화면이 나타나는데요. 좌측 상단에 다양한 AI 모델

(AI 검색, AI 이미지, AI 과제와 업무)을 선택할 수 있는 메뉴가 있습니다. 여기서 나의 용도에 맞게 모델을 골랐다면 이제 질문할 준비가 된 것입니다!

[그림 8-1] Wrtn 로그인 화면

[그림 8-2] Wrtn 초기화면   [그림 8-3] Wrtn 검색창

③ 입력 창에 질문하기

화면의 입력 창에 궁금한 것을 물어보세요. 예를 들면 "우리 동네 쓰레기 문제를 줄이기 위한 아이디어를 세 가지 알려줘"라고 입력하고 → 버튼을 눌러봅니다. 뤼튼이 곧 답변을 생성해줄 거예요.

[그림 8-4] Wrtn 질문과 답변 예시

위와 같이 뤼튼에 질문을 입력하면 마치 사람과 대화하듯 조리 있는 답변을 얻을 수 있습니다. 답변이 마음에 들지 않으면 추가 질문을 해서 답을 발전시킬 수도 있고, '다른 제안 보기' 기능으로 답변을 새로 받을 수도 있습니다.

> **Tip** 학생들이 한글로 질문을 던져도 뤼튼이 이해할 수 있으니, 어려운 영어 표현보다는 학생 수준에 맞는 쉬운 말로 프롬프트를 작성하도록 지도하세요. 복잡한 용어를 쓰지 않아도 맥락을 충분히 설명하면 좋은 답변을 얻을 수 있습니다.

④ Wrtn으로 이미지 생성하기

뤼튼의 또 다른 장점은 AI 이미지 생성 기능을 제공한다는 점입니다. 글뿐만 아니라 그림도 만들어주니 정말 든든하지요. 사용 방법은 간단합니다. 뤼튼 대화창에서 입력 칸 옆 🖼 모양 아이콘을 클릭하면 이미지 생성 모드로 전환됩니다.

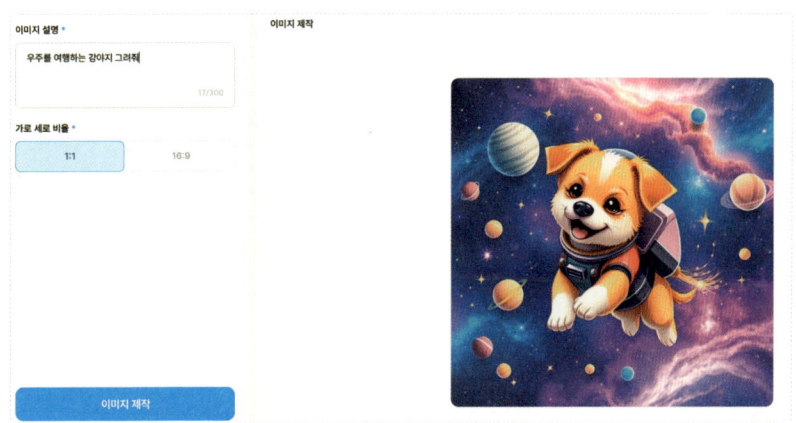

[그림 8-5] Wrtn의 AI 이미지 생성 예시

[그림 8-6] Wrtn으로 지구본이 눈물을 흘리는 모습을 그린 예시

이제 그림으로 그리고 싶은 내용을 문장으로 적어주면 돼요. 프롬프트 마지막에 "…를 그려줘"라고 쓰면 AI가 해당 이미지를 생성해줍니다. 예를 들어, "지구본이 울고 있는 모습을 귀여운 만화 이미지로 그려줘"라고 뤼튼에게 부탁해보세요. 그러면 몇 초 후에 지구본이 큰 눈물을 뚝뚝 흘리는 귀여운 그림이 생성됩니다! [그림 8-6]은 이러한 프롬프트로 얻은 결과 이미지의 한 예시입니다.

지구본이 눈물을 흘리는 모습을 AI가 그린 것입니다. 기후변화로 고통받는 지구를 의인화한 귀여운 캐릭터로 표현되었습니다. 이미지 생성 결과를 보니 어떠신가요? 뤼튼을 활용하면 미술 솜씨와 상관없이 아이디어만으로도 멋진 그림을 얻을 수 있습니다. 학생들은 이런 AI 이미지를 활용해 포스터나 카드 뉴스를 만들 수 있고, 시각 자료 준비에 대한 부담을 크게 덜 수 있습니다.

> **Tip** 더 나은 이미지를 얻으려면 프롬프트에 스타일이나 구체적인 묘사를 추가해보세요. 예를 들어 "수채화 스타일로" 혹은 "동화 속 한 장면처럼" 등을 덧붙이면 이미지 분위기를 조정할 수 있습니다. 이렇게 프롬프트를 조금만 구체화하면 퀄리티 높은 결과물을 얻을 확률이 높아집니다!

또한 뤼튼이 아닌 다른 도구를 활용하고 싶다면, Bing 이미지 생성기나 DALL-E와 같은 대안도 있습니다. 다만 이들 대부분은 영어 프롬프트에 최적화되어 있으므로, 영어 문장으로 시도해보는 것이 좋습니다.

(3) 주의 사항에는 무엇이 있을까요?

뤼튼은 사용하기 쉽고 한글 기반이라 수업에 매우 적합한 도구이지만, 학생들이 사용 시 유의할 점이 있습니다.

대부분의 생성형 AI 플랫폼들은 14세 미만 사용자가 직접 가입하거나 사용하는 것을 제한하고 있습니다. 특히 해외 서비스(예: ChatGPT)의 경우, 나이 제한이 엄격하게 적용되고 있어 초등학생의 직접 사용이 어려운 경우가 많습니다.

하지만 뤼튼은 보호자 동의가 있을 경우, 14세 미만 학생도 이용이 가능합니다. 뤼튼 공식 약관에 따르면 14세 미만 학생은 보호자 동의를 받는 조건으로 사용이 가능하다고 안내되어 있어요. 이 부분은 학교에서 교육적 목적으로 활용할 경우 큰 장점이 됩니다.

지금까지 뤼튼 사용의 기본 방법에 대해 설명해드렸습니다. 요약하면, 텍스트는 질문하듯 입력하고, 이미지는 "~ 그려줘" 형태로 요청하면 됩니다. 이제 이러한 도구를 수업에서 어떻게 활용할지 구체적인 수업 계획을 살펴보겠습니다.

03 AI 융합 수업 계획

AI와 힘을 합쳐 지구촌 문제 해결하기

이제 본격적으로 AI와 함께하는 문제 해결 수업의 설계를 알아보겠습니다. 수업은 크게 두 단계로 진행됩니다. 첫째는 AI의 원리와 프롬프트 엔지니어링 기법을 배우는 준비 단계이고, 둘째는 배운 내용을 적용하여 지구촌 문제 해결 프로젝트를 수행하는 단계입니다. 사회과의 전통적인 문제 해결 수업 모형을 따르면서, 각 단계에서 AI 도구를 적절히 활용하도록 구성했어요.

> **수업의 특징**
- 초등학교 6학년 학생 24명(한 학급)을 대상으로 진행
- 사회, 실과 교과 융합
- 평가 방식: 학생들이 인공지능과 협력하여 창의적으로 표현하고 문제를 해결하는 경험을 충분히 할 수 있도록 발표회를 기획하는 과정에서 교사의 관찰, 자기평가, 포트폴리오 평가 진행

1. 수업 계획의 단계 설명

해당 수업은 초등학교 6학년 사회 과목 '통일 한국의 미래와 지구촌의 평화' 단원을 중심으로 계획했습니다. 수업의 흐름은 문제 해결 학습 모형(최용규 외, 2014)의 절차와 비슷하게 진행됩니다. 우리 수업도 이 흐름을 따르되, 단계마다 AI를 조력자로 활용합니다.

[그림 8-7] 수업 과정(최용규 외, 2014)

(1) 문제 사태

대표적인 지구촌 갈등, 지속 가능한 미래를 위협하는 환경 문제, 빈곤과 기아 문제, 문화적 편견과 차별 문제 등에 대해 알아봅니다.

(2) 문제 원인 확인

해당 문제가 발생하는 원인에 대해 학생들과 자유롭게 이야기합니다. 이때 '이 문제의 핵심 원인은 무엇일까?'를 두고 각자 의견을 내게 합니다. 동시에 AI를 활용하면 원인 분석에 어떤 도움을 받을 수 있는지도 간단히 시연합니다(예: 뤼튼에 "기후변화의 주요 원인을 알려줘"라고 물어보기).

(3) 정보 수집

문제 해결에 필요한 정보를 다양한 출처에서 모읍니다. 학생들은 인터넷과 함께 뤼튼의 AI 검색 기능도 사용해보았습니다. 예컨대, 뤼튼에게 "세계 기아 문제 통계를 알려줘"라고 묻거나, 관련 국제기구들의 노력을 검색해보는 거죠. 이를 통해 평소 찾기 어려운 자료나 시각 자료도 빠르게 확보할 수 있습니다.

(4) 대안 제시

문제 해결을 위한 다양한 해결 방안을 브레인스토밍합니다. 여기에서도 AI의 도움을 받을 수 있어요. 학생들이 생각한 아이디어를 뤼튼에게 묻거나 "다른 나라는 이 문제를 어떻게 해결했는지 알려줘"라고 해서 추가 정보를 얻습니다. 또한 현재 그 문제를 다루는 국제기구나 NGO의 활동도 조사하여 참고하도록 했습니다.

(5) 검증

마지막으로, 각 모둠별로 자신들이 생각한 최선의 해결책을 선택합니다. 우리 수업에서는 이 단계에서 학생들이 아예 가상의 국제기구나 NGO

를 조직해서 구체적인 해결 활동을 설계하도록 했습니다. 그리고 그 활동의 결과물을 만들어 발표 및 평가하는 것까지를 포함합니다. 친구들의 피드백을 통해 해결책의 장단점을 검토하고 더 나은 방향을 모색해보도록 했습니다.

2. AI와 협력하는 방법: 프롬프트 엔지니어링 배우기

위와 같이 문제 해결 학습의 전 과정을 거치면서, 적재적소에 AI 도구를 활용하는 것이 수업의 큰 틀입니다. 특히 프롬프트 엔지니어링 역량이 이 수업의 핵심 스킬이므로, 이를 위해 수업 전반부에 별도의 학습 활동을 계획했습니다.

프롬프트 엔지니어링이란 쉽게 말해 'AI에게 물어볼 질문을 똑똑하게 설계하는 것'입니다. AI에게 원하는 결과물을 얻기 위해 질문이나 명령어를 설계하는 기술인데요, 질문의 맥락, 조건, 형식을 세심하게 설정함으로써 AI가 더 정확하고 유용한 응답이나 출력을 내도록 유도하는 과정이라고 할 수 있습니다. 학생들이 효과적인 프롬프트를 작성할 수 있게 되면, AI를 통해 훨씬 유용한 정보를 끌어낼 수 있겠지요. 따라서 2차시 분량을 할애하여 텍스트 프롬프트와 이미지 프롬프트 모두에 대한 작성 요령을 연습시켰습니다. 우선 좋은 프롬프트의 중요성을 일깨우기 위해 예시 비교를 했어요. 예를 들어, 뤼튼에게 질문할 때 그냥 "기후변화 해결법"이라고만 입력하면 모호한 답이 나올 수 있습니다. 하지만 "기후변화로 인한 폭염 문제를 완화할 창의적인 아이디어 세 가지를 알려줘"처럼 맥락과 조건을 구체적으로 넣으면 훨씬 알찬 답변이 나온답니다. 학생들과 함께 '간단한 vs. 구체적인' 질문을 실제로 AI에 입력해보고 응답의 질 차이를 비교했습니다.

이미지 프롬프트도 마찬가지입니다. "나무를 그려줘"보다는 "사막 한가운데 홀로 선 나무를 황혼 풍경으로 그려줘"라고 요청해야 의도한 그림이 정확히 나오겠지요. 이런 활동을 통해 학생들은 프롬프트 작성 요령을 몸으로 깨닫게 됩니다. 짧은 문장으로 던졌을 때 AI가 엉뚱한 결과를 낸 경험 그리고 구체적으로 지시했을 때 원하는 결과에 가까워지는 경험을 직접 해보는 거죠. 프롬프트 연습을 충분히 하고 나면, 이후 진행되는 프로젝트에서 학생들이 AI를 훨씬 능숙하게 활용할 수 있게 됩니다.

지금까지 전체 수업의 흐름과 설계 의도에 대한 설명이었습니다. 다음 장에서는 이렇게 계획된 수업이 실제로 어떻게 전개되었는지, 구체적인 사례와 활동을 하나씩 소개하겠습니다.

CHAPTER 02 AI 융합 수업 차시별 소개

01 문제 사태 (1차시)

1. 지구촌에는 어떤 문제가 있을까?

1차시는 수업의 출발점인 '**문제 사태**'를 학생들에게 인식시키는 시간으로 잡았습니다.

먼저 전 세계적으로 일어나는 기후 변화, 해양 플라스틱 쓰레기, 난민, 교육 격차 등 다양한 지구촌 문제 사례를 간단한 영상과 그림 자료로 제시해, 학생들이 '정말 많은 문제가 있구나'라는 문제 상황을 직관적으로 파악하게 했습니다.

동시에 이번 수업에서 AI를 활용해 이 문제들을 해결해볼 것임을 안내하고, 학생들이 AI를 낯설어하지 않도록 생성형 AI(뤼튼)의 개념과 작동 방식(간단한 예시 시연)을 보여주었습니다. 예를 들어, '스팸메일 필터'나 '유튜브 추천 알고리즘' 등 학생들이 잘 아는 예시로 '컴퓨터가 스스로 학습해서 똑똑해지는 과정'을 설명했지요.

이렇게 문제 사태를 공유한 뒤, 학생들은 '우리가 직면한 지구촌 문제를 AI로 어떻게 해결할 수 있을까?'라는 주제에 대한 간단한 생각 나누기를 통해, 앞으로의 수업 전개에 대한 기대를 높였습니다.

02 문제 원인 확인 (2차시)

1. 이 문제가 생긴 원인은 뭘까?

2차시에는 본격적으로 문제의 원인을 파악하고, AI와 함께 원인을 더 깊이 탐색하는 방법을 익혔습니다.

(1) AI 윤리 토론

먼저, AI가 문제 해결의 도구가 되는 동시에, 저작권 침해나 알고리즘 편향성과 같은 새로운 문제를 유발할 수 있음을 함께 이야기했습니다.

'그림을 그려주는 AI가 유명 화가의 화풍을 그대로 흉내 내면, 저작권은 누구에게 있을까요?' 와 같은 질문으로 토론을 열어, AI를 활용할 때 고려해야 할 윤리적 이슈를 자연스럽게 이끌어냈습니다.

(2) 프롬프트 작성 기초

문제 원인을 파악하기 위한 질문(프롬프트)을 잘 만드는 법부터 연습했습니다. 예를 들면 다음과 같습니다.

나쁜 프롬프트	• 물 부족 문제 해결법?
좋은 프롬프트	• 아프리카 지역의 물 부족 문제를 해결하기 위한 저비용 기술 세 가지를 알려줘.

위와 같이 학생들은 어떤 식으로 질문을 던져야 원인을 더 구체적이고 정확하게 파악할 수 있는지 알고, AI에게 질문할 때 맥락과 조건을 충분히 포함해야 함을 체감했습니다.

(3) 시나리오 기반 원인 찾기

교사가 준비한 문제 시나리오(예: '기후 변화로 북극곰이 사라질 위기에 처했어요', '우리 학교 급식 잔반이 너무 많아요' 등)들을 각 모둠별로 골라, 뤼튼에 '원인이 무엇일까?'를 묻는 프롬프트를 직접 작성해봅니다.

학생들은 AI가 제시한 여러 요인(예: '온실가스 증가', '사용 후 음식물 처리 시설 부족' 등) 중 중요한 부분을 토의하며 문제 발생의 배경을 정리했습니다.

이 활동을 통해 학생들은 문제 상황을 보다 깊이 이해하고, AI와 대화함으로써 원인 파악에 필요한 힌트를 얻을 수 있습니다.

03 정보 수집 (3차시)

1. 원인을 알았으니, 문제 해결에 어떤 자료가 필요할까?

3차시에서는 구체적인 자료와 정보를 수집하면서, AI를 더 적극적으로 활용했습니다. 다만 여기서는 이미지 생성 활동도 병행해, 학생들이 문제를 시각적으로 표현하고 이해하는 데 도움을 주었습니다.

(1) AI 이미지로 문제 표현하기

문제 상황을 시각화하면 정보 파악이 훨씬 쉬워지므로, 뤼튼의 이미지 생성 기능을 이용해 문제 현장을 그린 그림을 만들어보도록 했습니다. 예를 들어, "쓰레기가 가득한 바다" 혹은 "전쟁으로 폐허가 된 마을" 같은 프롬프트를 입력하여 해당 상황을 상징적으로 보여주는 이미지를 생성했습니다. 학생들은 '프롬프트가 애매하면 결과물도 애매하다'는 점을 다시 한 번 깨달으며, 정확한 키워드(지역 이름, 구체적 상황 등)를 포함해야 좋은 이미지를 얻을 수 있음을 학습했습니다.

(2) 문제 관련 통계, 자료 찾기

뤼튼에 "바다에 버려지는 플라스틱 양은 매년 얼마나 늘고 있어?"와 같은 식으로 질문하여 수치 정보를 얻고, 부족한 부분은 인터넷 검색으로 보완했습니다. AI 이미지와 문자 자료를 함께 모둠별로 취합하여 한눈에 보기 쉽게 정리했습니다. 이렇게 시각 자료와 텍스트 자료가 결합되면, 문제 상황의 심각성을 명확히 파악할 수 있어 정보 수집 단계가 훨씬 효과적으로 진행되지요.

(3) 활동 결과 공유

수집한 정보와 이미지를 활용해 간단한 포스터나 카드 뉴스를 만들어봤습니다. 이후 동료들과 피드백을 나누며 정보 표현이 명확한지, 더 필요한 자료는 없는지 등을 확인했습니다.

04 대안 제시 (4-5차시)

1. 이 문제를 어떻게 풀어갈까?

4차시에 이르러 학생들은 본격적으로 문제 해결 방안을 고민합니다. 이제까지 확인한 문제 원인과 관련 정보를 토대로, AI와 함께 다양한 아이디어를 구체화하는 시간을 가졌습니다.

(1) 모둠별 해결책 브레인스토밍

모둠을 구성한 뒤, 각자가 선택한 지구촌 문제(예: 해양 플라스틱, 난민, 교육 격차, 멸종 위기 동물 보호 등)에 대해 AI에게 "문제 해결 아이디어"

를 물어봤습니다. 이후 뤼튼의 제안을 참고하면서, 학생들은 현실성과 창의성을 함께 고려해 자신들만의 해결책을 정리했습니다. '위기에 처한 투발루를 구하기 위한 팸플릿을 만들자', '난민 체험 프로그램을 만들어 난민에 대한 부정적인 인식을 개선하자' 등 구체적인 제안이 나왔습니다.

(2) 가상 국제기구, 비정부기구 설립

더욱 체계적인 해결책을 제시하기 위해, 모둠마다 '우리만의 국제기구 혹은 NGO'를 창설해보았습니다. 학생들은 뤼튼에 "환경 보호 단체 이름 다섯 개만 지어줘"라든지, "난민 구호 단체 슬로건 아이디어"를 물어보면서 단체명, 미션, 활동 계획을 구상했습니다.

(3) 산출물 초안 작성

학생들은 웹툰, 포스터, 팸플릿, 기후 협약문 등 다양한 형태로 대안을 제시했으며, 뤼튼으로 시나리오를 작성하거나 이미지 생성으로 시각 자료를 보강하는 등 AI를 적극적으로 활용했습니다.

05 검증 (6차시)

1. 우리 모둠의 해결책은 잘 작동할까?

마지막 차시에는 제시된 대안을 최종 점검하고, 발표하는 시간을 가졌습니다.

(1) 산출물 완성 & 발표

모둠별로 만들고 있던 웹툰, 포스터, 팸플릿 등을 마무리한 뒤, 교실 앞 칠판이나 스크린에 띄워 발표했습니다. 웹툰 모둠은 한 컷씩 설명하며 스토리를 소개했고, 난민 체험 프로그램을 기획한 모둠은 역할극 형태로 행사를 시연해 보이기도 했습니다.

(2) 동료 피드백 & 수정

나머지 모둠은 발표 내용을 경청한 뒤 '이런 점이 참신했다', '이 부분은 이렇게 하면 더 좋겠다', '여기 이런 활동은 현실성이 떨어지지 않을까?' 등 건설적인 의견이 오가며, 모두가 각 모둠의 노력에 응원을 보냈습니다.

(3) 총평 및 반성

발표가 끝난 뒤 교사는 각 모둠의 노력을 칭찬하고, AI가 제공한 정보에 대해 비판적으로 검토하는 자세가 중요함을 재차 강조했습니다.

학생들도 'AI가 항상 맞지 않으니 여러 출처와 비교해봐야겠다', '짧은 시간에 포스터를 완성할 수 있어서 좋았다' 등 배운 점과 소감을 나누었습니다.

이로써 약 6차시에 걸친 프로젝트가 마무리되었습니다. 학생들은 문제 사태 파악부터 검증에 이르는 전 과정을 직접 체험했고, AI가 조력자가 되어 짧은 수업 시간에도 창의적이고 현실성 있는 해결책을 낼 수 있었습니다.

CHAPTER 03 수업 결과물 및 제언

01 다양한 수업 산출물과 평가

1. 다양한 수업 결과물 소개

프로젝트를 통해 만들어진 결과물들을 살펴볼까요? 학생들이 AI와 힘을 합쳐 만들어낸 산출물들은 그 종류만큼이나 참신한 아이디어들로 가득했습니다. 몇 가지 사례를 간단히 소개하면 다음과 같습니다.

[그림 8-8] 학생들이 AI와 함께 만든 비정부기구 1

[그림 8-9] 산출물 예시 1: 투발루 캠페인 팸플릿

[그림 8-10] 산출물 예시 2: AI 창작 스토리 만화 <남겨진 지구>

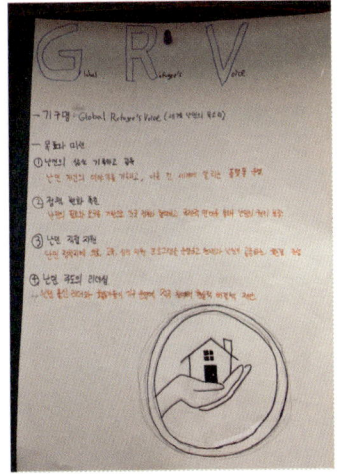 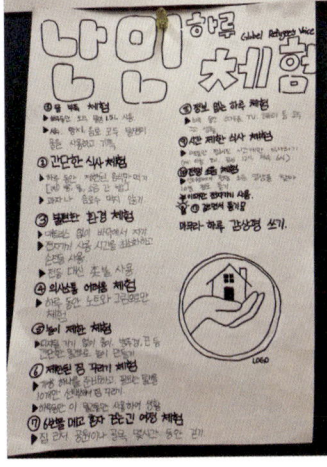

[그림 8-11] 학생들이 AI와 함께 만든 비정부기구 2

[그림 8-12] 산출물 예시 3: 난민 체험 프로그램

    이 외에도 학생들의 결과물 하나하나에 의미와 노력이 담겨 있었습니다. 중요한 것은, 학생들이 AI를 도구 삼아 자기표현을 극대화했다는 점입니다. 만약 AI 없이 모든 것을 직접 하라고 했다면 시간이나 역량 면에서 어려웠을 텐데, AI가 도와준 덕분에 하고 싶었던 이야기를 충분히 펼쳐낼 수 있

었다고 생각합니다. 결과물을 통해 학생들은 각자가 맡은 지구촌 문제에 대해 깊이 고민한 흔적을 남겼고, 이를 다른 이들과 공유하며 문제 해결 의식도 키울 수 있었습니다.

2. 평가 방법

평가 측면에서, 이번 수업은 과정중심 평가를 지향했습니다. 우선 관찰 평가를 통해 학생들의 참여도와 협업 모습을 살폈습니다. 또한 학생들이 만든 모든 산출물은 포트폴리오로 축적했습니다. 출력물이나 디지털 결과물을 모아 모둠별로 정리하고, 간단한 프로젝트 보고서를 첨부하도록 했습니다. 포트폴리오 평가는 결과물의 완성도뿐만 아니라, 거기에 담긴 문제 해결의 논리와 창의성을 함께 살폈습니다. 마지막으로 동료 피드백도 평가에 일부 반영했습니다. 학생들이 서로에게 해준 건설적인 피드백을 바탕으로, 각 모둠이 개선 사항을 정리하여 제출하도록 했습니다. 이를 통해 학생들은 평가의 대상일 뿐 아니라 평가자로도 참여하며, 함께 배우는 경험을 할 수 있었습니다.

물론 동료 평가를 점수화하기보다는, 상호 성장의 과정으로 활용했다는 점이 중요합니다. 이러한 다양한 평가 방법의 병행은 학생들의 배움을 다각도로 조명해주는 역할을 했습니다. 특히 AI를 활용한 수업에서는 결과만을 평가하기보다, 그 과정에서 새로운 것을 시도하고 배운 점을 인정해주는 접근이 필요합니다.

아이들의 반성적 글쓰기나 소감 발표를 함께 진행하면 더욱 효과적인 활동이 될 수 있습니다. 실제로 마지막에 'AI와 함께 공부해보니 어땠나요?'

라고 물었을 때, 많은 학생들이 자신의 생각을 진솔하게 나누었으며, 이를 통해 수업에 대한 피드백은 물론, 학생들의 느낀 점도 깊이 있게 파악할 수 있었습니다.

차시	방법	내용
1	관찰 평가	• 학생들이 AI 개념 및 작동 원리를 이해하고 설명할 수 있는가? • AI 윤리 토론에 적극적으로 참여하며 의견을 제시하는가?
2	관찰 평가	• 학생들이 명확하고 구체적인 프롬프트를 작성하기 위해 노력하는가? • 모둠원들과 역할 분담 및 협업을 통해 프롬프트 개선에 기여하는가?
3	관찰 평가	• 학생들이 이미지 프롬프트를 구체적으로 작성하여 의도한 결과물을 도출하는가? • AI가 생성한 이미지 결과물을 보며 개선하려는 노력을 보이는가?
4-5	포트 폴리오 평가	• 모둠별 산출물(국제기구/NGO 설립, 웹툰, 포스터, 계획서 등)이 수업 목표와 문제 해결 논리를 효과적으로 반영하는가? • 산출물의 완성도와 창의성이 드러나는가?
6	관찰 및 동료 평가	• 최종 발표 과정에서 학생들이 역할 분담과 협업을 원활하게 수행하는가? • 동료 피드백을 통해 개선점을 도출하고 발표 내용을 보완하는가?

02 마치며

이번 AI 융합 수업에서는 초등학교 6학년 학생들이 기계 학습 원리, 프롬프트 엔지니어링 등 생성형 AI와 협력할 수 있는 방법을 배워서 지구촌 문제 해결에 도전해보는 프로젝트를 수행하였습니다.

이 수업을 통해 얻은 긍정적인 효과들을 정리해보면 다음과 같습니다. 첫째, 학생들이 문제 해결 과정에 몰입했습니다. AI가 도와주니 복잡한 조사나 자료 정리에 들이는 시간이 줄어들어, 그만큼 문제 자체에 대해 토론하고 생각하는 시간이 늘었습니다. 둘째, 창의적 산출물 생산이 가능했습니다. 모두들 자랑스러워할 만한 결과물을 만들어냄으로써 성취감을 맛보았고, 이를 다른 친구들과 비교하며 협업과 소통 능력도 향상되었습니다. 셋째, 학생들이 AI 리터러시를 몸소 익혔습니다. AI와 상호작용 하는 법부터 한계를 인지하는 법(틀린 정보 걸러내기 등), 윤리적인 고려 사항까지, 교과 지식 외에도 시대에 맞는 중요한 역량을 길렀다고 생각합니다.

물론 시행착오도 있었습니다. 처음엔 몇몇 학생들이 AI가 모든 걸 대신해줄 거라 과신해서, 거의 그대로 제출하려는 경우도 있었지요. 하지만 피드백 시간을 통해 AI가 제시한 내용을 비판적으로 검토하는 연습을 시켰습니다. '이 정보는 어디서 왔을까?', '혹시 틀리진 않았을까?'와 같은 질문을 던지며 한 번 더 생각해보게 유도한 결과, 학생들은 점차 AI의 응답 신뢰도를 스스로 판단하고 교차 검증하려는 태도를 보이게 되었습니다. 또한 AI를 활용하는 데 필요한 사전 교육의 중요성도 절감했습니다.

다행히 우리는 1-2차시에 걸쳐 프롬프트 연습을 했지만, 만약 그런 과정 없이 바로 프로젝트에 들어갔다면 학습 효율이 크게 떨어졌을 것입니다. 따라서 유사한 수업을 기획하는 선생님들께는 사전 프롬프트 체험 활동을 반드시 권하고 싶습니다. 단순히 사용법만 익히는 것을 넘어, 학생들이 AI에 대한 친숙함을 갖고 주도적으로 다룰 수 있게 하는 것이 핵심입니다.

마지막으로, AI 도구는 계속 발전하고 변합니다. 이번 수업에 활용한 뤼튼도 업데이트를 통해 새 기능이 추가될 수 있고, 이 외에도 우수한 국내외 서비스들이 지속적으로 등장할 수 있습니다. 교사로서 열린 마음으로 새로운 도구들을 탐색하고, 교육적으로 의미 있게 적용하려는 노력이 중요하다고 느꼈습니다. 또한 학생들의 피드백을 수렴하여 수업을 개선하는 것도 필요하겠지요. 학생들은 생각보다 빨리 기술을 흡수하고 창의적으로 활용했습니다. 그 에너지를 잘 이끌어줄 수 있도록, 교사인 저희도 계속 공부해야겠습니다.

'AI와 힘을 합쳐 문제 해결하기' 수업은 빠르게 변화하는 교육 환경 속에서 하나의 작은 사례가 될 것입니다. 앞으로도 AI는 우리 학생들의 학습 파트너로 자리하게 될 가능성이 높지요. 이번 수업의 경험을 토대로, 다양한 교과에서 AI 융합 수업이 시도되길 바라봅니다. 선생님들께서도 처음엔 생소할 수 있지만, 한 걸음 용기 내어 AI를 수업에 들여본다면 예상보다 큰 교육적 효과를 얻으실 거라고 믿습니다. 우리 함께 미래 교육의 방향을 즐겁게 탐구해보면 좋겠습니다.

부록(수업 지도안)

AI 융합 수업 지도안	
학교급	초등학교
학년	6학년
총 차시	6차시
수업 개요	
과목	사회, 실과
수업 주제	AI와 함께 지구촌 문제 해결하기
성취 기준	[6사12-02] • 지구촌을 위협하는 다양한 문제를 파악하고, 지속 가능한 미래를 위한 해결 방안을 탐색한다. [6실05-03] • 실생활의 문제를 해결하는 프로그램을 협력하여 작성하고, 산출물을 공유한다.
활용 주요 도구	Wrtn
참고한 모형 혹은 원리	• 사회과 문제 해결 학습 모형(최용규 외, 2014)
AI 융합 수업 구성 의도	• 본 수업은 사회과 문제 해결 학습 모형(문제 사태 → 문제 원인 확인 → 정보 수집 → 대안 제시 → 검증)에 생성형 AI(Wrtn) 활용을 접목하여, 초등학교 6학년 학생들이 지구촌 문제(예: 기후변화, 난민, 교육 격차 등)를 더 체계적이고 창의적으로 해결해보도록 기획했습니다. 제한된 시간에도 구체적 프롬프트 작성을 통해 AI에게서 풍부한 정보를 얻고, AI 이미지 생성 기능으로 시각 자료를 만들어 활용하는 등, AI가 조력자가 되어 효과적인 프로젝트형 수업을 운영할 수 있습니다. 또한 AI 윤리(저작권, 데이터 편향 등)와 관련된 토론을 통해 학생들의 디지털 리터러시와 책임 의식도 함께 기릅니다.

AI 융합 수업 지도안	
수업 목표	1. 지구촌 문제 상황을 인식하고, AI(생성형 AI, Wrtn)을 활용하여 문제 원인을 분석할 수 있다. 2. AI와 인간이 협력하여 문제 해결을 위한 대안을 구체적으로 제안할 수 있다. 3. 생성형 AI를 통해 산출물을 제작·공유하면서, 협력적 문제 해결 역량과 비판적 사고력을 기른다.
활용한 AI, 디지털 도구	Wrtn
지도 상의 유의점	• 프로젝트 산출물(포스터, 웹툰, 계획서 등) 제작 시, AI가 제안한 내용을 비판적으로 검토하고, 실제 실행 가능성을 고려하도록 지도한다.

학습 단계	교수 학습 활동	자료 및 유의점
1차시 (문제 사태)	• 지구촌 문제 사례 제시(기후 변화, 해양 플라스틱, 난민 등) • 영상·이미지를 통해 문제 상황을 직관적으로 파악 • AI 개념 및 윤리 간단 소개(Wrtn 시연 포함) • AI가 어떻게 학습하고, 어떤 윤리적 이슈가 있는지 함께 토론	지구촌 문제 영상/이미지, Wrtn
2차시 (문제 원인 확인)	• 프롬프트 엔지니어링 기초: 명확한 질문과 모호한 질문 비교(예: "물 부족 문제 해결법?" vs. "아프리카 지역 물 부족 저비용 기술 세 가지 알려줘") • 학생들이 선택한 시나리오(예: 북극곰 멸종 위기, 학교 급식 잔반 등)에 대해 Wrtn에 "왜 이런 문제가 생겼을까?" 질문 작성 • AI 윤리 토론: 저작권, 데이터 편향 등 이슈 재확인	Wrtn, 문제 시나리오 활동지
3차시 (정보 수집)	• AI 이미지 생성: Wrtn에 구체적 이미지 프롬프트를 입력하여 지구촌 문제 시각화 • 텍스트 자료(통계, 기사 등) + 이미지 자료를 모둠별로 수집·정리 • 간단한 포스터/카드 뉴스 제작으로 문제 상황 표현(동료 피드백 진행)	Wrtn, 활동지
4-5차시 (대안 제시)	• 가상 국제기구(NGO) 설립: 단체명, 미션, 활동 계획을 Wrtn과 함께 구체화(예: "환경 지킴이 단체 이름 10가지 추천해줘") • 웹툰, 팸플릿, 캠페인 송 등 다양한 형태로 해결책 구상 & 산출물 초안 제작	Wrtn
6차시 (검증)	• 산출물 발표 & 동료 피드백: 모둠별 해결책(웹툰·포스터·계획서 등)을 시연·전시 • 친구들의 피드백을 수렴하여 수정·보완 • 'AI와 함께 문제 해결해보니 어땠나요?' 반성적 글쓰기와 소감 나누기, 교사 총평	산출물 발표 자료, Wrtn, 발표 도구
평가 도구	• 1-3차시: 관찰평가, 4-5차시: 포트폴리오 평가, 6차시: 관찰평가 및 동료 평가	

09

프롬프팅으로 ChatGPT와 영어 대화 하기

- 영어 의사소통 함양을 위한 생성형 AI 융합 수업 -

들어가며

영어 의사소통 역량은 오랫동안 영어과의 핵심 역량으로 꼽혀왔습니다. 영어 의사소통 역량이란 학생이 삶과 연계한 실생활 맥락에서 영어를 습득하고 사용하는 것으로 정의할 수 있습니다. 하지만 영어를 제 2언어로 학습하는 우리나라 상황에서 자연스럽고 실제적인 영어 의사소통 상황에 충분히 노출될 기회는 현저히 부족합니다. 따라서 적절한 프롬프팅으로 학생들이 능동적으로 ChatGPT와 실제적인 영어 의사소통 상황을 만들고, 가상의 외국인과 다양한 주제에 대하여 영어로 의사소통할 수 있는 수업을 통해 이러한 한계를 극복하고자 했습니다.

수업 개요	대상	중학교 3학년	
	관련 교과	영어	
	수업 목표	프롬프팅으로 ChatGPT와 영어로 대화하기	
	성취 기준	[9영02-03]	• 친숙한 주제에 관해 사실적 정보를 설명한다.
		[9영02-06]	• 친숙한 주제에 관해 자신의 의견을 주장한다.
		[9영02-09]	• 적절한 매체를 활용하여 정보 윤리를 준수하며 말하거나 쓴다.
		[9영02-10]	• 적절한 전략을 활용하여 상황이나 목적에 맞게 말하거나 쓴다.
	활용 도구	ChatGPT, CLASSCARD, Padlet	
	AI 요소	인공지능과 상호작용(언어와 소통, 자연어 처리), 인공지능 윤리	

CHAPTER 01 프롬프팅으로 ChatGPT와 영어 대화 하기

01 영어 말하기 수업, 왜 GPT로 했는가?

학생들이 ChatGPT로 자연스럽고 실제적인 영어 의사소통 상황을 프롬프팅을 통해 세팅하고, 다양한 주제에 관해 GPT와 영어로 대화함으로써 영어 의사소통 역량을 키우는 것이 목적입니다. 기존의 영어 말하기 수업은 교과서 대화 패턴을 연습시키거나 간단하게 단어만 바꿔서 짝과 함께 대화하는 수업이 많았습니다. 하지만 비슷한 수준의 짝과 교과서 대화 패턴을 기반으로 대화하는 활동은 영어 회화 내용과 수준이 다양해지는 데 한계가 있으며, 교과서에 나오는 대화 패턴 외의 상황에서 융통성 있게 영어를 사용하기 어렵습니다. 따라서 본 수업에서는 다양한 대화 상황과 주제에 대해 학생들이 영어 대화를 자연스럽고 실제적으로 나눌 수 있도록 거대 언어 모델인 ChatGPT 활용을 제안합니다. 그리고 학생들이 능동적으로 대화 상황을 만들 수 있도록 CLASSCARD 웹사이트를 활용하여 상황을 세팅하는 영어 문장 발화를 충분히 연습시킴으로써, 사용자가 원하는 출력값을 얻기 위해 인공지능 모델의 입력 프롬프트를 설계하고 개선 및 최적화하는 프로세스인 프롬프트 엔지니어링(프롬프팅)을 경험하도록 합니다. 이는 생성형 AI의 작동 원리를 직접 경험한다는 측면에서 영어 교과에서의 AI 융합 수업에 해당합니다.

수업에 사용할 생성형 AI는 GPT-4o 모델입니다. GPT를 영어 회화에 효과적으로 활용한다면, 능동적으로 영어를 사용하려는 학생들을 발견할 수 있음은 물론, 다양한 상황과 주제 속에서도 융통성 있게 영어로 대화를 이끌어가는 역량을 기를 수 있습니다.

특히 GPT와 대화하기 전에 생성형 AI가 작동하는 원리와 어떻게 사용자가 프롬프팅을 하느냐에 따라 다양하게 사용할 수 있음을 인지시키고, 발화로 프롬프팅이 원활하게 이루어질 수 있게 영어 문장 반복 연습에 많은 시간을 들였습니다. 꾸준한 연습과 반복이 필수적이기 때문에 CLASSCARD 웹사이트에서 AI가 직접 듣고 자동 채점하는 기능을 게임 형식으로 활용하여 학생들이 흥미를 잃지 않고 문장을 반복하여 발화할 수 있도록 했습니다. 이를 통해 GPT와 직접 대화를 나눌 때에는 자연스럽게 프롬프팅을 할 수 있을 것으로 기대했습니다.

프롬프팅 기반 ChatGPT 활용을 영어 회화 수업에 적용하여 영어와 AI 융합교육을 실현하고, 2022 개정 교육과정에서 요구하는 매체의 발달과 기술의 변화에 걸맞은 '영어 의사소통 역량'을 학생들에게 길러주고자 합니다.

02 활용 도구 소개

1. 가상의 원어민과 영어로 대화할 수 있는 ChatGPT

(1) 왜 이 도구를 선택했나요?

이 도구를 AI 융합 수업에서 선택한 이유는 생성형 AI 중 가장 학생들의 접근성이 높기 때문입니다. ChatGPT는 학생들의 구글 계정(학교용)으로 로그인할 수 있고, 초반에 핸드폰 번호 인증만 한다면 그 뒤로 무료 버전으로도 '스피킹'을 할 수 있습니다. ChatGPT API를 사용한 다른 사이트도 많이 생기고 있지만, ChatGPT 사이트 자체만 사용해도 프롬프팅으로 다양한 결과물을 낼 수 있다는 것이 다른 생성형 AI에 비해 ChatGPT가 가진 장점이라고 볼 수 있어요!

(2) 활용 방법과 Tip은 어떻게 되나요?

※ 2025. 4. 9. 기준 ChatGPT 3.5는 무료로 사용할 수 있습니다.

① 앱 설치하고 실행
② 좌측 상단 ☰으로 초기 설정 화면 이동
③ 주 언어를 '영어'로 바꾸고, 대화를 나눌 음성 선택
④ 클릭하여 음성으로 초기 프롬프팅 세팅

[그림 9-1]
ChatGPT 앱 초기화면

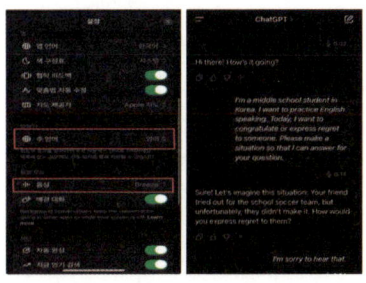
[그림 9-2]   [그림 9-3]
설정 화면   초기 프롬프팅 세팅 및
                    GPT의 대답

예를 들어, 'Hello, I'm a middle school student in Korea. I want to practice English speaking. Today I want to congratulate or express regret to someone. Please make a situation so that I can answer for your question'이라고 음성으로 학생들이 발화해보도록 합니다. 그림과 같이 GPT는 대답하고 학생들은 해당 상황에서 영어로 대화를 시작합니다.

Tip 초기에 '주 언어'는 '자동 탐지'로 설정되어 있는데, 이 경우엔 학생들 발음을 GPT가 못 알아듣는 경우가 많습니다. 따라서 '영어'로 바꾸면 학생들의 다양한 발음을 잘 알아듣고 대화가 원활해집니다.

(3) 주의 사항에는 어떤 것이 있을까요?

학생들의 다양한 영어 말하기 수준이 있기 때문에 다양한 상황에 써먹을 수 있는 프롬프팅을 사전에 준비하여야 합니다!

GPT의 말이 너무 빠를 때
Please speak slowly. I don't understand.

GPT의 영어 대답을 못 알아들을 때
Can you translate it into Korean?

다른 상황에서 연습을 더 하고 싶을 때
I want to practice more with other situations.

[그림 9-4] 학생들이 써먹을 수 있는 상황별 프롬프팅 예시

2. 발화 및 발음 반복 연습을 가능하게 하는 CLASSCARD

(1) 왜 이 도구를 선택했나요?

클래스카드는 영어 단어를 효과적으로 암기할 수 있는 단어 세트, 영어 문장을 빠르게 암기할 수 있는 문장 세트, 어법 문제를 빠르게 출제하고 자동 채점이 가능한 드릴 세트, 영어 듣기 시험을 실시하고 오답만 다시 풀게 할 수 있는 듣기 세트, 종이책이나 시험지 문제를 자동으로 채점할 수 있는 정답 세트 등 다양한 세트를 직접 제작할 수 있는 웹사이트입니다. 특히 스피킹 기능에서는 프리뷰, 섀도잉, 낭독 등 다양한 탭을 설정할 수 있고, 이를 필수로 지정하거나 지정하지 않을 수도 있습니다. 여기서 학생들은 필수로 지정된 활동들을 100%가 될 때까지 또는 그 이상으로 계속 반복할 수 있습니다. 각 활동은 Try Again, Good, Perfect 세 가지 피드백이 자동으로 나오기 때문에 학생들의 학습 동기를 유지하거나 높일 수 있습니다. 리포트 기능에서는 여러 학생들의 누적 학습 진도가 표시되고, 학습량을 한눈에 파악할 수 있어서 영어 교사의 활용도가 매우 높은 웹사이트예요!

(2) 활용 방법과 Tip은 어떻게 되나요?

　클래스카드는 유료 웹사이트입니다. Teacher 상품은 학생 200명 등록 시 연 24만 원, 300명 등록 시 36만 원입니다. 보통 한 교사당 최대 30명 × 6반 = 180명 정도 되기 때문에 200명을 등록하면 충분히 사용할 수 있습니다. 유료이기 때문에 학교 학습준비물 예산, 자유학기 예산, 영어과 선택사업 예산 등 다양한 예산을 활용하여 구매할 수 있고 그럴 가치가 있는 웹사이트예요!

[그림 9-5]
CLASSCARD 로그인 화면

① CLASSCARD 사이트 접속

② 회원가입 후 로그인

③ 상단 CLASSCARD Q 세트검색 + 세트 만들기 '세트 만들기' 클릭

④ 문장 세트 클릭

⑤ 학생들이 발화 연습해야 할 문장을 만들어 놓기

[그림 9-6] CLASSCARD 세트 종류

[그림 9-7] 학생들이 연습해야 할 문장 세트

⑥ 프리뷰, 섀도잉, 낭독 기능으로 연습한 뒤 실시간으로 Perfect가 나와야 다음 문장으로 이동

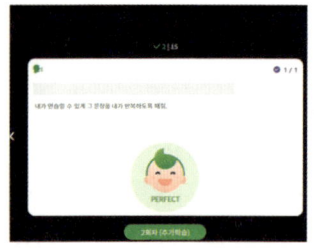

[그림 9-8] 발화를 잘했을 때 나오는 'Perfect' 피드백

Tip 1 GPT와 대화하기 전에 상황을 세팅하는 프롬프팅을 발화로 세팅하는 것이 중학생들에게 어려울 수 있어요. 상황을 세팅하는 프롬프팅을 먼저 클래스카드로 충분히 연습하도록 해서 입에 익도록 해주세요!

Tip 2 한 문장을 반복해서 연습하면 학생들이 지루해할 수 있어요. 특히 섀도잉은 오랜 시간 하면 피로감이 더 높기 때문에 세팅할 때 '매번 2회씩' 이상을 추천하진 않아요! 그리고 녹음 기능은 입 해석보단 입 영작을 추천해요. 그래야 원하는 한국어 문장을 영어로 바로 말할 수 있게 돼요.

[그림 9-9] 스피킹 내의 '학습/테스트 설정'

(3) 주의 사항에는 무엇이 있을까요?

'Ok, I'll try' 정도의 짧은 문장은 AI가 못 알아들을 가능성이 높습니다. 문장 세트를 만들 때 너무 짧은 문장은 오히려 학생들의 반감만 살 수 있으니 주의하세요. '클래스카드'의 음성인식 수준은 매우 높기 때문에 발음과 발화가 정확하면 대부분은 잘 알아듣습니다.

3. 스크립트를 작성하고, 대화를 되돌아볼 수 있는 Padlet

(1) 왜 이 도구를 선택했나요?

패들렛은 이제 수업에서 많은 선생님들이 필수적으로 활용하는 대표적인 웹사이트가 되었습니다. 포스트잇처럼 입력란을 만들어 의견이나 자료를 공유할 수 있는 온라인 게시판입니다. 다양한 레이아웃이 있어서 수업에 맞게 사용하면 되기 때문에 선생님과 수업의 재량에 맞게 다양하게 변형할 수 있다는 것이 큰 장점이에요!

　공동의 작업 공간에 학생들이 동시에 참여할 수 있어 학생들의 공동 작업과 공유 및 나눔 활동에 활용도가 높은 사이트입니다.

　GPT와 대화를 나누는 영어 말하기 수업에서는 대화를 하다 보면 대화 내용이 잊히기 쉽습니다. 이 때문에 패들렛에 GPT와 나눈 대화를 복기하면서 Script를 쓰는 활동을 하면, 본인이 대화에 사용했던 영어 표현과 GPT가 사용했던 표현을 눈으로 볼 수 있고 정리할 수 있어서 단기 기억이 장기 기억으로 전환되는 데에 도움이 됩니다. 또, 회화에서 빼놓을 수 없는 것이 '회화 표현'이지요. GPT와 대화를 통해 배웠던 표현 및 단어를 한국어와 함께 정리하는 활동을 한다면 나중에 실생활 영어 회화에서 정리했던 표현을 써먹는 데에 도움이 될 거예요!

(2) 활용 방법과 Tip은 어떻게 되나요?

[그림 9-10]
Padlet 로그인 화면

[그림 9-11]
Padlet 만들기를 누른 뒤 화면

① Padlet에 접속 후 '구글 계정으로 로그인'

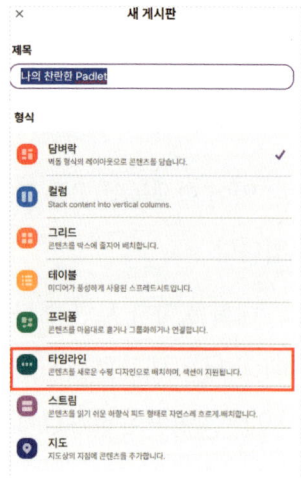

[그림 9-12] 레이아웃 선택 화면

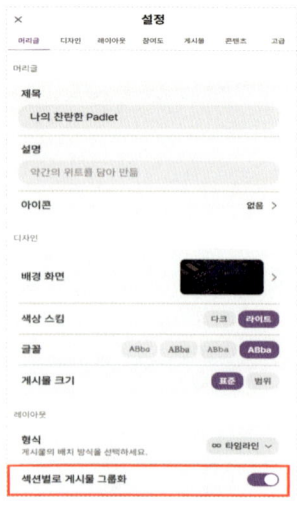

[그림 9-13] Padlet 만들기 우측 상단 '설정' 클릭 후 화면

② 상단 🖐 ... '만들기' 클릭

③ 새 게시판 클릭

④ 레이아웃 선택

수업 방식에 따라 다양한 레이아웃을 선택하면 돼요! 저는 시간 흐름(차시)에 따라 정리하는 것이 보기 편해서 '타임라인'을 선택하였습니다. Padlet을 만든 뒤 '설정' 버튼에서 '섹션별로 게시물 그룹화'를 활성화해야 학생들의 포스트잇을 섹션별로 정리하기에 편해요!

⑤ 섹션별로 정리하면 주 활동(Main Activity)을 기준으로 앞뒤에 활동을 정리할 수 있고, GPT와 대화하는 것이 주 활동이라면 그전에 대화를 준비하는 '브레인스토밍 섹션'과 대화를 나눈 후 '표현을 정리하는 섹션'으로 나눌 수 있어요!

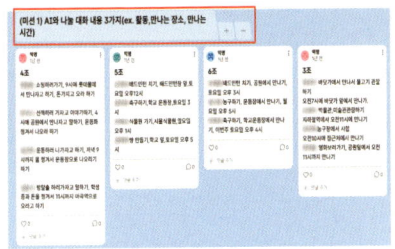
[그림 9-14]
GPT와 대화 전 브레인스토밍 섹션

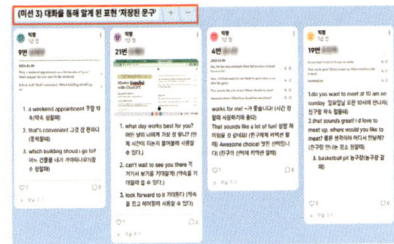
[그림 9-15]
GPT와 대화 후 표현을 정리한 섹션

> **Tip 1** Padlet의 기능 활용을 극대화하기 위해서는 Padlet에 업로드하는 것에 그치지 말고 서로의 포스트잇을 읽고 댓글을 달거나 '좋아요' 표시를 하는 등 학생들끼리 상호작용할 수 있는 활동을 간단하게 만드는 게 좋아요!
> 저는 친구의 포스트잇을 보고 배웠던 표현 및 단어를 발표하도록 했고, 발표한 친구들에겐 간단한 보상(간식)을 줬어요!

(3) 주의 사항에는 무엇이 있을까요?

학생들이 디벗으로 패들렛에 접속하게 하기 위해서는 'QR코드' 와 '링크'를 활용해요. 많은 학생들이 동시에 접속하면 많이 튕기기 때문에 'QR코드'는 인쇄해서 교실에 부착하는 게 수업 흐름을 끊지 않고 하기에 좋아요! 중간에 끊긴 학생들은 따로 화면을 켜지 않고도 다시 접속할 수 있도록 꼭 QR코드는 인쇄해서 부착해주세요!

03 AI 융합 수업 계획

1. 수업 계획의 시각화

해당 수업은 중학교 3학년 4개 반, 약 100명의 학생들을 대상으로 진행하며, 교과서 'Listen & Talk' 파트를 중심으로 계획했습니다. 매 단원별로 듣고 말하는 파트가 있어 본 수업 모형은 어느 단원에나 적용이 가능하므로 일반적인 수업 흐름으로 설계하였고, 대화 주제 및 상황에 따라 유연하게 모형을 사용할 수 있도록 개발하였습니다.

대화 주제와 관련된 영상 및 음원을 듣고 이해한 뒤 해당 대화 주제로 GPT와 대화하는 수업이며, 평가 과정은 Skehan의 과업 중심 수업 모형을 중심으로 개발하였습니다. 아래는 프롬프팅으로 ChatGPT와 영어 대화를 하기 위한 초기 워크플로입니다.

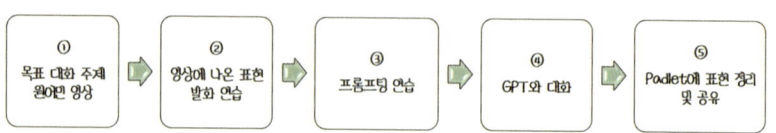

[그림 9-16] 프롬프팅으로 ChatGPT와 영어 대화를 하기 위한 초기 워크플로

2. 수업 계획의 단계 설명

(1) 목표 대화 주제 원어민 영상

교사가 보여주는 원어민 영상을 다양한 퀴즈를 통해 이해하고, 대화 표현을 익힌다.

(2) 영상에 나온 표현 발화 연습

영상에 나온 다양한 영어 대화 표현들을 클래스카드 웹사이트의 기능을 통해 반복하여 연습하도록 한다.

(3) 프롬프팅 연습

생성형 AI의 작동 원리를 간단히 설명하고, 어떻게 프롬프팅을 하느냐에 따라 사용자의 요구에 맞게 유연하게 사용할 수 있음을 학생들이 알도록 한다. GPT와 대화하면서 대화 상황을 설정하고, 영어 말하기를 연습할 수 있는 프롬프팅 예시를 영상으로 제공한다. 교사는 사전에 연습할 수 있도록 클래스카드를 제작한다.

학생들은 제작된 클래스카드에 있는 상황 설정 프롬프트를 발화 연습한다.

(4) GPT와 대화

ChatGPT의 언어, 목소리 등 기본적인 설정을 완료한 뒤 교사가 먼저 프롬프팅으로 영어 말하기 연습을 위한 GPT 상황 설정 및 상황극 설정을 보여주고, GPT와 대화하는 것을 시연한다. 이때 학생들의 수준에 따라 발화 속도를 조정하거나 반복을 요청하고 한국어로 번역을 요청하는 등 다양한 방향으로 보여준다.

학생들은 교사의 시연을 보고 자신의 수준에 맞게 GPT와 대화를 시도한다. 프롬프팅으로 연습했던 문장을 통해 상황극을 설정하고, GPT와 영어로 대화한다.

교사는 교실을 순회하면서 대화가 아예 진행되지 않는 학생들 위주로 스캐폴딩을 한다.

(5) Padlet에 표현 정리 및 공유

학생들은 GPT와의 대화 내용을 텍스트로 다시 한번 확인하고 표현을 패들렛에 정리한다. 학생들끼리 공유하는 시간을 가진다.

AI 융합 수업 차시별 소개

01 목표 대화 주제 원어민 영상 (1차시)

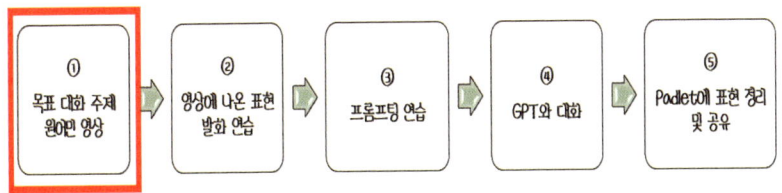

1. 원어민 영상 이해하기

교사는 수업 대화 주제와 관련된 원어민 대화 영상을 학생들에게 보여준다. 이때 수준이 너무 낮지도, 높지도 않은 영상을 선택한다. 두 번 이상 보여주고 처음엔 대화 맥락, 두 번째엔 대화에 나온 표현들을 주의 깊게 듣도록 요청한다.

2. 영상 관련 퀴즈 풀기

영상과 관련된 퀴즈를 kahoot, 퀴즈앤, 띵커벨, 메타버스ZEP 등 게임 플랫폼을 제작할 수 있는 다양한 프로그램 중 하나를 선택해 학생들에게 풀어보도록 한다. 퀴즈 문제는 의사소통 하위 영역에 해당되는 문법적 능력, 담화적 능력, 사회언어학적 능력, 전략적 능력이 고르게 묻도록 한다. 퀴즈를 모두 정답으로 푼 학생들에게 보상을 주면서 경쟁보단 협력이나 자기 성장을 할 수 있도록 독려한다.

02 영상에 나온 표현 발화 연습 (2차시)

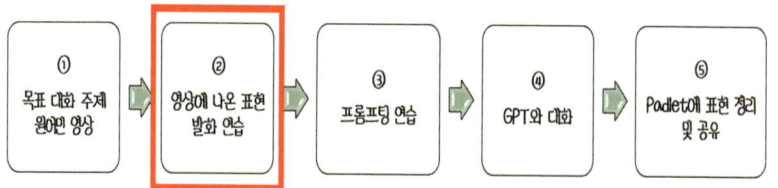

1. CLASSCARD로 훈련

클래스카드에 제작된 여러 대화 표현들을 자신만의 발화 속도, 발음으로 직접 연습한다. 스피킹에 바로 자신이 있는 학생들은 '스피킹' 탭의 섀도잉, 녹음을 바로 실시하도록 하고, 문장을 좀 더 익혀야 하는 학생들은 '암기, 리콜, 스펠' 등 발화 전에 익히는 탭을 선택하여 연습하도록 한다.

2. CLASSCARD로 게임 및 경쟁

수업 마지막 5분 동안 '스크램블' 게임을 통해 문장을 게임 형식으로 익히도록 하고 랭킹을 발표한 뒤, 상위 랭킹인 학생들에게 보상을 줌으로써 동기를 부여한다.

03 프롬프팅 연습 (3차시)

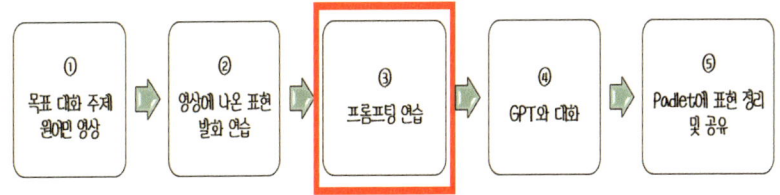

1. 프롬프팅 교사 시연

클래스카드로 연습했던 프롬프팅 영어 문장을 GPT에게 실제로 시연하여 역할극을 하는 모습을 교사가 시연한다. GPT의 대답이 빠를 경우, 한국어 번역이 필요한 경우 등 다양한 상황에서 어떤 영어 표현으로 대처해야 하는지 보여준다.

2. 프롬프팅으로 영어 역할극 세팅 및 대화

실제로 GPT와 교사가 시연한 프롬프팅을 기반으로 역할극을 세팅해본다. 세팅이 된 학생들은 영어로 대화를 해보고, 역할을 바꿔도 본다. 이때 교사는 교실을 순회하면서 역할극이 전혀 되지 않는 학생들 위주로 기술적, 언어적 지원을 한다. 잘 되는 학생들은 다른 표현을 제안해달라는 등 심화적인 프롬프팅을 제안한다.

04 GPT와 대화 (4차시)

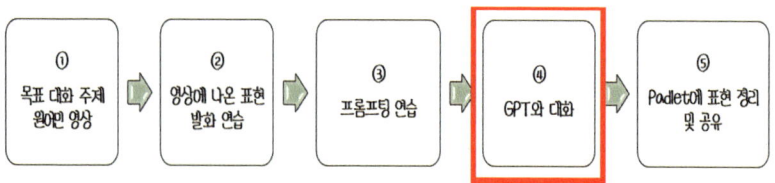

1. GPT와 주어진 주제에 맞게 역할극 대화

주어진 대화 주제에 맞게 상황을 설정하여 GPT와 자유롭게 대화한다. 예를 들어, 레스토랑에서 음식을 주문하는 대화를 주제로 GPT와 대화를 실시하는 식이다. 손님과 레스토랑 직원 역할극 외에 손님과 손님, 레스토랑 직원끼리의 대화 등 수준별로 다양한 상황을 설정하여 대화를 최대한 길고 다양하게 해보라고 독려한다.

05 Padlet에 표현 정리 및 공유 (5-6차시)

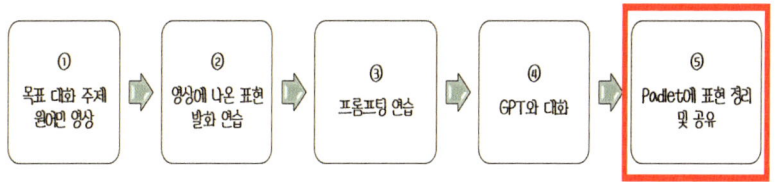

1. GPT와의 대화를 텍스트로 확인

학생들은 GPT와 대화한 내용을 텍스트로 확인하며 어떤 대화를 나눴는지 확인한다. 대화가 다른 방향으로 흘러갔을 경우 텍스트로 상황을 재설정하여 다시 시도한다. 대화가 잘 흘러가서 마무리한 학생들은 패들렛에 들어간다.

2. Padlet에 표현 정리 및 공유

GPT와 대화를 나누면서 실제로 썼던 표현과 어떤 상황에서 썼는지 간단하게 기록한다. 이 외에 GPT가 가르쳐준 새로운 표현들도 기록한다. 학생들끼리 서로 공유하게 하고 최소 한 개 이상의 댓글을 달도록 한다. 시간이 남는 경우 교실 내에서 발표를 통해 학생들이 활동을 되돌아보도록 한다.

CHAPTER 03 수업 결과물 및 제언

01 수업 프로그램 결과물 예시 및 평가

1. 학생 산출물 예시

[그림 9-17] GPT와 대화할 때 교실 순회하면서 지원

[그림 9-18] 학생들이 GPT와 대화하는 모습

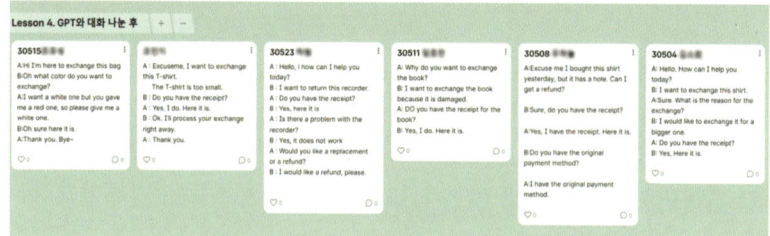
[그림 9-19] GPT와 대화를 나눈 과정을 되돌아보고 스크립트 작성

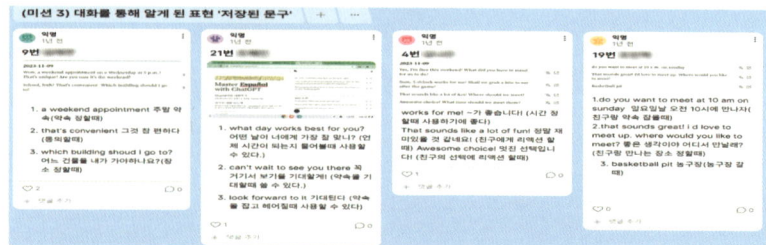
[그림 9-20] GPT와 대화 나눈 후 저장한 영어 회화 표현 및 문구

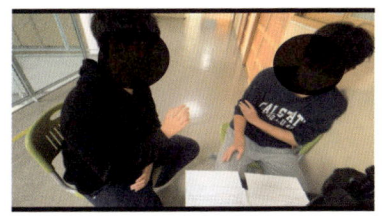
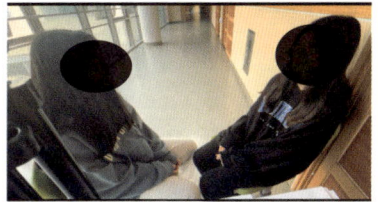

[그림 9-21] 학생 두 명이 영어 말하기 수행평가를 하는 모습

2. 평가 방법

학생 두 명이 대화를 나누는 모습을 교사가 지켜보면서 평가하는 말하기 수행평가를 해당 채점 기준표를 기반으로 실시했습니다.

[표 9-1] 영어 말하기 수행평가 채점 기준표

평가 영역	평가 요소	문항	전혀 그렇지 않다	그렇지 않다	보통 이다	그렇다	매우 그렇다
내용 구성	내용의 적절성	1. 의사소통의 상황과 주제에 알맞은 내용으로 이야기하는가?	①	②	③	④	⑤
		2. 상대방의 말을 정확하게 이해하고 그에 적절하게 응답하는가?	①	②	③	④	⑤
	내용의 충실성	3. 의사소통을 하는 데 필요한 내용을 포함하고 있는가?	①	②	③	④	⑤
		4. 상황에 어울리는 다양한 내용을 포함하고 있는가?	①	②	③	④	⑤
언어 사용	정확성	5. 문장 표현에 어법 오류가 없이 잘 말하는가?	①	②	③	④	⑤
		6. 상대방이 이해할 수 있는 발음으로 발화하는가?	①	②	③	④	⑤
	유창성	7. 상대방에게 대화 내용을 전달하기에 적절한 발화 속도인가?	①	②	③	④	⑤

평가 영역	평가 요소	문항	전혀 그렇지 않다	그렇지 않다	보통 이다	그렇다	매우 그렇다
		8. 머뭇거림이 없이 자연스러운 발화를 유지하고 있는가?	①	②	③	④	⑤
		9. 완성된 형태의 문장을 활용하여 이야기하는가?	①	②	③	④	⑤
자세 및 태도	몸짓 언어	10. 상황에 알맞은 표정, 제스처를 적절하게 이용하는가?	①	②	③	④	⑤
	수행 태도	11. 자신의 역할을 진지하고 성실하게 완수하는가?	①	②	③	④	⑤
규칙 준수	시행 규칙	12. 역할극 수행의 조건을 제대로 준수하는가?	①	②	③	④	⑤

02 마치며

1. 수업 진행 소감

해당 수업 프로그램을 적용하고, 학생들의 인터뷰와 말하기 수행평가 결과를 통해 주어진 대화 주제에 대하여 다양하고 자연스러운 영어 표현을 자연스럽게 사용하는 학생들을 볼 수 있어 긍정적인 효과를 확인할 수 있었습니다.

> **학생 인터뷰**
>
> "GPT와 말하니까 실제로 원어민과 대화하는 느낌이었어요."
> "영어 말하기에 더 자신감이 생긴 것 같아요."
> "실제로 써먹을 수 있는 영어를 배운 것 같아서 교과서 수업보다 좋았어요."

하지만 이 수업을 기획하고 진행하면서 학생들의 말하기 수준에 따라 한계점도 많이 느꼈습니다. 수준이 높은 학생들은 GPT를 자유자재로 사용하고 다양한 프롬프팅을 영어로 구사하면서 수업 목표보다 더 많은 것을 얻는 것을 볼 수 있었습니다. 반면, 말하기 수준이 낮은 학생들은 GPT와 대화를 진행하는 것 자체에 어려움이 있었고, 자신의 발음 및 발화 속도 때문에 생긴 대화 단절 때문에 오히려 영어 말하기에 대한 흥미와 자신감이 떨어지는 학생들도 있었습니다.

2. AI 융합 영어 말하기 수업 확장을 위한 추가 아이디어 제안

교육 환경에 맞는 영어 말하기 앱 및 웹사이트 개발	• GPT 웹사이트에서 학생들이 일일이 발화 프롬프팅을 통해 세팅한 설정을 '버튼 형식'으로 기능하게 탑재한 웹사이트가 개발되어야 더 실효성 있는 수업이 가능할 것 같습니다.
영어 말하기 전용 프롬프팅 매뉴얼 개발	• TEE(Teaching English in English)가 강조된 시기에 많은 교실 영어(Classroom English For Teachers) 매뉴얼이 많은 출판사에서 배포되었던 것처럼, 생성형 AI를 영어 수업에 활용하기 위해 쓰일 수 있는 다양한 상황별 프롬프팅을 하나의 통합된 매뉴얼로 개발할 필요가 있습니다.

부록(수업 지도안)

AI 융합 수업 지도안	
학교급	중학교
학년	3학년
총 차시	6차시
수업 개요	
과목	영어
수업 주제	친구와 약속 잡는 대화하기
성취 기준	[9영02-03] • 친숙한 주제에 관해 사실적 정보를 설명한다. [9영02-06] • 친숙한 주제에 관해 자신의 의견을 주장한다. [9영02-09] • 적절한 매체를 활용하여 정보 윤리를 준수하며 말하거나 쓴다. [9영02-10] • 적절한 전략을 활용하여 상황이나 목적에 맞게 말하거나 쓴다.
활용 AI, 디지털 도구	GPT, CLASSCARD, Padlet
AI 요소	인공지능과 상호작용(언어와 소통, 자연어 처리), 인공지능 윤리
참고한 모형 혹은 원리	• Skehan(1996)의 과업 중심 수업 모형 | 단계 | 목표 및 활동 전략 | |---|---| | 과업 전 (Pre-task) | • 재구조화(목표 언어 설정, 인지 부하 감소) • 인지적으로 이후 과정을 쉽게 할 수 있게 안내하고, 언어적으로 새로운 형식을 소개함 | | 과업 중 (During-task) | • 정확성과 유창성을 균형 있게 고려하기 • 압박감을 관리하고 측정하기 | | 과업 후 (Post-task) | • 분석하고 종합하기 • 회상하고 언어 형식의 중요성을 다시 상기하기 |
AI 융합 수업 구성 의도	• 학생들이 ChatGPT로 자연스럽고 실제적인 영어 의사소통 상황을 프롬프팅으로 세팅하고, 다양한 주제에 관해 GPT와 영어로 대화함으로써 영어 의사소통 역량 함양

AI 융합 수업 지도안	
수업 목표	1. 학생들은 GPT와 대화를 나누기 위한 세팅 프롬프팅을 할 수 있다. 2. 학생들은 GPT와 대화를 나눌 때 적절한 프롬프팅을 통해 원하는 방향으로 대화를 이끌 수 있다.
차시	6차시 중 4차시
활용한 AI, 디지털 도구	CLASSCARD, ChatGPT
지도상의 유의점	• 반복적인 시도에도 GPT와 대화를 이어나가지 못하는 학생들은 클래스카드로 돌아가 문장 발화 연습을 먼저 하도록 한다. • GPT와 대화를 잘 이끌어가는 학생들은 배운 프롬프팅 외의 프롬프팅도 시도해 보도록 독려한다.

학습 단계	교수 학습 활동	시간(분)	자료 및 유의점
도입	• 프롬프팅 연습 - 지난 시간에 클래스카드로 연습한 프롬프팅 문장을 다시 한번 복습한다. • 교사 시연 - 실제로 GPT와 프롬프팅으로 대화를 이어나가는 모습을 교사가 시연한다.	15	교사가 시연할 때 GPT의 대답이 너무 빠른 경우, 한국어 번역이 필요한 경우 등 다양한 상황을 예측하여 해당 상황에 어떤 프롬프팅을 할지 예시로 보여준다.
전개	• GPT와 대화 - 학생들은 연습한 프롬프팅으로 대화 상황을 세팅하고 GPT와 대화를 이어나간다. - 역할을 바꾼 상황에서도 대화를 해본다. - 학생들 수준에 맞게 다른 상황 및 같은 상황에서 다른 표현 등 프롬프팅으로 대화를 원하는 방향으로 이끌어간다.	20	교사는 교실을 순회하며 대화를 전혀 이어나가지 못하는 학생들을 먼저 파악한다. 그 학생들을 위주로 언어·기술적 지원을 하고, 필요하다면 대화를 중단시키고 클래스카드 연습을 더 하게 한다.
정리	• GPT와의 대화 과정을 텍스트로 확인 - GPT와 대화를 나눈 과정을 텍스트로 확인한다. - 대화를 잘 이어나가지 못한 부분은 왜 그런지 자기 피드백을 준다. - 대화를 나눈 뒤 배운 점과 아쉬운 점을 발표하여 학생들끼리 공유하도록 한다.	10	교사는 학생들이 발표한 아쉬운 점을 어떻게 보완하면 되는지 질문을 통해 학생들이 답을 스스로 찾도록 독려한다.
평가 도구 및 기준	자기평가 – GPT와 나눈 대화의 과정을 텍스트로 확인한 뒤 어떤 점을 배웠고, 어떤 점이 어려웠거나 아쉬웠는지 발표를 통해 공유한다. GPT와 대화를 나눈 뒤 배운 새로운 표현을 영어와 한국어로 정리한다.		

생성형 AI와 함께 프로그래밍 수업 설계하기

- 프롬프트로 만드는 AI 데이터 수업 -

 들어가며

생성형 AI의 등장으로 프로그래밍 교육의 패러다임도 빠르게 변하고 있습니다. 이제 학생들은 단순히 정해진 코드를 따라 치는 것을 넘어 인공지능에게 '어떻게 물어보느냐'를 통해 문제를 해결하는 새로운 방식을 배웁니다. 하지만 아직 많은 교실에서 프로그래밍 수업은 여전히 정답 중심, 문법 중심의 방식에 머물러 있는 경우가 많습니다. 이로 인해 창의적인 사고나 데이터 기반의 문제 해결 경험이 제한되기도 합니다.

이에 이번 장에서는 코드 생성형 AI, 특히 ChatGPT와 같은 도구를 활용하여 데이터 분석과 시각화 프로젝트를 중심으로 구성한 수업 모델을 제안하고자 합니다. 학생들이 스스로 주제를 정하고, 데이터를 수집하고, AI에게 질문하며 함께 코드를 완성해가는 과정을 통해 생성형 AI를 협업 도구로 활용하는 능력을 기를 수 있도록 설계했습니다.

이 수업은 단순한 코딩 기술을 익히는 것을 넘어, AI 리터러시와 데이터 리터러시를 통합적으로 함양하고자 하는 실천적인 시도입니다. 이 장이 AI 시대에 걸맞은 프로그래밍 수업을 구상하고 있는 선생님들께 좋은 길잡이가 되기를 바랍니다.

수업 개요	대상	고등학교 2학년	
	관련 교과	인공지능 기초, 데이터과학	
	수업 목표	프롬프트를 통해 AI와 함께 사고하고, 데이터를 해석하며 표현하는 힘을 기르는 수업	
	성취 기준	[12인기03-03]	• 인공지능에 대한 비판적 자세를 바탕으로 인공지능과 인간의 공존 방안을 도출한다.
		[12데과02-03]	• 데이터를 분석하기 위해 데이터 속성간의 상관관계를 파악하고 통합한다.
	활용 도구	ChatGPT, Google Colab	

프롬프트로 만드는 AI 데이터 수업

AI 융합 수업 의도와 중점 사항

1. AI 융합 수업 의도

2022 개정 교육과정은 모든 학생들이 디지털 기초 소양과 인공지능 활용 역량을 갖추도록 강조하고 있습니다. 특히 정보 교과에서는 데이터를 중심으로 문제를 탐구하고, 이를 AI와 협업하여 해결하는 경험이 매우 중요해지고 있습니다.

본 장에서 소개하는 수업은 AI 도구를 사용하는 것에 그치지 않고, 학생이 스스로 주제를 정의하고, 데이터를 수집하고 해석하며, 생성형 AI를 통해 코드를 작성하고 시각화하면서 인사이트를 얻는 과정 전체를 경험하는 프로젝트 수업입니다.

이러한 수업을 통해 학생들은 문제 해결 능력뿐 아니라 AI 리터러시, 데이터 리터러시, 프롬프트 설계 능력 등을 통합적으로 키울 수 있습니다. 또한 데이터에 따라 다양한 교과(수학, 사회, 과학 등)의 맥락과 연결되는 주제를 선택함으로써 자연스럽게 융합적인 사고와 표현력을 키웁니다.

특히 이 수업에서는 프롬프트 작성 역량을 중요한 학습 목표로 삼고 있습니다. 학생들은 AI에게 '어떻게 질문할 것인가?'를 고민하면서 문제 해결력을 함께 기르게 됩니다.

2. 활용 도구

가. ChatGPT: 코드를 생성할 수 있는 인공지능으로, 학생들이 자연어로 프롬프트를 입력하면 코드를 생성해줍니다. 또한 코드를 수정하거나 설명해달라고 요청할 수도 있어 코딩 멘토의 역할을 수행합니다.

나. Google Colab: Python 기반의 데이터 분석 및 시각화 코드를 실행할 수 있는 클라우드 환경입니다. 이 수업에서는 ChatGPT에게 받은 코드 결과물을 직접 실행하고 수정해보는 실습 공간으로 활용됩니다.

02 활용 도구 소개

1. 코드 생성의 시작, ChatGPT로 질문하기

(1) 왜 이 도구를 선택했나요?

ChatGPT는 자연어로 질문을 입력하면 그에 맞는 파이썬 코드나 설명을 생성해주는 생성형 인공지능입니다. 학생들은 ChatGPT와 대화하는 프롬프트를 통해 질문을 던지고, AI가 생성한 코드를 분석, 실행 및 수정하는 과정을 반복하면서 단순한 문법 암기를 넘는 탐색 중심의 수업을 실현할 수 있습니다. 프롬프트를 잘 작성해야 원하는 결과를 얻을 수 있기에 학생들은 자연스럽게 문제 상황을 언어화하고 구조화하며, 자신의 의도를 표현하는 능력을 함께 키우게 됩니다.

또한 ChatGPT는 학생마다 다른 실력과 속도를 고려할 수 있어 맞춤형 피드백과 반복 학습, 개별화된 과제를 제공하는 도구로도 적합합니다. 프로그래밍을 어려워하는 학생도 AI와의 대화를 통해 점진적으로 문제를 해결해나갈 수 있다는 점에서 흥미를 유지하고 협력적인 사고력을 키우는 데 유용한 도구가 될 수 있습니다.

(2) 활용 방법과 Tip은 어떻게 되나요?

① 인터넷 브라우저에서 chatgpt.com에 접속

무엇을 도와드릴까요?
무엇이든 물어보세요
첨부
검색
음성

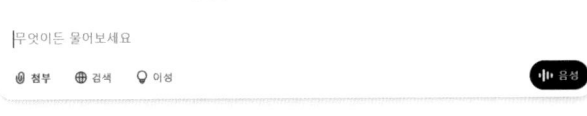

[그림 10-1] ChatGPT 초기화면

② 로그인을 통해 ChatGPT 실행

로그인 없이도 일부 기능은 이용이 가능하지만, 대화 내용을 저장하고 이어서 쓰거나 GPT-4 사용 등에는 로그인이 필수로 필요함

③ 프롬프트 창에 자연어로 문제나 작업 요청을 입력

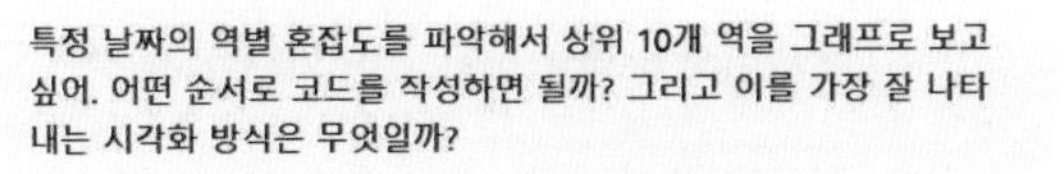

특정 날짜의 역별 혼잡도를 파악해서 상위 10개 역을 그래프로 보고 싶어. 어떤 순서로 코드를 작성하면 될까? 그리고 이를 가장 잘 나타내는 시각화 방식은 무엇일까?

[그림 10-2] 프롬프트 입력 예시

④ 생성된 코드를 복사하여 구글 코랩에 붙여넣기

코드를 그대로 복사해 붙이면 바로 실행 가능하며, 오류가 날 때에는 오류 메시지를 입력하고 해결 방법 제안을 받을 수 있음

3 혼잡도 기준 상위 10개 역 추출

```python
top10 = df_mayday.sort_values(by='혼잡도', ascending=False).head(10)
```

[그림 10-3] ChatGPT로 생성된 코드 일부

초보 학생을 위한 접근 전략

문법 지식이 부족하고, 코딩에 대한 흥미가 부족한 학생들은 질문 자체를 구성하는 것도 어려워할 수 있습니다. 코드를 직접 짜기 어렵다면, 먼저 원하는 결과를 말로 표현해보게 하세요. 또한 교사가 미리 프롬프트를 준비해서 제시할 수 있어요. 데이터를 보고 궁금한 점을 생각해보도록 하고, "날짜 열을 이용해서 5월 1일의 데이터만 추출하려면 새로운 열 생성이 필요할까?", "총 이용객 수 열을 큰 수부터 정렬하는 방법은 뭘까?" 등의 프롬프트를 제시한 뒤 하나 선택하여 입력하도록 해보세요. ChatGPT의 답변을 구글 코랩에 붙여 넣고 실행한 다음, 원하는 결과를 정확히 보여주고 있는지, 학습한 범위 내에 있는지, 부족한 부분은 없는지 확인하도록 하고 추가 질문을 유도해보세요.

중상위권 학생을 위한 수업 진행 전략

이미 프로그래밍 기본 문법에 익숙하며, 코드를 부분적으로라도 스스로 작성할 수 있는 학생이라면, 초반에는 주어진 데이터셋과 분석 목적만 제시하고, 코드를 작성하도록 유도할 수 있어요. 이때 완벽한 코드를 작성하는 것이 목표가 아니라, 전체적인 코드 구조를 떠올려보고, 어느 부분에서 막히는지, 내가 잘 모르는 부분은 어디인지를 경험하는 것이 목적이라고 안내하세요. 막히는 지점에서 ChatGPT를 보조 도구로 활용하며, 도움이 필요한 지점을 명확히 하도록 유도한 뒤 구체적인 질문을 하도록 지도하세요. AI가 생성해준 코드를 그대로 쓰는 것이 아니라, 자신만의 방식으로 고쳐보는 재작성 활동을 이어 진행하고, 왜 이러한 결과가 나왔는지, AI에게 요청한 프롬프트가 적절했는지, 다른 방식의 질문이 있었다면 결과가 어떻게 달라졌을지 함께 토의해보는 것도 좋은 방법입니다.

(3) 우려되는 점은 없을까?

ChatGPT와 같은 코드 생성형 AI를 사용할 때 가장 자주 듣는 걱정은 다음과 같습니다.

- AI가 코드를 대신 짜주면, 학생들이 생각하지 않아도 되는 것 아닌가요?
- 결과만 복사해서 붙여 넣는다면 사고력은 길러지지 않는 것 아닌가요?

매우 타당한 우려입니다. 특히 초보 학습자, 의욕이 없는 학습자일수록 생성된 코드를 이해 없이 수용할 가능성도 높습니다. 이를 보완하기 위해서는 교사가 수업을 설계할 때 AI가 제시한 결과를 비판적으로 바라보는 과정을 반드시 포함해야 합니다.

예를 들어 ChatGPT가 만든 코드를 실행해보고, '왜 이 변수 이름은 이렇게 제시가 되었을까?', '여기서 사용하는 함수는 무슨 역할일까?'와 같은 질문을 학생 스스로 또는 학급에서 이야기 할 수 있도록 유도합니다.

의도한 결과와 다른 결과가 나왔을 때에는 '어디서 내가 원하는 결과가 나오지 않았을까?', '어떤 부분을 수정하라고 하면 좋을까?' 등의 디버깅 활동을 통해 사고를 확장할 수 있습니다.

또한 ChatGPT의 역할을 단순한 코드 생성이 아닌, 협업 파트너이자 사고 촉진의 도구로 활용하겠다는 의도를 명확히 하여 학생은 단순하게 답을 받고 수용하는 것에 그치지 않고, 질문하고 검토하고 조정하는 능력을 기르도록 합니다.

2. 실행하며 확인하는 Google Colab

(1) 왜 이 도구를 선택했나요?

ChatGPT가 코드를 만들어주는 AI라면, 구글 코랩은 그 코드를 직접 실행해보고 결과를 눈으로 확인할 수 있는 실습 공간입니다. 코드를 아무리 잘 작성하더라도 실행해보지 않는다면 의미가 없습니다. 구글 코랩은 복잡한 설치 과정 없이 브라우저만 있으면 실시간으로 코드를 실행할 수 있고, 실행 결과를 즉시 확인할 수 있습니다. 또한 구글 드라이브에 자동으로 저장되어 학교나 집 어디서든 이어서 작업할 수 있습니다. 특히 운영체제나 소프트웨어 버전 문제 없이 동일한 환경에서 실습이 가능하므로, 다양한 기기를 사용하더라도 원활하게 참여할 수 있습니다. 필요한 라이브러리가 사전에 설치되어 있어 즉시 데이터 분석과 시각화 작업을 실시할 수 있습니다.

(2) 활용 방법과 Tip은 어떻게 되나요?

① colab.research.google.com에 접속하여 구글 계정으로 로그인
　상단 메뉴의 [파일] → [새 노트북]을 클릭하면 코드를 작성하는 셀이 나타남

[그림 10-4] Google Colab 초기화면

② 코드 작성 후 셀 앞의 ▶를 눌러 코드 실행 및 결과 확인

새로운 코드 셀이 필요한 경우 셀 끝 부분에 마우스 오버를 하여 +코드 셀을 선택한 후 작성 가능

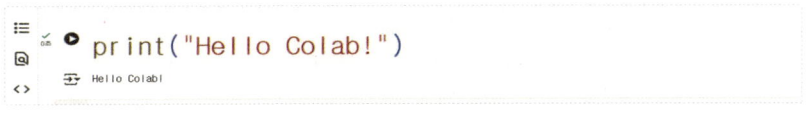

[그림 10-5] 코드 작성 화면

③ 교사가 미리 코드 틀을 만든 노트북을 링크로 공유 가능

이때 구글 클래스룸을 활용하여 학생별로 사본을 제공하면 편리하게 배포 및 과제 확인이 가능함

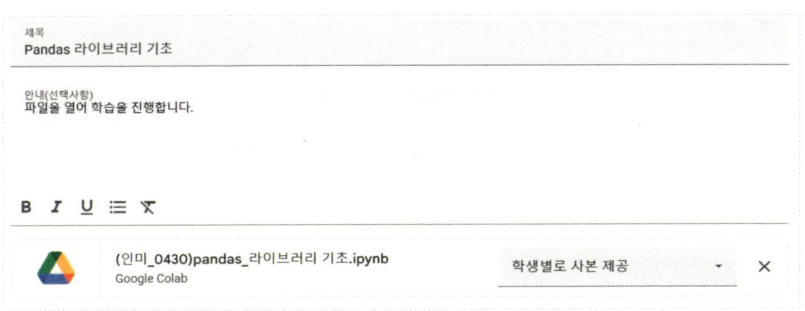

[그림 10-6] 구글 클래스룸 과제 설정 화면

④ 중간중간 +텍스트 셀로 마크다운을 이용하여 설명, 주의 사항, 제목 등 작성 가능

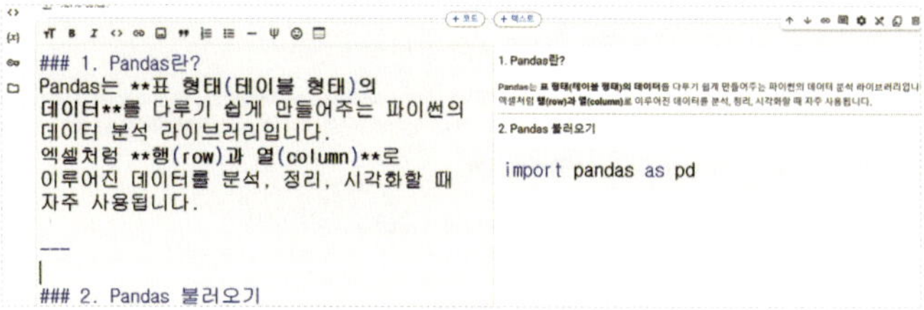

[그림 10-7] 마크다운을 활용한 텍스트 셀 작성

⑤ 컴퓨터의 CSV 파일을 구글 코랩에 업로드하고, 업로드한 파일을 불러와 확인하기 위하여 다음의 코드 활용

```
from google.colab import files
uploaded = files.upload()

import pandas as pd
df = pd.read_csv('chicken_restaurant.csv')
df.head()
```

[그림 10-8] Colab에 데이터 파일 업로드를 위한 코드

03 AI 융합 수업 계획

데이터 분석과 시각화

본 수업은 고등학교 진로 선택과목인 '데이터 과학' 교과에서 '데이터 준비와 분석' 단원을 중심으로 진행되는 프로젝트형 융합 수업입니다.

학생들이 접하는 실생활 주제를 데이터 기반으로 탐색하고, 생성형 AI와의 협업을 통해 프로그래밍 문제를 해결하며, 그 결과를 시각적으로 표

현하고 얻어낸 인사이트를 발표하는 경험을 통하여 AI 리터러시, 데이터 리터러시와 프롬프트 작성 역량을 통합적으로 함양하는 것을 목표로 하였습니다.

수업의 특징

- 고등학생 대상
- ChatGPT와 Google Colab을 활용한 프롬프트 기반 프로그래밍 수업
- 실제 데이터를 수집, 분석, 시각화하는 프로젝트 중심 수업
- 수준별 학습자에 맞춘 AI 도우미 활용 전략 포함
- 발표와 결과 공유를 통한 성찰 기반 평가 포함

프롬프트 작성 원칙

ChatGPT를 활용하여 효과적으로 프로그래밍 문제 해결을 하기 위해서는 다음과 같은 프롬프트 작성 원칙을 적용하는 것이 필요합니다.

① 명확하고 구체적인 프롬프트 작성

AI가 질문의 의도와 답변 구역 및 방식을 정확하게 파악해야 적절한 코드와 설명을 제공할 수 있습니다. 요청 내용을 오해 없이 전달하려면 명확하고 세부적이며 구체적인 프롬프트 작성이 필요합니다. 문제의 조건, 필요한 기능, 예상 출력 등을 포함하면 보다 나은 응답을 받을 수 있습니다.

BAD	GOOD

"현재의 데이터에 대해 분석하는 코드 작성해줘."
 	
# 상위 5개 행 보기 	
print(df.head())
 	
# 기본 통계 정보 확인 	
print(df.describe())
	"제시한 데이터에서 '승차총승객수'와 '하차총승객수'의 합을 기준으로 하여 호선별로 혼잡한 정도를 나타내는 코드를 작성해줘."
	
	df['혼잡도'] = df['승차총승객수'] + df['하차총승객수']
	df.groupby('호선명')['혼잡도'].sum().sort_values(ascending=False)

• 분석의 방향이나 목적 없이 단순 요약만 제공함	• 무엇을 원하는지 명확하게 제시하였고, 어떤 열을 기준으로 분석할지, 무슨 분석을 원하는지를 분명하게 전달하여 필요한 코드를 응답받음

② 맥락을 제공하는 프롬프트 작성

프롬프트에 특정한 상황과 학습자의 수준을 포함하면 AI가 더욱 적절한 답변을 제공합니다. 일반적인 요청만 할 경우 개략적인 설명만 제공받을 가능성이 크며, 학습한 범위를 벗어나는 내용이 포함될 수도 있습니다. 학습한 개념, 해결하려는 문제의 배경, 학생의 이해도와 같은 맥락을 제공하면 AI가 그에 맞춰 답변을 최적화합니다.

BAD	GOOD

"지하철 데이터에서 '호선명' 열별 평균을 계산해줘."
 	
df.groupby('호선명').mean()
	"초보 학습자를 위해 groupby 함수의 작동 방식과 결과 구조에 대해 주석으로 설명해줘."
	
	# 호선명 별로 그룹화한 후, 혼잡도의 합계를 계산합니다
	# groupby 함수는 '호선명'이 같은 행들끼리 묶어주고,
	# 그 안에서 '혼잡도' 열의 값을 합쳐서 계산합니다
	df.groupby('호선명')['혼잡도'].sum()

• 초보 학습자는 groupby 함수의 구조를 이해하지 못해 헷갈릴 수 있고, 원하는 열 외의 결과도 계산되어 불필요하거나 의도하지 않은 결과가 나옴	• groupby 함수에 대해 설명 주석이 포함되었고, 원하는 결과를 얻기 위해 두 단계로 나누어 작성하는 응답을 얻었으며, 결과를 보기 좋게 출력함

③ 단계별로 접근하는 프롬프트 작성

프로그래밍 개념을 효과적으로 학습하려면 AI의 답변을 점진적으로 확장하는 방식이 유용합니다. 한 프롬프트에 모든 내용을 적어 답을 요청하는 대신 개념 설명, 기초 코드, 최적화 과정으로 발전시키는 것이 효과적입니다. 초보 학습자의 경우 AI의 초기 응답을 확인하고 피드백을 반영하면서 점진적으로 개선하는 방식이 좋습니다.

BAD	GOOD

"지하철 데이터를 분석해서 의미 있는 결과를 시각화하고 설명도 자세히 해줘."
 	
`df['혼잡도'] = df['승차총승객수'] + df['하차총승객수']`
`df.groupby('호선명')['혼잡도'].mean().plot(kind='bar', figsize=(10,6), title='호선별 평균 혼잡도')`
	"승차총승객수와 하차총승객수 열을 더해 총승객수 열을 만들어줘."
	> "호선명에 따라 묶어주고, 총승객수 값을 더해줘."
	> "지금 계산한 총승객수 값을 막대그래프로 시각화해줘."
	> "그래프에 제목과 축 이름을 추가하여 해석하기 쉽게 만들어줘."
	
	`df['총승객수'] = df['승차총승객수'] + df['하차총승객수']`
	
	`total_by_line = df.groupby('호선명')['총승객수'].sum()`
	
	`total_by_line.plot.bar()`
	`plt.figure(figsize=(10, 6))`
	`total_by_line.plot.bar(color='skyblue')`
	`plt.title('호선별 총승객수')`
	`plt.xlabel('호선명')`
	`plt.ylabel('총승객수 (승차 + 하차)')`
	`plt.xticks(rotation=45)`
	`plt.tight_layout()`
	`plt.show()`

• 초보자는 groupby, plot, title 등을 한 번에 이해하기 어려우며, 설명이 부족하고 피드백이 없어 발전 가능성을 저해함	• 단계별로 진행하여 학습자가 스스로 결과를 확인하며 이해할 수 있고, 중간에 원치 않은 결과가 나왔을 때 수정할 가능성이 있어 학습 효과가 큼 • 요구에 따라 점진적으로 최적화된 결과를 제공하여 질 좋은 결과를 얻을 수 있음

단계별 수업 활동

학습자가 주도적으로 참여하고 AI와의 협력 경험을 유도했습니다. 각 단계별로 AI 도구와의 상호작용, 교과 간 융합 과제 수행, 학생 주도적 프로젝트가 포함되어 있습니다.

도입
- 프롬프트 기반 프로그래밍 수업의 개요 설명
- 생성형 AI의 장점을 소개하며 학습 동기 유발

프로그래밍 전
- 좋은 프롬프트와 나쁜 프롬프트의 예시 비교 시연
- 차이를 학생들이 직접 분석하도록 유도

프로그래밍 중
- 자신이 정의한 주제에 대한 데이터 수집
- 프롬프트 작성
- ChatGPT와 상호작용하며 분석, 시각화 코드 제작

프로그래밍 후
- 시각화 결과와 프롬프트 공유
- 과정의 어려움과 개선점 발표
- 교사가 공통된 어려움 분석하여 피드백 제공

CHAPTER 02 AI 융합 수업 차시별 소개

01 생성형 AI의 이해와 협업 (1-2차시)

[그림 10-9]
1-2차시 수업 지도안과
자료 QR코드

　　생성형 AI의 작동 원리와 활용 사례를 이해하고, 다양한 프롬프트 실습을 통해 효과적인 질문 방식과 AI 협업 전략을 익히는 활동 중심 수업을 진행합니다. 좋은 프롬프트의 특징을 비교하고 분석하면서 학생들이 직접 ChatGPT와 상호작용하여 코드를 생성하고 결과를 공유합니다.

　　수업 지도안과 자료는 QR코드를 통해 확인할 수 있습니다.

02 데이터 수집과 전처리 (3-4차시)

[그림 10-10]
3-4차시 수업 지도안과
자료 QR코드

　　데이터를 수집하고, ChatGPT를 활용해 데이터의 특징을 확인하며 결측치나 오룻값을 처리하는 전처리 과정을 실습합니다. 학생들은 수준에 맞게 전처리용 프롬프트를 작성하며, AI의 응답을 분석하고 수정하는 과정을 통해 데이터의 특성과 프로그래밍 구조를 이해합니다.

03 데이터 분석과 인사이트 도출 (5-6차시)

[그림 10-11]
5-6차시 수업 지도안과
자료 QR코드

　실생활 문제를 데이터 분석으로 해결하는 경험을 통해 조건 추출, 그룹 집계, 상관분석 등을 ChatGPT와 협업하여 수행합니다. 학생들은 주어진 문제나 각자 탐색하고 싶은 주제를 선택하고, 반복적인 프롬프트 개선을 통해 자신만의 분석 결과를 도출하며 문제 해결 역량을 기릅니다.

04 데이터 시각화와 스토리텔링 (7-8차시)

[그림 10-12]
7-8차시 수업 지도안과
자료 QR코드

　데이터의 의미를 효과적으로 전달할 수 있는 시각화 기법을 탐색하고, 목적에 맞는 시각화를 ChatGPT와 협업하여 구현합니다.

　학생들은 시각화 자료와 결과 해석을 바탕으로 발표를 진행하며, 스토리텔링과 프롬프트 개선 경험을 공유하고 피드백을 주고받습니다.

CHAPTER 03 수업 결과물 및 제언

 ## 01 데이터 시각화 프로젝트 산출물과 평가

1. 학생 산출물

8차시 수업을 통해 학생들은 주제를 스스로 정하고, 데이터를 수집, 분석, 시각화하며 프롬프트를 반복적으로 수정하고 실행하는 프로젝트를 진행합니다. 학생 산출물은 단순한 코드 결과가 아닌 AI와 협업한 과정 전체를 담은 다층적 결과물이 됩니다. 최종 산출물의 형태는 다음과 같습니다.

[표 10-1] 시각화 결과물 및 발표 자료

형태	내용
데이터 분석 보고서	• 해결하고자 하는 문제와 분석 목표를 명확하게 작성 • 사용한 데이터의 출처와 주요 사용 열을 설명 • 분석 과정에서 사용한 파이썬 라이브러리(Pandas 등)와 주요 함수를 설명하고, 분석 과정을 요약 • 분석 결과 작성 • 결과를 통해 얻은 해석 및 결론, 느낀점과 분석의 한계 작성
프롬프트 결과 기록지	• AI에게 입력한 프롬프트 작성 및 응답 요약 • 응답을 보고 수정 및 보완해야 할 점 작성 • 추가 요청, 오답에 대한 재질문 전략 작성 • 좋은 프롬프트 특징 정리
시각화 결과물 및 발표 자료	• 시각화 결과물 첨부 • 그래프에 대한 설명(축 라벨, 제목, 범례 등) • 핵심 분석 결과와 해당 시각화 방식을 선택한 이유 작성 • 시각화 결과물을 통한 나의 해석과 주장 작성

2. 평가 방법

학생들의 프롬프트 설계 능력, 데이터 기반의 문제 해결 능력, AI와의 협업 역량을 통합적으로 평가하기 위해 과정중심 평가와 포트폴리오 평가를 병행합니다. 1-4차시에서는 생성형 AI의 작동 원리를 이해하고, 데이터 수집 및 전처리 과정에서 적절한 질문을 설계하고 AI의 피드백을 반영하는 능력을 중점적으로 관찰합니다. 5-8차시에서는 학생이 주제를 정의하고, 데이터를 분석 및 시각화하며 결과를 이야기로 구성하는 전 과정을 통해 사고의 깊이, 표현력, AI 활용의 주도성을 종합적으로 평가합니다.

차시	방법	내용
1-2	관찰 평가	• 명확하고 구체적인 프롬프트를 작성할 수 있는가? • 결과를 이해하고, 적절하게 개선할 수 있는가?
3-4	실습 평가	• 데이터의 구조와 오류를 이해하고 설명할 수 있는가? • 적절한 전처리 코드를 요청하거나 실행하는 프롬프트를 작성할 수 있는가?
5-6	과정중심 평가	• 분석 목적에 맞는 질문을 설정할 수 있는가? • 분석의 결과를 해석할 수 있는가? • AI와의 상호작용을 통해 문제를 점진적으로 해석했는가?
7-8	발표, 포트폴리오 평가	• 목적에 맞는 시각화 방법을 선택하고 이유를 설명할 수 있는가? • 시각화 결과를 스토리로 구성하고 전달할 수 있는가? • 수업 전체에서의 AI 활용 경험을 돌아보고 의미를 정리할 수 있는가?

부록(수업 지도안)

AI 융합 수업 지도안	
학교급	고등학교
학년	2학년
총 차시	8차시
수업 개요	
과목	인공지능과 미래사회
수업 주제	데이터 분석과 시각화
성취 기준	[12인기I04-03] • 인공지능 프로젝트를 수행하는 과정에서 협력적인 문제 해결 자세를 바탕으로 인공지능 소프트웨어를 개발한다.
활용 주요 도구	ChatGPT, Google Colab

참고한 모형 혹은 원리	• DMM 모형 적용
	  - 개념과 도구 사용법 시연, 프롬프트 작성과 AI 활용 방식 모방, 프로젝트 기반 문제 해결 과제에 적용
	• AI 융합 교육의 설계 원리 반영
	  - 인간 – AI 협업을 통한 사고력 및 문제 해결력 향상
	  - 디지털 리터러시와 창의적 표현 역량의 통합적 함양

AI 융합 수업 구성 의도	• 본 수업은 고등학교 '인공지능과 미래사회' 교과의 '데이터 분석과 시각화' 단원을 중심으로, 생성형 AI 도구인 ChatGPT와 웹 기반 프로그래밍 실행 환경인 Google Colab을 활용하여 학생들이 AI와 협력하며 데이터를 탐색하고 의미를 도출하는 경험을 중심으로 설계되었습니다. 데이터 수집, 전처리, 분석, 시각화 과정에 대한 이해와 활용 능력 함양을 목표로, 학생들은 실제 문제를 주제로 데이터를 수집하고, AI의 도움을 받아 분석 코드를 생성하며, 결과를 시각화해보는 프롬프트 기반 프로그래밍 활동에 참여합니다. • 특히 Python 문법은 이해했지만 실전 프로그래밍에서 막막함을 느끼는 학생들을 위해 ChatGPT와 대화하여 프롬프트를 작성하고, 실행 결과를 검토하며 반복적으로 수정해나가는 과정을 중심으로 학습 구조를 설계하였습니다. 학생들은 단순한 프로그래밍 실습을 넘어 데이터 분석을 기반으로 문제를 정의하고 해결하며, 시각화 자료를 통해 소통하는 역량을 기를 수 있습니다. 학생 개개인의 수준에 맞는 개별화된 학습을 지원하고, 미래사회에 요구되는 융합적 사고력, 디지털 리터러시, AI 활용 역량을 통합적으로 성장시킬 수 있도록 하였습니다.

AI 융합 수업 지도안	
수업 목표	1. ChatGPT를 활용하여 적절한 프롬프트를 작성하고 문제를 해결한다. 2. 데이터를 수집하고 전처리 하는 과정을 이해하고 적용한다. 3. 분석 목적에 맞는 데이터를 추출하고 그 의미를 도출한다. 4. 데이터를 시각화하고 그 결과를 적절하게 표현하여 발표한다.
차시	8차시(2차시씩 블록 수업)
활용한 AI, 디지털 도구	ChatGPT, Google Colab
지도상의 유의점	• 프로그래밍 실력에 따라 프롬프트 작성 방식과 AI 협업 정도를 조절하여 개별화된 학습이 이루어지도록 지도한다. • ChatGPT의 응답을 그대로 수용하기보다, 결과를 비판적으로 검토하고 재질문하는 사고를 유도한다. • 분석 주제는 학생 스스로 선정하되, 적절한 난이도의 주제를 선택할 수 있도록 교사가 가이드를 제공한다. • 시각화 결과에 대한 해석이 단순 설명에 그치지 않도록 돕는다.

학습 단계	교수 학습 활동	자료 및 유의점
1-2 차시	• 생성형 AI의 특징과 활용 가능성 소개 • ChatGPT 사용법 안내 및 시연 • 좋은 프롬프트 vs 나쁜 프롬프트 비교 • 직접 프롬프트 작성 및 코드 생성 실습	ChatGPT 실습 템플릿, 예시 프롬프트
3-4 차시	• 데이터 수집 경로 안내 및 주제 탐색 • CSV 파일 업로드 및 pandas로 읽기 • 결측치, 오룟값 확인 및 전처리 실습 • 프롬프트 반복 개선 경험	Google Colab, 예제 CSV 파일
5-6 차시	• 분석 목적에 따른 질문 구성 • ChatGPT를 활용한 통계분석 코드 생성 • 그룹별 비교 및 상관관계 분석 등 수행 • 분석 결과 해석 및 의미 도출	ChatGPT, Colab 실습
7-8 차시	• 시각화 목적에 따른 프롬프트 구성 • 다양한 그래프(막대, 선, 산점도, 히트맵 등) 실습 • 분석 결과 정리, 발표 및 피드백 공유	Colab 시각화 예시, 발표 자료
평가 도구	• 1-2차시: 관찰평가 - 프롬프트 작성의 구체성 및 실행 결과 해석 • 3-4차시: 실습 결과 및 기록지 평가 - 데이터 전처리의 이해 및 ChatGPT 활용 방식 평가 • 5-6차시: 과정중심 평가 - 분석 목적 설정, 코드 활용 및 인사이트 도출 • 7-8차시: 포트폴리오 및 발표 평가 - 시각화 결과의 적절성, 스토리텔링 및 발표 표현력	

데이터 기반 지속 가능한 삶 실천하기

- 데이터 시각화를 활용한 채식 급식 메뉴 개발 수업 -

디지털 전환과 기후, 생태 환경의 변화는 미래사회를 살아갈 청소년이 마주한 현실입니다. 이러한 사회 변화에 대한 대응 역량을 키워 지속 가능한 삶을 실천하기 위해서, 청소년들의 삶과 밀접한 수업 주제를 다루는 것은 어떨까요? 실제 삶과 연결되지 않는 수업 주제는 학생들의 흥미와 집중도를 높이기 힘들고, 학습한 내용을 실제 삶에 적용하기 어려울 수 있습니다.

가정 교과는 개인과 가족이 삶을 주도해가는 데 필요한 역량 함양을 목표로 하는 교과로, 청소년이 경험하는 일상 환경에 대한 주제를 다룹니다. 본 수업에서는 급식이라는 청소년의 식생활과 연결하여, 식품 관련 데이터를 활용해 탄소 배출량을 줄인 채식 급식 메뉴를 개발하는 AI 활용 수업을 이야기하고자 합니다.

수업 개요	대상		중학교 3학년
	관련 교과		가정, 환경, 정보
	수업 목표		건강과 환경을 고려하여 데이터를 통해 지속 가능한 식사를 계획하고 실천할 수 있다.
	성취 기준	[9기가02-03]	• 건강과 환경을 고려한 식품의 선택, 관리, 보관 방법을 탐색하여 실생활에 적용한다.
		[9기가02-04]	• 개인과 가족의 영양 요구와 지속 가능성을 충족하는 식사를 계획하고 조리한다.
	활용 도구		Looker Studio, Google slides
	AI 요소		데이터 시각화, AI 활용 기반 문제 해결

CHAPTER 01 중등 가정과 교육 속 AI

01 AI 활용 수업 의도와 중점 사항

1. AI 활용 수업 의도

　2022 개정 교육과정의 학교 교육과정 설계 및 운영 원칙에 따르면, 디지털 기반 학습이 가능한 교육 환경 속에서 다양한 AI·디지털 기술을 활용하여 교수 학습을 설계·운영하도록 합니다. 또한, 학습한 내용을 학생들이 실생활에 적용함으로써 삶에 유의미한 경험을 쌓아 핵심 역량을 함양하는 것을 목표로 하고 있죠. 학생들은 학교의 모든 교과가 AI·디지털 기술을 활용한 수업을 설계하여 운영할 때 학습의 기초 중 하나인 디지털 기초 소양을 갖출 수 있습니다. 본 수업에서는 교육과정 목표의 교수 학습 요소와 연결 가능한 AI·디지털 기술을 활용하여, 실생활과 관련성이 있는 주제에 적용하고 실천할 수 있도록 수업을 설계해보았습니다. 기후변화를 주제로 학생들이 매일 경험하는 식생활과 연결 지어, 데이터를 분석하고 활용하여 현재 삶과 미래 삶의 변화를 예측하고 지속 가능한 식생활을 위해 실천 가능한 해결 방안을 스스로 찾는 것이 목표입니다.

2. 활용 도구

　가. Looker Studio: 다양한 형태로 데이터를 시각화할 수 있는 도구입니다. 별도 코딩 없이 데이터 시각화가 가능해 학생들이 접근하기 좋아요.

　나. Google slides: 온라인 협업이 가능한 발표 자료 제작 도구입니다. 학생들이 개인 기기로 하나의 발표 자료에 글, 이미지 등을 올리며 발표 자료를 함께 만들 수 있어요.

02 활용 도구 소개

1. 데이터를 시각화하는 Looker Studio

(1) 왜 이 도구를 선택했나요?

　루커 스튜디오는 공공 데이터로 제공되는 구글 시트, 엑셀 등 다양한 형태의 데이터를 활용할 수 있어요. 무엇보다 학생 개개인의 코딩 역량 차이가 크면 수업에서 활용하기 어려울 수 있는데, 별도의 코딩 없이도 데이터 시각화가 가능합니다. 또한, 웹사이트 기반으로 사용이 가능해, 학생이 사용하는 모든 개인 PC에 프로그램을 추가적으로 설치하지 않아도 되어 수업 준비 시간을 줄일 수 있어요.

(2) 활용 방법은 어떻게 되나요?

　※ 루커 스튜디오는 구글 계정이 있으면 무료 사용이 가능합니다.

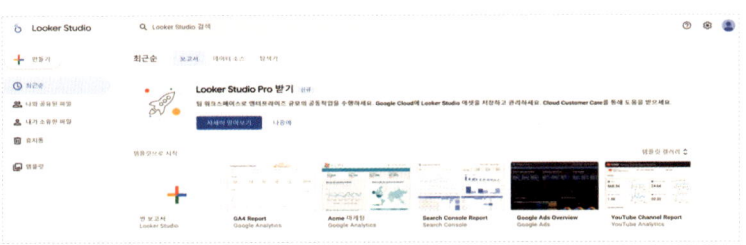

[그림 11-1] Looker Studio 초기화면

① https://lookerstudio.google.com 접속

② 구글 로그인

③ 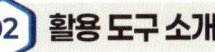 빈 보고서 클릭

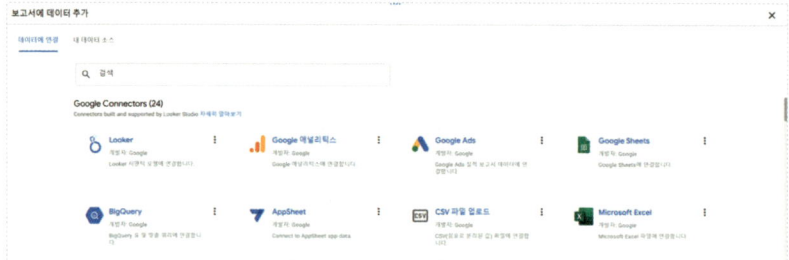

[그림 11-2] 데이터 추가 선택 화면

④ 구글 시트, 엑셀, CSV 등 활용하고자 하는 데이터 파일 추가
(구글 시트의 경우 url로 추가 가능)

[그림 11-3] 차트 추가 [그림 11-4] 차트 설정

⑤ 원하는 형태의 차트 추가
⑥ 데이터 중 희망하는 '측정항목'을 설정하여 시각화

(3) 주의 사항에는 어떤 것이 있을까요?

데이터별로 구현 가능한 차트 종류가 다르므로, 교사가 먼저 활용하고자 하는 데이터를 어떤 차트로 구현할 수 있을지 시도해 보는 것이 좋습니다.

2. 협동하여 발표를 준비하는 Google slides

(1) 왜 이 도구를 선택했나요?

구글 슬라이드를 통해 모둠 활동을 통한 협동 학습을 진행하면, 모두가 함께 참여할 수 있습니다. 모둠별 디자인 선택 폭도 넓고, 글을 작성할 수 있을 뿐만 아니라 이미지와 동영상도 업로드가 가능합니다. 또한, 발표를 진행할 때에는 듣는 학생들이 링크로 접속하여 발표 자료를 개인 기기로 보면서 들을 수 있어서 자료 제작 준비 과정부터 발표 진행까지 학생들의 참여도를 높일 수 있어요!

(2) 활용 방법과 Tip은 어떻게 되나요?

※ 구글 슬라이드는 구글 계정이 있으면 무료 사용이 가능합니다.

[그림 11-5] Google slides 초기화면

[그림 11-6] 공유 방법

① https://docs.google.com/presentation 접속

② 구글 로그인

③ 빈 프레젠테이션 클릭

④ 오른쪽 상단의 공유 클릭

⑤ '사용자 추가' 칸에 모둠 구성원의 이메일을 추가하여 아래의 '편집자' 권한을 주면, 공동 작업이 가능함

[그림 11-7] 프레젠테이션 초기화면

⑥ 슬라이드를 선택하여, 글/이미지/테마 등을 편집하고, 슬라이드 목록에서 각 슬라이드를 클릭하고 마우스 오른쪽을 누르면 '슬라이드 추가' 가능

> **Tip** 상단 메뉴 중 ⓢ Slido 탭을 클릭하면, 발표할 때 여러 가지 기능을 추가로 활용할 수 있어요.
> 질문과 대답, 워드 클라우드, 퀴즈, 투표 등 여러 가지 기능이 있어서 발표를 하면서 청중들과 다양한 방법으로 소통도 가능해요! 선생님이 수업 진행할 때 활용하면 학생들의 반응을 실시간으로 반영하여 진행할 수 있으니 사용해보세요!

(3) 주의 사항에는 무엇이 있을까요?

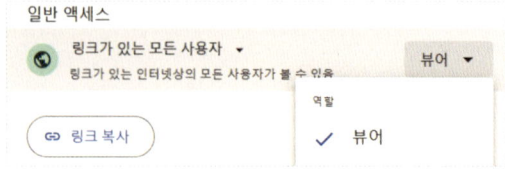

[그림 11-8] 공유 옵션

발표 자료를 청중에게 공유할 때에는, '편집자'가 아니라 '뷰어' 옵션을 선택하여 청중들이 임의로 수정하지 않게 합니다.

03 AI 활용 수업 계획

> **'데이터 시각화로 지속 가능한 식생활 실천하기'**

해당 프로젝트에서는 기후변화 주제에서 관련 데이터를 분석하고 활용하여 현재 삶과 미래 삶에 끼치는 영향을 분석하고, 지속 가능한 식생활을 위해 실천해보는 AI 활용 수업을 진행합니다.

> **수업의 특징**

- 중학교 3학년 학생 25명, 4학급을 대상으로 진행
- 가정, 환경, 정보 교과 융합
- 평가 방식: 채식 급식 메뉴 개발이라는 문제를 해결하는 과정에서 학생들이 데이터를 분석하고 활용하는 경험을 충분히 할 수 있도록 자기평가, 관찰평가, 포트폴리오 평가 진행

1. 수업 계획의 단계 설명

본 수업은 디지털 기반 문제중심학습 모형을 바탕으로 이루어지며, 디지털 기술과 협력하여 문제를 해결하는 과정으로, **문제 제시 및 공감 – 디지털 기술 안내 및 문제 해결 계획 수립 – 디지털 기술을 활용한 문제 해결 자료 탐색 – 문제 해결책 발표 및 성찰 – 문제 해결책 고안 및 실천** 5단계로 진행됩니다.

1	문제 제시 및 공감	• 실제적인 비구조화된 문제를 학습자에게 제시하여 학습자가 문제에 대한 공감을 하는 단계 • 기후변화, 지속 가능한 식생활과 관련된 문제 제시
2	디지털 기술 안내 및 문제 해결 계획 수립	• 디지털 기술 활용 방안을 안내하고, 제시된 문제를 확인하고 해결하기 위해 학습자 자신의 자기 주도적 학습 방법 및 범위, 그룹 활동 방법 및 범위에 대한 계획을 세우는 단계 • Looker Studio를 활용하여 기후변화 데이터를 이해 및 시각화 분석하는 방법을 연습하고, 문제 상황을 해결하기 위한 채식 급식 메뉴 개발 계획을 수립
3	디지털 기술을 활용한 문제 해결 자료 탐색	• 계획에 따라 디지털 기술을 활용하여 문제를 해결하기 위해 자기 주도적 학습 및 그룹 활동 내에서 역할을 분담하여 수행하는 단계 • 채식의 유형을 탐색하고 데이터를 활용하여 채식 급식 메뉴를 개발
4	문제 해결책 고안 및 실천	• 자기 주도적 학습과 그룹 활동을 통한 학습 내용을 바탕으로 디지털 기술을 활용하여 문제 해결책을 고안하고 실제 학생들의 삶 속에서 실천하는 단계 • 개발한 채식 급식 메뉴를 실제로 제작해보는 조리 실습 진행
5	문제 해결책 발표 및 성찰	• 그룹별로 도출한 해결책에 대해 발표하고 동료 학습자들과 공유하고 교사와 함께 평가하는 단계 • Google slides와 Looker Studio를 활용하여 문제 해결 과정과 결과를 발표를 통해 공유하고 성찰

CHAPTER 02 AI 융합 수업 차시별 소개

01 문제 제시 및 공감 (1차시)

1. 데이터로 기후변화 문제 인식하기 (1차시)

활동 순서
(1) 고기 있는 식단과 고기 없는 식단의 탄소발자국 비교하기 (2) 기후변화 관련 데이터 탐색하기

[그림 11-9] 밥상의 탄소발자국 사이트   [그림 11-10] 음식별 온실가스 배출량

[그림 11-11] 기후정보포털 시각화 자료

밥상의 탄소발자국은 [그림 11-10]의 데이터를 기반으로 만들어진 프로그램입니다. 이를 통해 고기 있는 한 끼 식단과 고기 없는 한 끼 식단의 탄소발자국을 비교하여 고기가 배출하는 온실가스의 양을 인식합니다.

다음으로, 기상청 기후정보포털의 국가 기후변화 표준 시나리오를 통해 우리나라 날씨 관련 데이터를 원자료와 시각화된 상태로 파악합니다. 데이터를 통해 우리나라의 기후 변화가 가속화되고 있음을 분석할 수 있으며, 기후 변화가 계속되는 일상 속에서 미래에 대한 준비가 필요함을 깨닫습니다. 또한, 형태가 다른 두 데이터를 시간을 갖고 비교해보면서 데이터 시각화의 유용성에 대한 인식을 이끌 수 있습니다.

02 디지털 기술 안내 및 문제 해결 계획 수립 (2차시)

1. 'Looker Studio' 학습 및 문제 해결 계획 세우기 (2차시)

> **활동 순서**
> (1) 문제 해결을 위해 Looker Studio를 통해 데이터 시각화 학습하기
> (2) Looker Studio를 활용한 문제 해결 계획 세우기

식생활 영역에서 기후 변화에 대응하기 위해서는 식생활 관련 데이터에 대한 분석이 필요합니다. 교사는 구글 시트 기반 데이터를 미리 준비하고, URL를 준비하여 학생들에게 공유합니다.

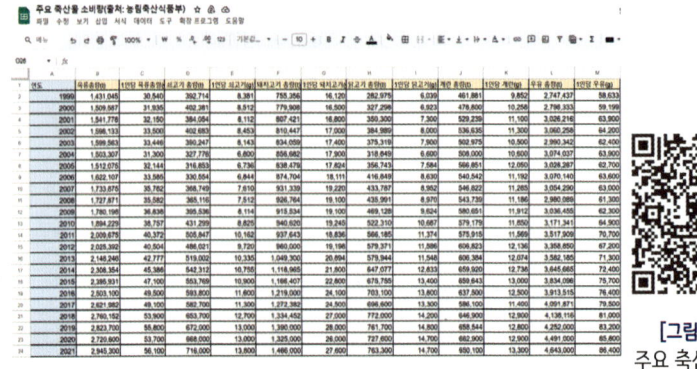

[그림 11-12] 주요 축산물 소비량 데이터(출처: 농림축산식품부)

[그림 11-13]
주요 축산물 소비량
데이터 QR코드

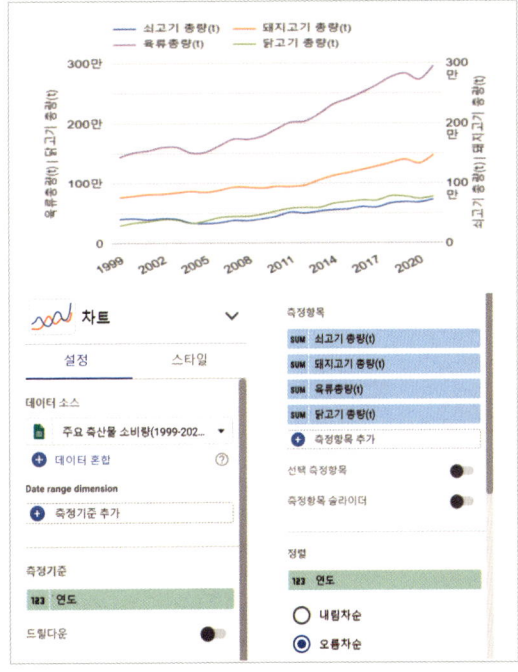

[그림 11-14] Looker Studio를 통한 데이터 시각화 예시

학생들은 루커 스튜디오에 접속하여, 구글 시트 URL을 통해 데이터를 추가합니다. 차트 추가를 클릭하고 파악하고자 하는 '측정항목'을 선정하여 데이터 시각화 자료를 제작합니다. 직접 제작한 시각화 자료를 바탕으로 현재 식생활 상황에 대한 분석도 진행할 수 있습니다.

다음으로, 학교에서 지속 가능한 식생활을 실천하기 위한 채식 급식 메뉴를 개발하기 위해 식재료별 온실가스 배출량 데이터와 루커 스튜디오를 직접 활용하여 문제 해결을 하기 위한 계획을 수립합니다.

디지털 기술을 활용한 문제 해결 자료 탐색 (3차시)

1. 데이터를 활용한 문제 해결 자료 탐색하기 (3차시)

활동 순서
(1) 채식의 유형 탐색하기 (2) 데이터를 활용하여 문제 해결 자료 탐색하기

[그림 11-15] 온실가스 배출량 계산 데이터

채식의 유형 중 청소년기 성장을 위해 충분한 단백질 섭취를 할 수 있는 달걀까지 섭취 가능한 락토오보 혹은 생선까지 섭취 가능한 페스코 유형으로 급식 메뉴를 개발합니다. 동일한 메뉴를 육식과 채식으로 개발할 때의 온실가스 배출량을 비교하며 개발합니다.

 문제 해결책 고안 및 실천 (4-5차시)

1. 채식 급식 메뉴 개발하기 (4-5차시)

활동 순서
(1) 조리 실습 안전 교육 및 개발한 채식 급식 메뉴 조리 실습하기

[그림 11-16] 채식 급식 메뉴 실습

블록 수업 2시간 동안 안전 교육 및 개발한 메뉴 조리 실습을 진행합니다. 이후 서로 완성한 음식을 시식하며 모둠별 결과물의 맛과 재료 구성에 대해 모둠 상호 간의 인터뷰를 진행하고 결과 발표 자료에 반영하도록 안내합니다.

문제 해결책 발표 및 성찰 (6-7차시)

1. 채식 급식 메뉴 개발 과정(문제 해결책) 발표 준비 (6차시)

> **활동 순서**
> (1) 채식 급식 메뉴 개발 과정을 담은 Google slides 발표 자료 제작하기
> (2) 개발한 메뉴의 온실가스 배출량을 Looker Studio로 비교하기

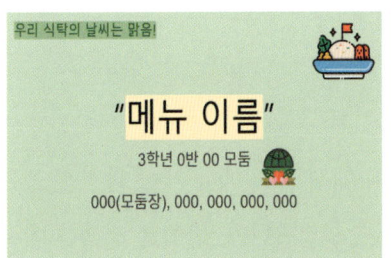 

[그림 11-17] Google slides 발표 자료

구글 슬라이드 공유 제작 기능을 통해 채식 급식 메뉴 개발 과정을 담은 발표 자료를 협동적으로 제작합니다.

종류	곡류	고기 생선 달걀 콩류	채소류	과일류	우유 유제품류	총량
육식 급식 메뉴						
채식 급식 메뉴						

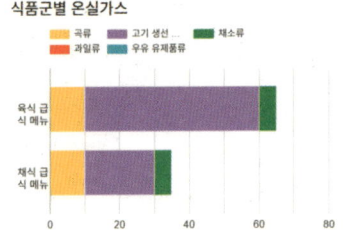 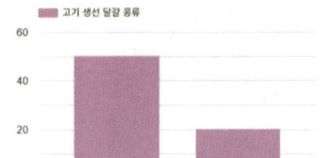

[그림 11-18] 육식 급식 메뉴와 채식 급식 메뉴의 온실가스 배출량을 비교한 데이터 시각화 자료

발표 자료에는 루커 스튜디오를 활용하여 개발한 급식 메뉴의 육식과 채식 온실가스 배출량을 비교한 데이터 시각화 자료를 첨부하여, 채식의 온실가스 배출 감축 효과를 강조할 수 있습니다.

2. 문제 해결 과정 공유 및 성찰 (7차시)

활동 순서
(1) 채식 급식 메뉴 개발 과정 발표 및 공유하기 (2) 반별 대표 메뉴 선정 후, 전교생 대상 투표 진행하기 (3) 실제 급식 메뉴에 반영하기

반 내에서 모둠별로 발표를 진행하며 채식 급식 메뉴 개발 과정을 공유합니다. 각 반별로 하나의 메뉴를 투표로 선정합니다. 반별로 선정한 메뉴를 전교생 대상으로 투표를 진행하여 실제 학교 급식으로 나올 메뉴를 선정합니다. 실제로 실현된 급식 메뉴를 경험한 후, 전체의 문제 해결 과정을 성찰합니다.

[그림 11-19] 전교생 대상 채식 급식 메뉴 투표 과정 및 급식 반영 결과물

CHAPTER 03 수업 결과물 및 제언

01 나만의 프로그램 결과물 예시 및 평가

1. 학생 산출물 예시

학생 산출물은 루커 스튜디오 활용 데이터 시각화 분석 보고서와 구글 슬라이드 활용 채식 급식 메뉴 개발 과정 발표 자료입니다.

(1) 육식 소비 데이터 시각화 분석 보고서 및 발표 자료 예시

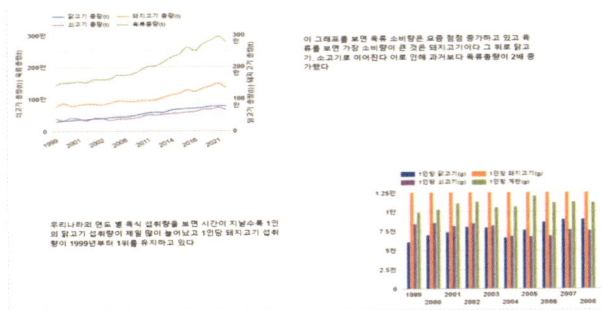

[그림 11-20] 보고서 예시

[그림 11-21] 발표 자료 예시 1

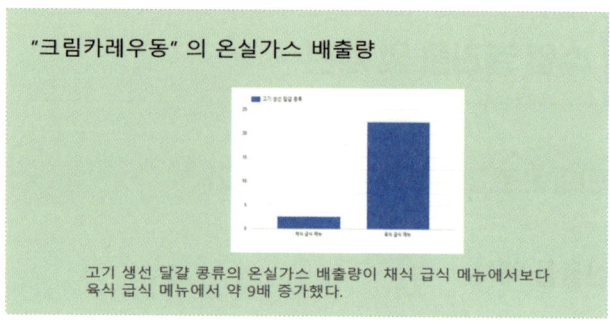

[그림 11-22] 발표 자료 예시 2

2. 평가 방법

학생들의 AI 도구 활용 능력, 협력적 문제 해결 능력을 과정중심 평가로 진행하기 위해 관찰평가, 포트폴리오 평가를 합니다.

차시	방법	내용
1-2	포트폴리오 평가	• 루커 스튜디오를 활용하여 데이터를 바탕으로 현재 식생활이 환경에 미치는 영향을 분석하는가?
3	포트폴리오 평가	• 데이터를 통해 육식과 채식이 배출하는 온실가스 배출량을 비교하여 채식 급식 메뉴를 개발하는가?
4-5	관찰 평가	• 안전 수칙을 지키며 채식 급식 메뉴 조리 실습을 진행하는가?
6	포트폴리오 평가	• 데이터 시각화를 활용하여 채식 급식 메뉴 개발 과정에 대한 발표 자료를 제작하는가?
7	관찰 평가	• 채식 급식 메뉴 개발 과정을 발표하고 성찰하는가?

부록(수업 지도안)

AI 활용 수업 지도안	
학교급	중학교
학년	3학년
총 차시	7차시
수업 개요	
과목	가정, 환경, 정보
수업 주제	데이터 시각화를 활용한 채식 급식 메뉴 개발 수업
성취 기준	[9기가02-03] • 건강과 환경을 고려한 식품의 선택, 관리, 보관 방법을 탐색하여 실생활에 적용한다. [9기가02-04] • 개인과 가족의 영양 요구와 지속 가능성을 충족하는 식사를 계획하고 조리한다.
활용 주요 도구	Looker Studio, Google slides
참고한 모형 혹은 원리	• 디지털 기반 문제중심학습 - 문제중심학습에서 주제로 하는 학생들의 삶과 밀접한 실제적 문제를 제시함. - 단계: 문제 제시 및 공감 → 디지털 기술 안내 및 문제 해결 계획 수립 → 디지털 기술을 활용한 문제 해결 자료 탐색 → 문제 해결책 발표 및 성찰 → 문제 해결책 고안 및 실천
AI 융합 수업 구성 의도	• 디지털 전환과 기후, 생태 환경의 변화는 미래사회를 살아갈 청소년이 마주한 현실이다. 이러한 사회 변화에 대한 대응 역량을 키우기 위해서, 청소년들의 삶과 밀접한 수업 주제를 다룰 때 직접 학습한 내용을 실제 삶에 적용할 수 있어야 한다. 또한, 2022 개정 교육과정에서는 학교 교육과정 설계 시에 다양한 AI·디지털 기술을 활용하여 운영하여 학생들의 디지털 기초 소양을 갖추도록 한다. • 이 수업은 교육 목표의 교수 학습 요소와 연결 가능한 AI·디지털 기술을 체험하고, 실생활과 관련성이 있는 주제에 적용하고 실천할 수 있도록 수업을 설계하였다. 기후변화를 주제로 학생들이 매일 경험하는 식생활과 연결 지어, 데이터를 분석하고 활용하여 현재 삶과 미래 삶의 변화를 예측하고 지속 가능한 식생활을 위해 실천 가능한 해결 방안을 스스로 찾는 기회를 갖게 될 것이다.

AI 활용 수업 지도안		
수업 목표		1. 개인과 가족의 건강, 환경을 고려하는 지속 가능한 식생활을 실천하는 태도를 기를 수 있다. 2. 데이터와 데이터 시각화를 활용하여 문제를 해결할 수 있다. 3. 채식의 유형을 알고 실천하는 태도를 기를 수 있다.
차시		7차시
활용한 AI, 디지털 도구		Looker Studio, Google slides
지도상의 유의점		• 데이터를 활용할 때 측정항목 간 관계성에 대해 사고하여 분석하도록 유도한다. • 조리 실습 시, 안전하게 활동에 참여할 수 있도록 지도한다. • AI 도구를 활용하여 모둠 활동에 모두 참여하도록 격려한다.

학습 단계	교수 학습 활동	자료 및 유의점
1차시	• 고기 있는 식단과 고기 없는 식단의 우수 사례 비교하기 • 기후변화 관련 데이터 탐색하기	기후변화 데이터
2차시	• 문제 해결을 위해 Looker Studio를 통해 데이터 시각화 학습하기 • Looker Studio를 활용한 문제 해결 계획 세우기	Looker Studio
3차시	• 채식의 유형 탐색하기 • 데이터를 활용하여 문제 해결 자료 탐색하기	식재료별 온실가스 데이터
4-5 차시	• 조리 실습 안전 교육 실시하기 • 개발한 채식 급식 메뉴 조리 실습하기	실습 안전
6차시	• 채식 급식 메뉴 개발 과정을 담은 Google slides 발표 자료 제작하기 • 루커 스튜디오로 개발한 메뉴의 온실가스 배출량 비교하기	Google Slides, Looker Studio
7차시	• 채식 급식 메뉴 개발 과정 발표 및 공유하기 • 반별 대표 메뉴 선정 후, 전교생 대상 투표 진행하기 • 실제 급식 메뉴에 반영하기	영양 선생님 협의
평가 도구		• 1-2차시: 포트폴리오 평가 – 데이터 시각화를 통해 현재 식생활이 환경에 미치는 영향 분석 • 3차시: 포트폴리오 평가 – 데이터를 활용한 채식 급식 메뉴 개발 • 4-5차시: 관찰평가 – 안전한 채식 급식 메뉴 조리 실습 • 6차시: 포트폴리오 평가 – AI 도구(데이터 시각화, Google slides)를 활용한 채식 급식 메뉴 개발 과정 발표 자료 제작 • 7차시: 관찰평가 – 채식 급식 메뉴 개발 과정 발표 및 성찰

12
서술형 평가, GPT와 함께하기
- 서술형 평가 자동 채점 및 피드백 시스템 -

서술형 평가는 학생들이 과학 개념을 깊이 이해하고, 비판적 사고, 창의력, 문제 해결 능력을 높여주는 중요한 도구입니다. 하지만 서술형 평가의 높은 교육적 효과에도 불구하고, 시간과 인적 자원의 부족으로 교사들이 이를 도입하는 데 어려움을 겪고 있어요. 이러한 상황에서 GPT가 서술형 평가의 보조 교사로 활용될 수 있도록 구성해보았습니다. 이러한 내용은 AI 도구를 활용하여 기존에 실현하기 어려웠던 수업을 개선하기 위해, 교수 학습에 융합한 AI 활용 교육의 한 사례로 제시합니다.

이번 수업 사례의 목표는 학생들이 GPT로 1차적 서술형 평가 채점과 피드백을 받고, 교사의 2차 피드백으로 서술형 평가의 목적을 효과적으로 달성하는 것이에요. 코드에 관한 기초적인 지식이 있는 분께서는 조금 더 이해가 쉬울 것 같네요. 처음 보셨더라도 설명을 천천히 보시고, GPT와 함께라면 어렵지 않을 겁니다!

수업 개요	대상	중학교 2학년
	관련 교과	과학
	수업 목표	GPT 활용으로 서술형 평가 채점 및 피드백 실시하기
	성취 기준	[9과11-04] 물질을 이루는 입자는 원자, 분자, 이온 등으로 존재할 수 있음을 알고, 이온은 전하를 띠고 있음을 설명할 수 있다.
	활용 도구	GPT API, Streamlit, Visual Studio Code, MySQL
	AI 요소	채점 기준과 지침(페르소나 부여)에 따른 GPT의 서술형 평가 자동 채점 및 피드백

CHAPTER 01 서술형 평가 속 GPT의 활용

01 서술형 평가 그리고 왜 GPT인가?

서술형 평가는 학생들이 과학 개념을 자신의 언어로 표현하며, 비판적 사고력과 문제 해결 능력을 기를 수 있는 효과적인 방법이에요. 그러나 실제 교육 현장에서 모든 학생의 서술형 답안을 꼼꼼하게 채점하려면 시간과 인력이 매우 많이 들기 때문에, 선생님들은 서술형 평가 도입을 망설이곤 합니다. 이러한 어려움을 해결하고자 생성형 AI, 특히 GPT API를 활용하는 방안을 제시합니다. 이때 GPT는 자동 채점 및 피드백을 제공하는 데 도움이 될 것으로 기대하고 있어요!

본 수업은 과학 교과를 중심으로 진행했지만, 사실상 어느 교과든지 모범 답안과 평가 기준이 제시된다면, GPT를 통해 비슷한 방식으로 자동 채점 및 피드백 시스템을 구현할 수 있어요.

02 활용 도구 소개

1. 자동 채점과 피드백을 위한 GPT API

(1) 왜 이 도구를 선택했나요?

서술형 평가의 자동 채점과 맞춤형 피드백을 즉각적으로 제공할 수 있기 때문이에요. 기존에는 교사가 모든 서술형 답안을 일일이 채점하고 피드백을 주는 데 많은 시간이 소요되었지만, GPT API를 활용하면 학생들이 제출한 답안을 바로 채점하고 개별적인 피드백까지 줄 수 있어요. 예를 들어,

학생이 작성한 답안을 GPT가 미리 준비한 평가 기준에 따라 빠르게 평가하여, 학생이 자신의 결과를 즉시 확인하고 수정할 수 있도록 돕습니다.

(2) 활용 방법과 Tip은 어떻게 되나요?

※ GPT 모델은 GPT-4o를 사용했습니다.

① OpenAI 계정 만들기

② API Key 발급

[그림 12-1] API Key 발급 방법 QR코드

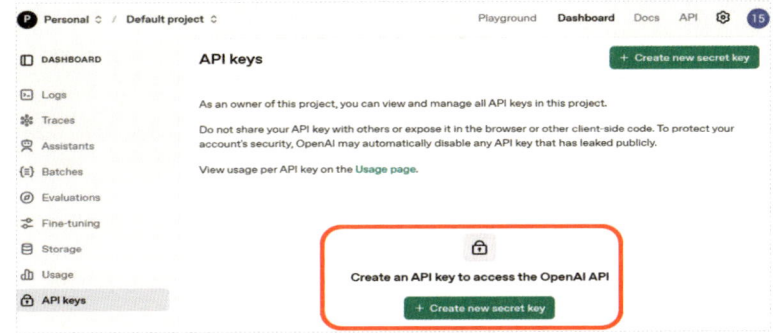

[그림 12-2] OpenAI의 API Key 발급 화면

(3) 주의 사항에는 어떤 것이 있을까요?

API Key는 개인정보입니다. 타인에게 노출되지 않도록 개인 저장 장치나 파일에 보관하는 것이 중요해요!

2. 웹 기반 플랫폼인 Streamlit

(1) 왜 이 도구를 선택했나요?

사용자 친화적인 웹 애플리케이션을 손쉽게 만들 수 있는 프레임워크입니다. 데이터 시각화, 인터랙티브 대시보드 구축 등 여러모로 활용할 수 있어요. 본 수업에서는 학생들이 기존 종이 학습지 대신, 스마트 기기에서 웹으로 접속하여 서술형 평가를 진행할 수 있는 플랫폼으로 활용했습니다.

또한, 간단한 코드로 웹 기반 서술형 평가 환경을 빠르게 구축할 수 있어요. 전문적인 코딩 지식이 없어도 GPT의 도움을 받아 쉽고 빠르게 평가 시스템을 구현할 수 있습니다. 따라서 학생들이 서술형 평가를 진행할 때, 간단히 웹으로 접속만 하면 평가 진행 및 채점, 피드백 제공이 가능하여 스트림릿을 사용했습니다.

(2) 활용 방법과 Tip은 어떻게 되나요?

[그림 12-3] Streamlit, Github 계정과 연동 방법 QR코드

스트림릿으로 웹 화면을 만들기 위해서는 코드 작성이 필요해요. 이때, 코드는 스트림릿에 올려서 만드는 것이 아니라, 코드가 저장된 깃허브(Github)를 스트림릿 셰어링(Streamlit Sharing)에 연동하여 배포하는 방식으로 웹 애플리케이션이 만들어집니다. 깃허브라는 클라우드에 웹 화면 구성에 필요한 코드를 올려두고, 해당 코드를 불러오는 역할을 스트림릿 셰어링에서 한다고 생각하시면 됩니다.

> **FAQ** Github란? 단순한 원격 저장소를 넘어서, 개발자들이 코드를 공유하고 협력할 수 있는 플랫폼입니다.

① 깃허브와 스트림릿 각각 계정 만들기

② 스트림릿과 깃허브 연동하기

Tip 구글 계정 등록 가능합니다. 가능하면, 잊지 않도록 같은 계정으로 Github와 Streamlit 에 계정을 생성하는 게 좋아요!

3. 코드 작성을 위한 Visual Studio Code(VS Code)

[그림 12-4] VS Code 설치 등 QR코드

(1) 왜 이 도구를 선택했나요?

혹시 파이썬(Python)을 들어보셨나요? Visual Studio Code는 다양한 프로그래밍 언어를 효과적으로 작성할 수 있도록 지원하는 코드 편집기입니다. 이때 스트림릿을 만들고, 웹에 배포하기 위해 접근성과 호환성이 뛰어난 Visual Studio Code를 사용했습니다.

또한, 웹 화면에서 학생들이 제출한 서술형 평가의 답안을 GPT로 채점 및 데이터베이스에 작성한 답안과 피드백을 옮기고, 교사에게 보여주는 전체 과정을 스트림릿에서 나타내기 위해 해당 코드 편집기로 작성했습니다. 앞으로 VS Code로 용어를 정리하겠습니다.

Tip VS Code의 내장 Git 기능을 이용해 코드를 GitHub에 바로 커밋·푸시한 다음, Streamlit Community Cloud(또는 Streamlit for Teams)에서 해당 폴더(Repository)를 연결해 손쉽게 배포할 수 있습니다.

(2) 활용 방법과 Tip은 어떻게 되나요?

① VS Code 설치 https://code.visualstudio.com/

② VS Code 환경 설정(초기 세팅)

> **Tip** 생성형 AI(GPT, Claude, Gemini 등) 적극 활용해서 코드 작성을 하시면, 전문적 코딩 지식이 부족해도 충분히 진행할 수 있어요!

[그림 12-5] VS Code 홈페이지

(3) 주의 사항에는 어떤 것이 있을까요?

스트림릿으로 화면을 만들기 위해서는 아래 설명할 VS Code에서 코드 작성이 필요합니다. GPT나 Claude 등 생성형 AI를 활용해 원하는 화면을 스트림릿으로 구현하려면, 프롬프트(예를 들면, GPT 등에 "Streamlit에 서술형 문항 다섯 가지를 제시하고, 각 문항에 대한 답변을 제출 받을 수 있는 화면을 구성할 수 있게, VS Code에 넣을 코드를 작성해줘!") 작성을 통해 코드를 얻어 실행하면 됩니다.

오류가 나는 경우가 종종 있는데요 이럴 때는 해당 오류 메시지를 다시 GPT 등 그대로 물어보고, 답변에 따라 수정하면 됩니다. 또한, 코드 작성 시, 주석(Comment)을 충분히 달아두면, 나중에 수정하거나 오류를 찾을 때 큰 도움이 됩니다. 생성형 AI의 발달에 따라 오류가 줄어들고 있기는 해도, 원하는 것을 얻기 위해서는 단계적으로 천천히 접근하는 인내심이 필요합니다.

4. 데이터를 체계적으로 저장하는 MySQL

(1) 왜 이 도구를 선택했나요?

학생들이 제출한 답안과 GPT에 의한 채점 내용이 교사에게 전달되어야 2차 피드백을 줄 수 있겠지요. 따라서 저장하기 위한 데이터베이스가 필요합니다. 데이터베이스 관리 프로그램인 MySQL은 이러한 정보를 안정적

[그림 12-6] MySQL 관련 설명 QR코드

으로 저장하고 쉽게 관리할 수 있게 해준답니다. 저장된 데이터는 교사가 실시간으로 확인하고 추가적인 피드백을 주는 데 효과적으로 활용돼요.

FAQ 꼭 SQL 써야 하나요? 아니요! 만약, GPT에 의한 채점과 피드백만 학생에게 준다고 한다면, 위의 세 가지 도구로도 충분합니다. 학생 수가 적다면, 직접 제출한 학생의 자리에 가서 함께 확인하면 되겠죠. 그러나 교사가 많은 학생들에게 실시간으로 GPT에 의한 채점을 바탕으로 2차 피드백을 주려면, 학생들이 제출한 답안과 채점된 내용을 저장해야 합니다.

(2) 활용 방법과 Tip은 어떻게 되나요?

① MySQL 설치 https://www.mysql.com/downloads/

② MySQL Workbench 설치 https://dev.mysql.com/downloads/workbench/ : MySQL 데이터베이스를 통합된 환경에서 손쉽게 수행할 수 있는 도구입니다.

(3) 주의 사항에는 어떤 것이 있을까요?

데이터베이스 보안을 위해 사용자 계정과 비밀번호를 철저히 관리하세요. 구글 API로 구글 스프레드시트 등에 보관할 수도 있으나, 다수의 데이터를 실시간으로 저장 및 조회(교사용 대시보드)하기에는 데이터베이스가 안정적이고 빠릅니다.

MySQL이 어렵다면, MariaDB(무료, MySQL과 같은 소스 코드)의 대안이 있습니다.

- 2025년 기준, MySQL(일부 유료)보다 MariaDB(무료) 활용하는 것도 좋습니다. 이때 둘 다 동일한 소스 코드를 기반으로 하므로, 본 수업 사례에서 제시된 내용을 그대로 보셔도 괜찮습니다.

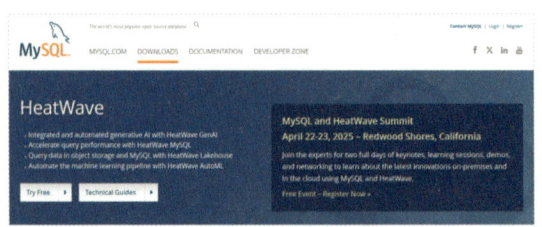

[그림 12-7] MySQL 홈페이지

5. 요약 및 다음 단계

정리하자면, 기존 서술형 평가지는 VS Code로 작성된 스트림릿으로 웹에 옮겨져, GPT API에 의해 채점돼요. 학생들이 웹으로 제출한 답안과 채점된 정보는 MySQL을 통해 데이터베이스에 저장되고, 저장된 내용은 교사가 웹에서 실시간으로 확인하여 2차 피드백을 줄 수 있습니다.

이러한 네 가지 도구의 궁극적인 목표는 서술형 평가의 교육적 효과를 높이기 위해 학생들이 언제 어디서든 스마트 기기로 답안을 작성하고 교사의 즉시 채점으로 피드백을 얻을 수 있도록 하려는 것입니다. 바로 다음 내용에서 실제로 어떻게 문항을 만들고, 프롬프트를 설정하여 GPT가 자동 채점할 수 있게 하는지 그리고 데이터베이스와 교사용 대시보드를 어떻게 연동하는지 흐름을 살펴보겠습니다.

수업 설계와 시스템 구성 흐름

1. 수업 계획의 시각화

해당 수업은 중학교 2학년 4개 반(80명)을 대상으로 진행하며, '물질의 구성' 단원을 중심으로 계획했습니다. 서술형 평가는 어느 단원에서나 적용할 수 있으므로, 서술형 문항의 정교성과 구체적인 수업 – 평가 설계, 명확한 평가 준거에 중점을 두었습니다. 문항을 제작하고, 평가 준거에 따른 모범 답안(수업의 의도가 적용된)까지는 일반적인 수업 – 평가 과정과 같습니다. 아래는 그림은 서술형 평가의 채점과 피드백을 위한 시스템 초기 업무 흐름(Workflow)입니다.

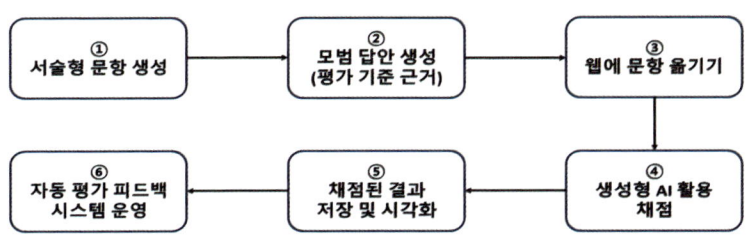

[그림 12-8] GPT 자동 채점 및 피드백 시스템 업무 흐름도

2. 수업 계획의 단계 설명

(1) 서술형 문항 생성

교사는 수업 내용을 바탕으로 서술형 문항을 작성하고, 문항이 수업 목표에 부합하는지 검토합니다.

(2) 모범 답안 생성

교사의 수업 의도를 반영하여 서술형 문항의 예시 답안을 작성합니다. 모범 답안은 생성형 AI를 통한 자동 채점에 사용됩니다.

(3) 웹에 문항 옮기기

스마트 기기를 활용한 서술형 평가를 위해, 서술형 문항을 웹 애플리케이션으로 구현합니다. 스트림릿을 만들기 위해 VS Code를 사용하여 간편한 웹사이트 제작이 가능하도록 설계했습니다.

(4) 생성형 AI 활용 채점

OpenAI의 GPT API를 활용하여, 학생들이 작성한 서술형 답안을 웹에서 자동으로 채점할 수 있도록 VS Code에 코드를 추가합니다.

(5) 채점된 결과 저장 및 시각화

채점된 결과는 MySQL 데이터베이스에 저장되어, 교사가 자동 피드백의 적절성을 확인하고 추가 피드백이 필요한지를 실시간으로 확인할 수 있도록 시각화됩니다. 이를 통해 교사는 웹 애플리케이션에서 결과를 쉽게 불러와 확인할 수 있습니다.

(6) 자동 평가 피드백 시스템 운영

전체 시스템이 원활하게 작동하는지 최종 검토하고, 필요시 개선 작업을 수행합니다. 개선 작업은 GPT, Claude, Gemini 등 다양한 생성형 AI를 활용하면 됩니다.

CHAPTER 02 AI 융합 수업 차시별 소개

중요 안내

1. 여기 제시된 내용은 실제 적용했던 사례를 바탕으로 구성한 것이며, 대략적인 흐름을 알려드리는 자료입니다.
2. 직접 해보실 수 있는 간단한 예시 자료는, 화면과 코드를 포함하여 단계마다 QR코드로 자세한 설명과 함께 첨부하였으니 꼭 참고하세요.
3. 수업 사례 맨 마지막 부분에는, 코드가 포함된 Github의 링크를 공유하였으니, 코드만 일부 수정해서 간단하게 구현해보셔도 좋아요!

[그림 12-9] 전체 가이드라인 QR코드

01 서술형 문항 개발

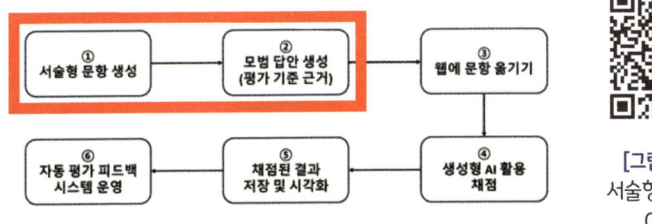

[그림 12-10] 서술형 문항 예시 QR코드

1. 서술형 문항 생성

교사는 성취 기준과 수업 내용을 바탕으로 서술형 문항을 작성합니다. 서술형 문항 개발과 모범 답안 생성은 기존 서술형 평가를 진행하는 방식과 동일합니다.

2. 모범 답안 생성(평가 기준 근거)

교사의 수업 의도를 반영하여 서술형 문항의 모범 답안을 작성합니다. 이 모범 답안은 나중에 VS Code에 채점 기준으로 입력되어 생성형 AI(GPT-4o)를 통한 자동 채점에 사용됩니다.

```
example_answers = {
  "1": "(가)는 양이온, (나)는 음이온, (다)는 원자이다.
  "2": "A 이온의 이온식은 Be2+이고, 남아 있는 전자의
  "3": "전기 전도계에 불이 들어오는 수용액은 (가)이다.
  "4": "? 수용액에 녹아 있는 물질은 질산 은(혹은 AgNO3
  "5": "염화 칼슘 수용액(혹은 CaCl2 수용액)이다. 그
}
```

[그림 12-11] 간단한 모범 답안 → VS Code 입력

02 서술형 문항 → 웹 구현(Streamlit)

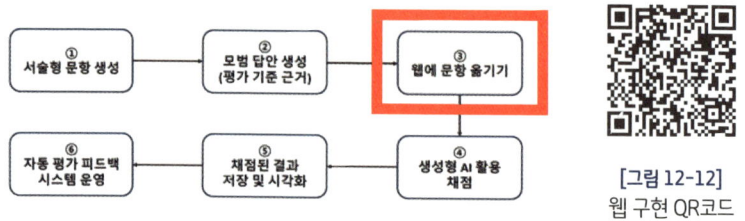

[그림 12-12] 웹 구현 QR코드

서술형 문항을 웹 애플리케이션으로 구현합니다. VS Code에 스트림릿을 사용할 수 있도록 코드 작성 및 배포합니다. 이때, 서술형 문항과 모범 답안 및 채점 기준 그리고 GPT API 키와 MySQL 계정이 필요합니다. 일단, VS Code로 코드를 작성해야 하니, 선행 작업 내용에 대해서 설명드리겠습니다.

1. VS Code 선행 작업

① 바탕화면에 폴더 만들기

② 'app.py' 파일 만들어 저장하기

.py는 파이썬 파일의 확장자로, 스트림릿을 구현하기 위한 파일이라고 생각하시면 됩니다.

③ GPT로 코드 생성하기

코드 작성은 GPT나 Claude 등 생성형 AI의 도움을 받아 작성했습니다. 프롬프트를 예로 들자면, "Visual Studio Code로 스트림릿을 만들려고 해. 이때, 제목은 ○○으로 하고, 5문제의 서술형 문항의 답변을 받으려고 해"부터 시작해서 구체화하며 대화를 이어갔습니다. 기본적인 서술형 문항과 답변 제출 버튼까지 만들고 난 후에는, 순차적으로 MySQL에 저장하는 법, GPT API로 채점하고 이를 다시 학생 화면에 제시하는 방법 등을 묻는 멀티턴(Multi-turn) 방식을 통해 코드를 완성했습니다.

2. VS Code로 Streamlit 실행(로컬 환경)

① 로컬 환경에서 스트림릿 실행하기

VS Code에서 웹으로 정식 배포하기 전에, 스트림릿을 실행할 수 있어요. 이때, 실행되는 스트림릿은 사용자의 PC에서만 작동하는 '로컬 환경'이라서, 다른 사용자는 사용할 수 없답니다. 'app.py'의 파일에 코드를 붙여넣기 했다면, 해당 화면을 우클릭하여 'Python 실행' → '터미널에서 Python 파일 실행'을 클릭하세요. 그러면 아래 그림처럼 실행할 수 있는 창이 뜹니다. 여기서 'streamlit run app.py'를 작성하고, Enter 키를 누르면 로컬 환경에서 스트림릿 화면이 떠요!

[그림 12-13] 로컬에서 Streamlit 실행

03 GPT 채점 및 결과 받기

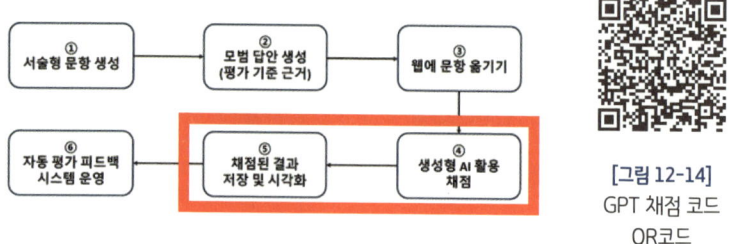

[그림 12-14] GPT 채점 코드 QR코드

1. 생성형 AI 활용 채점(GPT API)

OpenAI의 GPT API를 활용하여, 학생들이 작성한 서술형 답안을 웹에서 자동으로 채점할 수 있도록 VS Code에 추가합니다([그림 12-15] 참고).

2. 채점된 결과 저장(MySQL) 및 시각화(Streamlit)

채점된 결과는 MySQL 데이터베이스에 저장되어, 교사가 자동 피드백의 적절성을 확인하고 추가 피드백이 필요한지를 실시간으로 확인할 수 있도록 대시보드로 제시해야 합니다. 이를 통해 교사는 웹 애플리케이션

(Streamlit)에서 결과를 쉽게 불러와 확인할 수 있으며, 학생의 데이터를 바탕으로 2차 피드백을 진행할 수 있어요.

```python
if submit_button:
    if len(student_id) != 5 or not student_id.isdigit():
        st.error("학번은 5자리 숫자로 입력해야 합니다. 다시 시도해 주세요.")
    elif not (answer1.strip() and answer2.strip() and answer3.strip() and answer4.strip() and answer5.strip()):
        st.error("모든 문항에 답변을 입력해 주세요.")
    else:
        feedbacks = []
        for i, (answer, example_answer) in enumerate(zip([answer1, answer2, answer3, answer4, answer5],
                                        [example_answers["1"], example_answers["2"], example_answers["3"],
                                         example_answers["4"], example_answers["5"]])):
            prompt = (f"학생 답안: {answer}\n\n"
                      f"예시 답안: {example_answer}\n\n"
                      f"채점 기준: 예시 답안과 비교하여, 학생 답안이 맞는지 확인하고, 틀린 부분이 있다면 어떤 부분을 공부해야 하는지 "
                      f"학생 답안이 예시 답안과 정확히 일치하지 않더라도, 내용이 맞다면 간단히 이유를 설명해 주세요."
                      f"내용 설명은 최대 200자 이내로 요약하여 제한하고, 설명할 때 교사가 학생에게 대하듯 친절하게 설명해 주세요.")

            response = client.chat.completions.create(
                model="gpt-4o",
                messages=[
                    {"role": "system", "content": "You are a helpful assistant that provides feedback based on given criteria"},
                    {"role": "user", "content": prompt}
                ],
                temperature=0.1,
                max_tokens=200
            )
            feedback = response.choices[0].message.content.strip()
            feedbacks.append(feedback)

        feedback_data = pd.DataFrame(
            [
                {
                    "student_id": student_id,
                    "number1": answer1,
                    "number2": answer2,
                    "number3": answer3,
                    "number4": answer4,
                    "number5": answer5,
                    "feedback1": feedbacks[0],
                    "feedback2": feedbacks[1],
                    "feedback3": feedbacks[2],
                    "feedback4": feedbacks[3],
                    "feedback5": feedbacks[4]
                }
            ]
        )
```

[그림 12-15] GPT API와 연계하여 학생 답안 채점하기

```
# 학생에게 피드백 보여주기
st.subheader("제출한 답안에 대한 피드백:")
for i in range(1, 6):
    st.write(f"문제 {i}: {feedbacks[i-1]}")

# 기존 데이터에 새로운 데이터 추가
for row in feedback_data.itertuples(index=False):
    cursor.execute(
        """
        INSERT INTO student_responses_2 (student_id,
        VALUES (%s, %s, %s, %s, %s, %s, %s, %s, %s, %
        """,
        row
    )
conn.commit()

st.success("답안이 성공적으로 제출되었습니다!")
```

[그림 12-16] 학생에게 피드백 제공

04 수업 적용하기(Streamlit 배포)

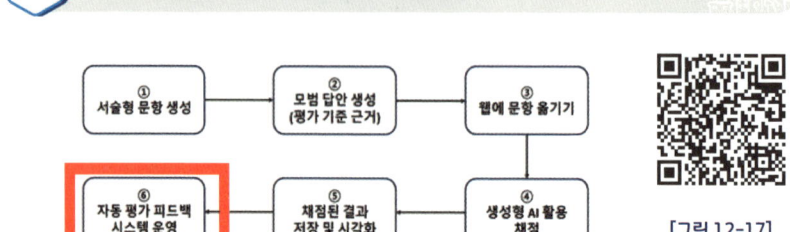

[그림 12-17] 배포 작업 QR코드

전체 시스템이 원활하게 작동하는지 최종 검토하고, 필요시 개선 작업을 수행합니다.

1. 웹 화면으로 배포하기(Streamlit 배포)

VS Code로 완성한 코드를 Github의 폴더(Repository)에 올립니다. 이때 Streamlit과 Github를 연동시켜야 합니다.

[그림 12-18] VS Code 일부 내용

GPT API Key와 MySQL의 정보는 유출 방지를 위해 '.streamlit' 폴더의 'secrets.toml'이라는 파일로 작성하여 넣어두어야 합니다.

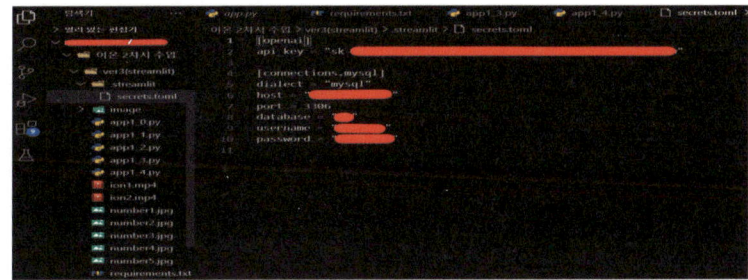

Streamlit 배포(Sharing): Streamlit을 배포하기 위해서는 먼저, Github에 해당 자료를 올려두고 배포하는 작업이 필요합니다.

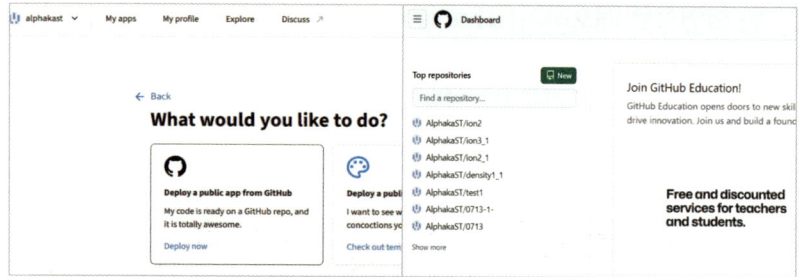

VS Code로 작성된 코드를 Github에 올리고, Streamlit Sharing을 검색하여 Github 계정을 연결하고 배포 작업을 진행하면 됩니다.

Streamlit Sharing으로 배포하기 전에, Github의 Repository에 'requirements.txt'가 있어야 한다는 점에 주의합니다.

1단계: 구글(크롬)에서 Streamlit Sharing 검색하고, 로그인

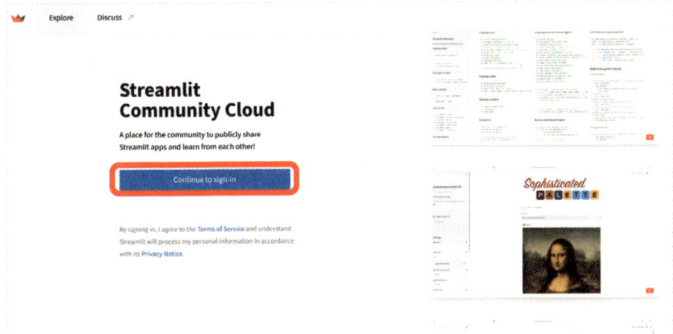

2단계: Create app 선택

3단계: Public app으로 배포(Deploy) 클릭

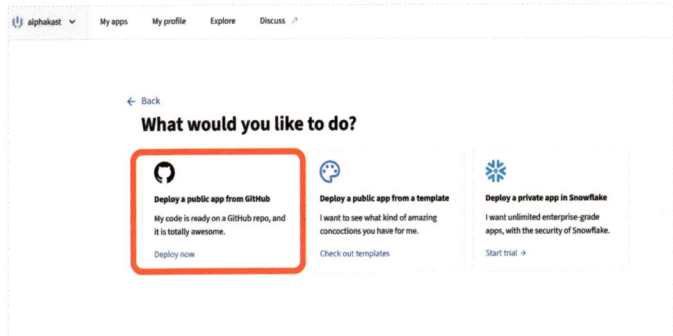

4단계: Github의 폴더(Repository)와 연동

Github에 GPT API와 MySQL의 정보를 넣지 않았어도, 화살표의 Advanced settings에 위에 언급된 secrets.toml의 내용을 넣어도 작동합니다.

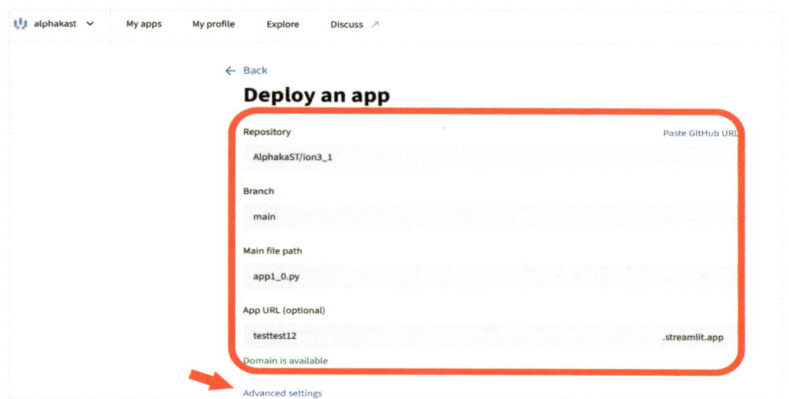

5단계: 하단의 Deploy를 누르면 배포가 시작되며, 성공했을 시에는 아래와 같은 정상적인 이미지가 나옵니다.

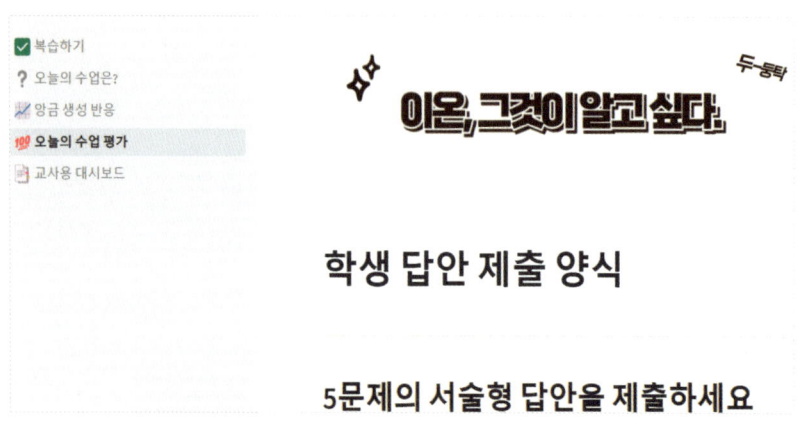

[그림 12-19] 실제 수업 중 Streamlit(웹)에서 구현된 화면 일부

CHAPTER 03 수업 결과물 및 제언

01 나만의 프로그램 결과물 예시 및 평가

1. 학생 산출물 예시

적용한 사례와 산출물을 제시합니다.

[그림 12-20] 적용 장면

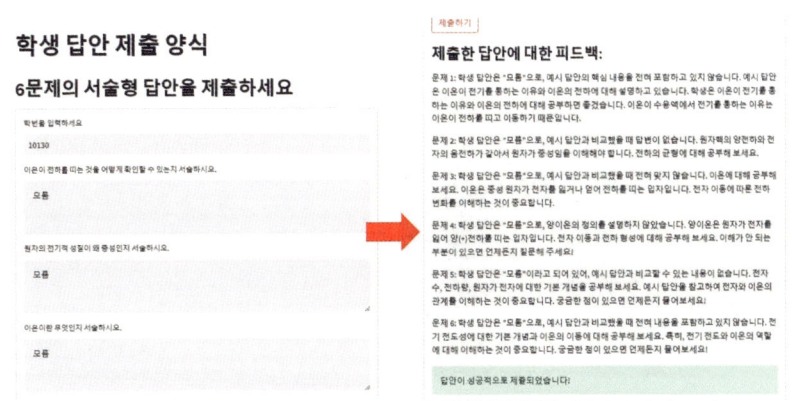

[그림 12-21] 웹으로 구현된 평가지와 GPT 피드백

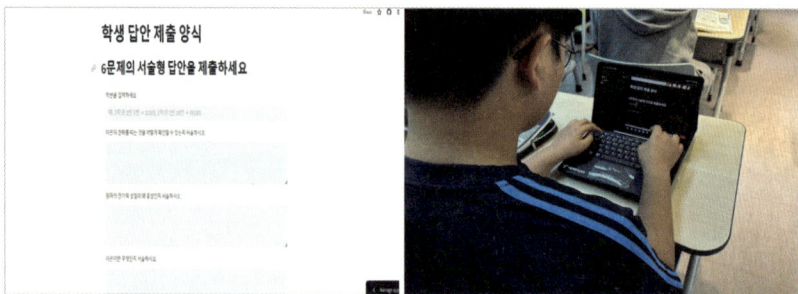

[그림 12-22] 시스템 화면　　　　　　[그림 12-23] 적용 장면

[그림 12-24] 피드백 결과 1　　　　　　[그림 12-25] 피드백 결과 2

[그림 12-26] 적용 장면　　　　　　[그림 12-27] 대시보드(학생 데이터 → 교사)

2. 수정 보완 과정

본 수업에서는 하나의 대단원 속 세 개의 소단원에 서술형 평가를 진행하면서 아래와 같이 4회에 걸쳐 수정하고 보완 작업을 실시했습니다. 독자 여러분께는 '서술형 평가 채점과 피드백' 장면에 특화된 코드를 제공하였으나, 실제 현장에서는 이를 더욱 확장하여 교과 수업 자료까지 포함한 완전한 수업 단위로도 활용할 수 있도록 발전시켰으며, 이 또한 GPT와 함께 이루어졌습니다.

1회 차 수정 보완 과정
- 서술형 문항 수를 기존 6문항에서 5문항으로 줄인다.
- 데이터베이스에 자동으로 저장된 학생 피드백을 더 보기 쉽게 시각화한다.
- 서술형 평가뿐만 아니라 수업 전체에 스마트 기기를 활용하여, 수업의 모든 과정이 기기와 연계될 수 있도록 구성한다.
- 잘못된 피드백 발생을 줄이기 위해, 프롬프트 엔지니어링 기법을 활용하여 보다 구체적인 예시 답안과 지시 사항을 업데이트한다.

2회 차 수정 보완 과정
- 서술형 문항에 힌트를 추가하여 필요한 학생(수준 고려)이 볼 수 있도록 안내한다.
- 협력 학습이 가능하도록 4인을 하나의 모둠으로 구성한다.

3회 차 수정 보완 과정
- '복습하기' 기능을 추가하여 이전 차시 복습을 강화한다.
- 프롬프트를 수정하여 생성형 AI의 피드백 길이를 줄이고, 피드백 내용의 문단을 나누어 학생들이 읽기 쉽게 수정한다.

4회 차 수정 보완 과정
- 피드백을 훨씬 읽기 편하게 문단을 나누었고, 생성형 AI 자동 피드백에서 답변하는 방식에 페르소나를 부여하여 좀 더 친근한 어조로 답변할 수 있도록 프롬프트를 수정했다.

02 결론 및 제언

이번 AI 융합 수업에 자동 채점·피드백 시스템을 적용한 결과, 학생 인터뷰를 통해 과학 개념 이해도와 학습 동기 모두 긍정적인 변화를 확인할 수 있었습니다. 도입 전 동료 교사들은 GPT의 환각 현상에 대한 우려를 표했으나, 실제 수업에서는 GPT의 즉각 채점 후 교사가 대시보드를 통해 2차 피드백을 제공함으로써 오류를 보완할 수 있어 수업 내 평가 및 피드백이 효과적으로 이루어졌어요.

물론, 준비 과정은 결코 녹록하지 않았습니다. 여러 차례의 시행착오가 있었어요. 스트림릿 버전 호환 문제, MySQL 연결 오류 등 웹 환경에서 발생하는 다양한 에러를 해결하는 데 많은 시간이 소요되었고, AI 작동 방식을 이해하고 구현하기 위한 교사의 코딩 학습 투자 역시 컸습니다. 또한, 학생들이 AI의 한계를 인식하도록 안내하고, 시스템의 지속적 개선과 확장을 위해 별도의 개발 리소스가 필요함을 절감했습니다.

다만, 이러한 한계는 GPT 등 생성형 AI의 발전으로 해결되고 있습니다. 따라서 본 수업 사례의 흐름에 대한 이해와 아이디어만 갖고 계신다면, 비구조화된 논술형 평가에서도 생성형 AI를 활용해 더욱 심화된 교수·학습 활동을 구현할 수 있을 것이라 확신합니다!

부록

[그림 12-28]
주요 도구 설치
가이드라인 QR코드

[그림 12-29]
단계별 시스템 구성
가이드라인 QR코드

[그림 12-30]
Github 공유 자료
QR코드

AI융합교육학과 이해와 질문들

박동열(서울대학교 불어교육과)

1. 인공지능 시대

1956년 McCarthy에 의해 처음 사용된 용어인 '인공지능(Artificial Intelligence, 이하 AI)'은[6] 인간의 지능을 기계로 구현하고자 하는 아이디어에서 출발하였다. 그런데, 기계가 지능의 성격을 지니기 위해서 필수적인 것은 아마도 '학습'과 '적용'이라는 특성일 것이다. 말하자면, 어떤 기계가 스스로 학습하고 또 학습한 내용을 특정한 분야에 스스로 적용할 수 있을 때, 비로소 우리는 이 기계를 '인공지능'이라고 부를 수 있기 때문이다. 연구자들은 이러한 지능의 속성을 실현하기 위하여 데이터의 수학적 모델을 사용하는 프로세스를 만들어, 직접 명령 없이 기계가 학습하도록 끊임없이 노력하였다. 말하자면, 이들은 기계 학습(Machine Learning) 알고리즘을 사용하여 데이터 내의 패턴을 식별하고, 이러한 패턴을 사용하여 어떠한 예측을 가능하게 하는 데이터 모델을 지속적으로 만들어왔다. 마치 인간이 연습을 통해 학습을 개선하는 방식과 유사하게, 기계에 여러 상황을 입력하고 그에 적절한 행위와 관련된 수많은 데이터를 입력하여, 기계가 그 상관관계를 파악하도록 학습을 시켰다. 그래서 만일 충분한 데이터

---

[6] 1956년 미국 다트머스대학교에 있던 존 매카시 교수는 다른 사람들과 함께 '인공지능에 관한 다트머스 여름 연구 프로젝트(Dartmouth Summer Research Project on Artificial Intelligence)'라는 명칭의 콘퍼런스를 개최했다.

가 입력되고 문제가 분명하다면, 기계도 학습을 통해 주어진 상황에서 가장 적절하고 합리적인 해답을 찾아낸다.

그런데, 최근 기계 학습은 여러 계층을 쌓아서 만든 깊은 '신경망'을 사용하여 답변을 제공하는, 전문적인 형태의 딥러닝(Deep Learning)으로 급속히 발전하였다. 즉, 기계 학습은 각 층에서 이루어지는 정보 인식과 층별로 연동되는 정보 전달 등의 메커니즘을 구현함으로써, 기계 학습에서 사람이 하던 패턴 추출 작업을 생략해버리는 비약적 발전을 이룬 것이다. 그래서 바둑 게임처럼 규칙과 목적이 분명하고 충분한 데이터를 제공할 수 있다면, 기계 학습은 매우 빠른 속도로 해당 정보를 합리적으로 처리한다. 예를 들어, 최근 구글 딥마인드 연구팀이 개발한 기하 증명 인공지능(AI) '알파지오메트리(AlphaGeometry)'는 기하 문제를 푸는 데 특화된 AI로, 가장 큰 규모와 오래된 역사를 자랑하는 국제수학올림피아드(IMO) 기하 문제를 금메달리스트에 버금가는 뛰어난 실력으로 해결했다.[7] 또한 뉴욕대학교 연구진은 2023년 거대언어모델(LLM) 성능 평가 도구 'GPQA1'을 개발했는데, 400개 이상의 객관식 문항으로 구성된 이 벤치마크는 대학원 수준으로 매우 까다로워서 박사급 연구자들도 정답을 맞히는 비율이 65%에 그쳤다. 그런데, 2024년 샌프란시스코의 인공지능 업체 앤스로픽의 최신 챗봇인 클로드3의 정답률이 약 60%를 기록하였다. 그뿐만 아니라, ChatGPT의 외국어 번역 수준과 회화 역량이 급속도의 발전을 보임으로써, 생성형 AI를 통한 대화, 이야기, 이미지, 동영상, 음악 등 새로운 콘텐츠와 아이디어를 생성할 수 있는 무한한 가능성을 기대하게 되었다. 이와 같은

---

7) IMO는 대수, 조합, 기하, 정수 네 분야를 다루는 문제가 이틀에 걸쳐 3문제씩 총 6개 출제되는데, 연구팀은 '알파지오메트리'가 2000년부터 2022년까지 IMO에 출제된 30개의 기하 문제 중 25개의 문제를 제한 시간 내에 해결했다고 밝혔다. 그 내용은 2024년 1월 17일 국제 학술지 〈네이처〉에 공개됐다.

AI 기술의 충격적인 발전 속도는 결국 교육의 내용 측면에서만이 아니라, 교육의 방법에도 강하게 영향을 끼치고 있으며 궁극적으로 'AI가 교사를 대체할 가능성이 있는가?'라는 질문을 야기하고 있다.

이제 AI는 '인공지능'이라는 이름의 의미와 그 표현의 적절성을 논의하는 것이 무색할 정도로, 과거에는 생각지 못했던 기계 학습의 위력을 보여주고 있다. 그만큼 AI 기술은 은행 및 금융, 의료, 운송, 농업, 소매, 고객 서비스 등 전 산업에 걸쳐, 우리가 상상하는 수준을 넘어 다양한 방법으로 사용되고 있으며, 그 기술 발전의 속도도 점점 가속화되고 있다. 이처럼 가속되고 있는 AI 기술은 단순히 첨단 기술과 산업구조를 변화시키는 것을 넘어서, 사회 전반에 혁신적인 변화를 가져오고 있다. 그 결과 AI 기술은, 첨단과학 및 공학 기술의 발전, 뇌과학을 중심으로 한 인지과학의 진보와 함께, 또 다른 혁명의 기회를 준비하고 있는 듯하다.

이처럼 AI가 사회 모든 영역의 기초 역량으로 자리를 잡아감에 따라, 이러한 사회적 변화를 이해하고, 나아가 AI를 활용하는 것이 미래 인재의 필수 역량이 되어버렸다. 그래서 미국, 중국, 독일, 인도, 일본 등 세계 각국은 AI 국가적 전략을 앞다투어 발표하였으며(Dutton, Barron, & Boskovic, 2018), 한국도 올해 AI 3대 강국 도약을 달성하여, 디지털 대전환 시대를 주도한다는 목표로 9가지 핵심 과제를 발표하였다(과학기술정보통신부, 2025).

2. 학교에 들어온 인공지능

AI 대전환(AX) 시대를 맞이하여, 초·중등학교들은 AI 기술과 활용 방안을 가르칠 뿐만 아니라, AI 기술을 가지고 어떤 사회적 문제를 해결할 수 있는지를 가르쳐서 궁극적으로 사회 변화에 필요한 핵심 역량을 갖춘 인재를 양성하는 것이 중요한 과제가 되었다. 이에 2015 개정 교육과정은 소프트웨어(SW) 교육을 필수화하여 학생들의 코딩 역량 개발을 위한 수업을 도입하였고, 2020년부터 지역 내에 AI 융합교육 거점형 일반고와 AI 교육 선도학교를 운영하고 있다. 그리고 2022 개정 교육과정이 적용되는 올해부터 AI 교육이 공교육에 전면 도입되어 'AI 활용 교육'을 체계적으로 시도한다. 즉, 초·중등학교는 AI의 기초 원리와 개념을 놀이나 체험 중심의 활동을 통해 배우고, 고등학교에서는 다양한 선택과목을 통해 사회 현상에 관한 데이터 및 통계를 분석하고, 창의적 문제 해결 방안을 모색하며, 비판적 사고와 AI 윤리 실천을 가르친다. 특히 AI 디지털 교과서가 초등학교 3–4학년, 중학교 1학년과 고등학교 1학년의 수학, 영어, 정보 교과에 도입될 예정이므로, 이제 영어, 수학, 과학 교과에서는 AI 리터러시를 다루는 형태로 AI 활용 교육이 본격적으로 이루어질 예정이다.

한편, 교육부는 예비 교원들이 AI 기술에 관한 기본 소양을 익히고 학교 현장에서 AI를 활용하길 기대한다는 차원에서, 교원 자격증 취득을 위한 대학의 필수 과목으로 AI 관련 교과목을 지정하였다. 그러나 현실적으로 AI 융합교육을 위해 무엇보다 중요한 과제는 기존의 교원 양성 과정에서 AI 교육 역량을 배우지 못했던 초·중등학교 기존 교원들에게 소프트웨어(SW) 역량과 AI 역량을 가르치는 것이다. 그래서 교육부는 'AI 국가전략'(2019), '인공지능 시대 교육정책 방향과 핵심과제'(2020), '초·중등교원 양성에 대한 인공지능 교육 강화 지원사업'(2021), '초·중등교원 양성 체제 발전 방안'(2021) 등을 통하여, AI 교육을 위한 교사 역량 강화 사업을 추진했다. 또한 2022년 하반기부터는 현직 및 예비 교원의 AI 활용 및 융합 역량을 강화하기 위하여, AIEDAP(AI Education Alliance and Policy Lab)과 터치(T.O.U.C.H) 교사단 연수 사업을 운영했다. 이 사업을 통해, 현재까지 3,000명 정도의 마스터 교원이 배출되었는데, 앞으로 마스터 교원들이 강사로서 활동하는 체계적 연수가 운영될 예정이다.

그런데, 현직 교원들의 AI 역량 강화를 목적으로 하는 대표적인 정책은 교원 재교육 차원에서 시행하고 있는 대학원 수준의 AI 융합 전공(석사) 신설일 것이다. 적어도 2년 이상의 대학원 과정을 통해, 단일 교과를 가르치고 있는 교사들은 자신의 교과와 AI 기술을 어떻게 융합하여 가르칠 것인가를 전문적으로 연구하게 된다. 이러한 문제의식을 바탕으로 AI 융합교육 석사과정은 매년 1,000명에 버금가는 교사들의 AI 교육 전문성을 키우는 효율적인 수단으로 자리매김하고 있다. 2020년 첫해, AI 융합교육 전공을 38개 사범대학원에서 모집한 이래로 2025년 현재는 17개 도시, 47개 대학이 AI 융합교육 학과를 운영하고 있다. 그 결과, 2022년 2학기에 첫 졸업자 배출을 시작으로, AI 융합교육 전공 석사학위를 마친 교사들이 꾸준히 배출되고 있다. 얼리어답터인 이들은 교육 현장에서 다수의 교사들에게 영향을 미쳐 그들로 하여금 자신의 교과에 AI 기술을 적용하도록 이끌어내야 하는 역할을 맡고 있다. 향후 학교에 AI 기술을 활용한 교육이 정착하게 하기 위해서 해당 교사들의 AI 융합 수업의 운영과 성과를 지속적으로 파악하고, 그들의 활동을 다면적으로 확인할 필요가 있을 것이다.[8]

---

8) 김동심, 한상윤(2023)은 CIPP(Context, Input, Process, Product) 모형을 분석 틀로 활용하여 교사들을 중심으로 교육대학원의 AI 융합교육의 성과를 심층적으로 살펴보았다.

3. AI융합교육학과

(1) 현황

'AI융합교육학과'는 'AI 융합학과'와는 그 목적과 교육 내용에서 명확히 구분된다. 먼저 'AI 융합학과'는 수학, 데이터 분석, 기계 학습, 딥러닝 등과 같은 AI의 기반이 되는 원천 기술을 집중적으로 교육하고, 이를 기반으로 하여 AI 기술을 다양한 사회문제를 해결하는 데에 활용할 수 있는 융합 인재를 양성하는 것을 목적으로 한다. 따라서 AI 융합학과는 선형대수학, 객체지향 프로그래밍, 데이터 분석 프로그래밍, 딥러닝, 데이터 마이닝, 기계 학습, 자연언어 처리 등 컴퓨터 공학의 기초 지식을 배우고 소프트웨어 개발자로서의 자질을 키울 수 있음은 물론, AI 융합 분야에서 첨단 산업을 선도하는 AI 전문가로 성장할 수 있는 교육과정을 제공한다. 특히 AI 융합학과는 이러한 AI 기술력을 바탕으로 여러 기업체와 연계하여 다양한 산업 문제와 사회문제를 해결하는 데에 AI 기술을 활용하는 실천적 융합 프로젝트들을 다수 운영한다. 그래서 AI 융합학과는 학제 간 융합을 적극적으로 추구하는 개방적 자세를 취한다. 이는 다양한 분야에서 기업 발전을 견인하고 또 사회적 문제 해결 능력을 갖춘 창의적이고 혁신적인 AI 융합 인재를 양성하는 데에 필수적 요소이기 때문이다.

한편, AI 원천 기술들과 이론들을 가르치는 'AI 교육'과 비교할 때, 'AI 융합교육'은 조금 더 실용적 개념이다. 지금까지 한국 교육은 크게 교과 중심의 분절적 교육과 역량 중심의 종합적 교육이 통합되어왔다. 말하자면, 국어, 영어, 수학, 사회, 과학, 제2외국어 등과 같은 교과 중심 교육과정과 창의력, 문제 해결력, 협업 능력, 의사소통 능력 등 역량 중심 교육과정이 혼재되어 교육을 이루어왔다. 그런데, 이제 AI 기술이라는 새로운 교육 방법론이 수업에 들어오게 되었다.

즉, AI 교과목이 선택형 개별교과로 교육되기도 하고, 교육과정의 기존 교과와 AI 기술이 융합되면서 문제 해결력을 개발하는 방식으로 교육이 이루어지기도 하는 것이다. 따라서 'AI융합교육학과'는 현직 교원을 대상으로 AI 관련 핵심 기술의 기초와 응용, AI를 위한 SW 활용, AI 융합교수법 등의 교육과정을 제공함으로써, 학생들이 AI 기초 소양을 체계적으로 습득하고, 기존 교과 지식과의 융복합을 통한 창의적인 문제 해결력을 기르며, 각 교과의 교육 내용과 방법의 혁신을 주도하는 것을 목적으로 한다. 대구교육대학교 AI 융합교육 연구지원센터(2024)에 따르면, 전국적으로 석사 차원의 AI 융합교육 전공은 총 47개이며, 이는 다음 표에서 볼 수 있는 것처럼 전국 7개 권역(서울, 경기·인천, 강원, 광주·전라, 대전·세종·충청, 대구·경북·제주, 부산·울산·경남)에 분포하고 있다.

[표 1] 7개 권역 대학(대구교육대학교 AI융합교육연구지원센터, 2024 자료)

7개 권역	대학 명칭
서울	광운대학교, 건국대학교, 동국대학교, 서울대학교, 서울교육대학교, 성균관대학교, 세종대학교, 숙명여자대학교, 이화여자대학교, 중앙대학교
경기·인천	가천대학교, 경인교육대학교, 단국대학교, 아주대학교, 인하대학교, 한신대학교
강원	강원대학교, 춘천교육대학교
광주·전라	광주교육대학교, 춘천대학교, 우석대학교, 전남대학교, 전북대학교, 전주교육대학교, 전주대학교, 조선대학교
대전·세종·충청	공주교육대학교, 공주대학교, 순천향대학교, 청주교육대학교, 충남대학교, 충북대학교, 한국교원대학교
대구·경북·제주	경북대학교, 금오공과대학교, 대구교육대학교, 안동대학교, 연암대학교, 제주대학교
부산·울산·경남	경남대학교, 경상국립대학교, 부산교육대학교, 부산대학교, 신라대학교, 울산대학교, 진주교육대학교, 창원대학교

한편, 'AI융합교육학과'를 위한 기본 교육과정 개발과 적용에 대해 논의가 있었으나, 우선적으로 대학들은 교육부(2020)에서 제시한 '기초·공통과목', '선택과목', '현장연구'로 크게 구분되는 교육과정을 기본으로 운영하고 있다. 그래서 'AI융합교육학과'는 권역별 대학 간의 차이에도 불구하고, 다음과 같은 몇 가지 공통점을 보이고 있다.

첫째, 'AI융합교육학과'는 대학별로 혹은 지역별로 특화된 교육 내용에도 불구하고, 'AI 융합교육'이란 이름 아래 지역의 우수한 교원들을 양성하고 있다. 말하자면, 이 사업에 참여한 모든 대학들은 AI를 활용한 혁신적인 교육 모델과 성과를 고심하고 있고, 이를 통해 지역별로 우수한 교사들을 양성하는 목표를 공통으로 가지고 있는 것이다.

둘째, 대부분의 'AI융합교육학과'는 초·중·고 교사를 대상으로 한 교육과정을 구성하는데, 주로 AI 기술의 원리와 교육적 활용과 관련된 교과목들을 교육부의 방향에 맞추어 운영하고 있다.

셋째, 모든 대학은 AI 기술을 기반으로 한 미래 지향적 교육과정을 운영하고 있다. 말하자면, 대학은 자연언어 처리, 데이터 분석, 데이터 마이닝, 컴퓨터 비전, IoT(Internet of Things)와 같은 최신 기술을 반영한 교육과정을 제공하여, 실질적인 기술 활용 역량을 배양하는 것에 집중하고 있다. 넷째, 거의 모든 대학은 지역 내 학교 및 에듀테크 기업과 협력하여 맞춤형 교육 콘텐츠를 연구하고 개발하는 데 큰 관심을 두고 있다.

하지만 앞에서 언급했듯이, 교육과정 구성에 대한 충분한 논의와 연구가 전제되지 않은 채 시작된 'AI융합교육학과'는 표준화된 교육과정이 없다. 그래서 각 대학은 대학별 특징과 지역적 특색을 반영하여 독립적으로 학과를 운영함으로써 나름의 차이점을 보인다. 예를 들어 학과 방향성의 측면에서, AI 기술 관련 교과목을 높은 비중으로 교육하는 대학이 있는가 하면, 지역적으로 특화된 융합 프로젝트에 집중하는 대학이 있으며, 디지털 교과서 및 AI 기반 학습 콘텐츠 개발을 중점적으로 운영하는 대학이 있다. 또한 연구와 실무의 관점에서 보자면, AI와 각 교과 간의 학문적 융합 연구나 교육학과 인접 학문 간의 융합 연구에 집중하는 연구 중심 대학이 있는가 하면, 지역 사회 문제 해결이나 현장 중심 교육을 위한 콘텐츠 개발과 지원을 강조하는 실무 능력 배양에 집중하는 대학이 있다. 마지막으로, 교직 과목 측면에서 교수방법론과 학습방법론에 집중된 대학이 있고, 맞춤형 학습 설계나 학습 콘텐츠 개발에 중점을 두는 대학이 있다. 이처럼, 'AI 융합교육학과' 과정을 수강하는 교사들은 대학에 따라 다른 기준으로 자신의 역량을 발달시키고 있다. 이것은 AI 융합교육의 다양성을 담보한다는 장점도 있지만, 역으로 AI 융합교육이 각 학교 현장에서 일관성을 가지고 실현하는 데에 장애가 될 수도 있을 것이다.

(2) 서울대학교 AI융합교육학과

서울대학교 사범대학 AI융합교육학과는 AI의 기초 지식과 기술, AI 융합교육의 기본 원리와 현장 구현 방법, 교과 교육과 AI 융합, AI를 이용한 교육적 도구의 개발과 활용, AI와 관련된 사회적 논의 등을 배움으로써, 궁극적으로 수업 혁신을 추구하려는 목표를 가지고 있다.[9] 이를 위해 2020년에 학과 신설을 추진하였고, 2021년에 학과 개설을 승인받아 9월에 서울시교육청의 지원 속에서 1기 신입생을 모집하였다. AI융합교육학과의 표준 이수 규정은 기초·공통 과목(필수) 9학점, 선택과목 9학점, 현장연구 3

---

9) https://aied.snu.ac.kr/new/main/main.php

학점, 논문연구 3학점이고, 전 과정을 수료하기 위해서는 4학기 동안 총 24학점 이상을 이수하여야 한다. 학과가 제공하는 교과목은 다음과 같다.

[표 2] 서울대학교 사범대학 AI융합교육학과 교과목 구성

구분	영역	과목명	과정	비고
기초·공통 과목	이론	• 인공지능사회 거버넌스 및 리터러시 • 인공지능 시대와 핵심 역량 교육	9학점	필수 과목
	방법	• 인공지능 및 교과 융합역량 교육론 • 인공지능 지식 및 구현 기초		
	실제	• 인공지능 기반 교육 측정과 평가 • 융합교육을 위한 기초 프로그래밍		
선택과목		• 사물인터넷 빅데이터 활용 탐구지도 • 인공지능 융합교육을 위한 기계 학습 입문 • 자연융합교육을 위한 코딩 및 앱 개발실습 • AI 및 첨단기술 활용 STEAM 교수 설계 • AI 기반 언어교육 • 언어의 이해와 자연언어처리 연습 • 데이터를 활용한 개별 맞춤형 교육 • AI 융합교육을 위한 인문사회 콘텐츠 설계	9학점	선택 과목
현장연구		• 사회문제 해결을 위한 과학기술 기반 융합 프로젝트 • 초중등 연계 융합교육 프로젝트 • 교과별 인공지능 연계 융합교육 프로젝트 • 캡스톤 디자인 프로젝트	3학점	
논문연구		• 논문연구	3학점	
합계			24학점 이수	

한편, 지난 서울대학교 AI융합교육학과의 졸업논문들은 '융합교육 프로그램 개발, 수업 모형 개발, 교수 전략 개발, 딥러닝 기반 애플리케이션 개발, 온라인 지원 도구 개발, 수업 설계 원리 개발' 등 다양한 주제들을 다루고 있다. 졸업생들이 이러한 주제들을 다루면서 전제하는 질문은 다름이 아니라, '학문의 전달자로서의 교사의 기존 역할을 과연 AI가 대신할 수 있

는가?'이고, 그들은 자신들의 연구를 통해 이에 대한 가능성을 모색하는 것처럼 보인다. 즉, 그들의 졸업논문에서 활용한 디자인 싱킹 기반 AI 챗봇, 노벨 엔지니어링 기반 머신러닝, 게임 기반 AI, 위치 데이터 활용 AI, AI의 펭톡, 프롬프트 기반 프로그래밍, 생성형 AI, 증강현실(AR) 도구 기반 수학적 모델링 등 같은 AI 시스템들은 교사의 역할을 대신하거나 보조할 수 있음을 연구에서 잘 보여주고 있다. 특히 AI 시스템들은 학생의 평가 결과에 따른 패턴을 심층적으로 분석하거나, 맞춤형 설명과 관련 사례를 제시해주거나, 연습 문제와 피드백을 제공하는 등 교육의 효율적 수단으로 역할을 할 수 있음을 제시하였다. 예를 들어 학생 개개인의 영어 발음의 정확성을 AI가 평가하여 적절한 피드백을 줄 수 있는데, 이는 영어 교과의 인간 교사가 기존에 제공해줄 수 없었던 개인별 피드백 제공을 AI 시스템이 담당하는 것이다.

　물론 AI 도구 혹은 시스템의 활용이 당장 교사를 완벽하게 대체할 수 있는 것은 아니다. 비록 AI 도구들과 AI 디지털 교과서가 맞춤형 교육을 제공할 수 있다고 하더라도, 여전히 전체 수업의 설계와 평가 과정에서 창의적이고 책임 있는 교사의 역할이 교육에서는 핵심 요소가 될 것이다. AI 도구들은 단지 교사가 활용할 수 있는 수업 도구 중 하나이거나 교사의 파트너로서 기능할 뿐이다. 따라서, 현 상황에서는 여전히 교사가 최종 수업 설계자가 될 수밖에 없다. 그래서 오늘날 교사는 다양한 AI 도구나 시스템을 기반으로 하는 수업 설계를 할 수 있는 역량을 필수적으로 갖추어야만 한다. 아무튼 교사의 파트너로서 AI와 협업하면서 교육을 하는 것은 아직 한국 교육이 가보지 않은 길이고 새롭게 탐구해야 할 영역이다. 그래서 거기에는 정답이 있는 것이 아니다. 따라서 AI 도구와 AI 디지털 교과서의 기능을 최적화하여 효율적으로 사용하기 위해서는 적어도 교사와 학생을 대상으로 체계적인 사용성 평가를 해야만 한다. 그리고 실제 수업의 설계와 효과적인 수업 모형도 지속적으로 개발될 필요가 있다. 이러한 지속적인 노력이 필요한 이유는 AI 융합교육이 단기간에 만들어져 인정받을 수 없기 때문이고, AI 활용 교육에 앞선 다른 국가의 연구 결과를 이식할 수도 없기 때문이다. 오직 우리가 직접 실천하면서, 우리의 AI 융합교육의 방법론을 찾아내야만 한다.

(3) AI 융합교육과 교육 환경

교육부는 '2022 개정 교육과정 추진 계획'을 통하여, K-에듀 통합 플랫폼 구축, 빅데이터와 AI 등의 에듀테크를 활용한 맞춤형 개별 학습 실현을 추진 과제로 삼았다. 그런데, 이를 실현하기 위해서는 미래형 학교 공간을 조성하는 일이 전제되어야만 한다. 따라서 정부는 다양한 AI 융합교육 경험이 가능하고, 학생들 간의 참여와 소통이 보장되며, 과학적 실험과 생태 교육이 가능한 공간을 구현하는 것을 추진 과제로 삼았다. 이처럼 교육부가 AI 및 에듀테크 활용 교육이 가능한 학교 공간 조성을 추진하겠다고 공표하였지만, 구체적인 학교 공간 조성 계획에 대해서는 언급하지 않았다. 사실, 개별 학생의 학습 진단과 AI 융합교육이 가능하기 위해서는 학습 관련 데이터 축적을 위한 공간과 기자재 같은 물리적 인프라 또 이를 실행할 인적 인프라를 구축하겠다는 강한 의지가 표명되어야만 한다.[10] 왜냐하면, 하드웨어와 소프트웨어 구축이 제대로 이루어지지 않고는 AI 융합교

---

10) 홍선주 외(2020)는 AI 활용 교육을 위해 점검해야 할 학교의 물리적 및 인적 인프라 관련 사항을 다음 [표 3]과 같이 제시하였다.

육을 제대로 구현하기 어렵기 때문이다.

  그런데, 에듀테크를 활용한 맞춤형 개별 학습을 구현한다고 할 때 가장 우선시해야 하는 일은 학급 학생 전원과 교사가 동시에 인터넷에 접속하더라도 그 속도가 저하되지 않을 만큼 대규모 접속을 처리할 수 있는 무선 AP(Access Point) 성능을 제공하는 것이다. 그리고 휴대가 용이한 태블릿 PC와 같은 디바이스가 성능과 수량 면에서 부족하지 않게 구비하는 일이 필요하다. 이뿐만 아니라, AI 융합교육의 과정에서 쌓이는 학습 데이터를 축적할 수 있는 클라우드 기반의 학습 관리 시스템(Learning Management System)과 같은 플랫폼과 시스템도 구축되어야 한다. 이 교육 시스템은 개별 학생의 학습 과정을 로그와 데이터 등의 형태로 저장하고, 필요에 따라 자료를 추출하여 학생의 학습 분석(Learning Analysis)을 구현하기 위한 것이다. 말하자면, 이 시스템은 각 학생들의 학습 데이터를 축적하고 분석하여, 그들의 학습 수준 진단과 교육적 처방을 가능하게 하고자 함이다. 물론,

[표 3] AI 활용 교육을 위해 점검해야 할 학교의 물리적 및 인적 인프라

구분	점검 사항	비고
물리적 인프라	• 인터넷 접근을 위한 교실 내 설치될 무선 AP(Access Point) 성능	필수
	• 교사와 학생이 사용할 디바이스의 형태와 성능, 수량	필수
	• 교사와 학생이 사용할 단말기의 관리 및 유지 보수 방안	필수
	• 멀티 디바이스의 화면을 프레젠테이션하기 위한 장비	필수
	• 학교 교육에서 사용할 AI 기반 콘텐츠 확보 방안	필수
	• 각종 애플리케이션, 데이터, 학습 지도안 등 교육 자원을 제공하거나 공유하기 위한 플랫폼 구축	제안
	• AI를 활용한 교육과정을 모니터링하고 교육의 효과를 검증하기 위한 시스템 구축	제안
	• 학교에서 AI 활용에 따른 데이터를 수집하는 경우, 수집 및 활용될 수 있는 개인 정보에 대한 비식별화 조치 검토	조건부 필수
인적 인프라	• 학교 행정가와 교사의 AI 활용에 대한 인식 수준 및 컴퓨터·정보 소양 수준 파악과 이에 따른 연수 제공	필수
	• 학교 교육에서의 AI 및 에듀테크 활용을 위한 교사 역량 강화 방안	필수
	• 기술 관리자 확보 방안	제안
	• 학교에서 AI 활용에 따른 데이터를 수집하는 경우, 교사가 숙지해야 할 관련 법에 대한 가이드라인 제시	조건부 필수

개별 학생의 학습과 관련된 방대한 데이터를 수집하고 분석할 수 있는 클라우드 기반의 플랫폼 혹은 시스템을 구축하는 것에는 적지 않은 시간이 요구될 수 있다. 하지만 방대한 학습 데이터들은 더 수준이 높은 AI 알고리즘 개발을 위한 최적의 기초 자료가 될 수 있을 것이다.

한편, 이런 최소한의 기반이 마련되었다고 하더라도, 현재 학교 공간은 가상현실(VR), 증강현실(AR), 혼합현실(XR) 등을 구현하는 에듀테크 수업 또는 AI 활용 수업에 적합한 공간이라고 할 수 없다. 책상과 의자를 중심으로 구성된 고정식 공간 배치로 이루어진 공간은 학생들 활동의 확장성과 유동성을 확보할 수 없기 때문이다. 이런 이유로 인하여 적지 않은 학교에서는 이미 각 교과 특성에 맞게 조성된 교실을 갖추고 있다. 그런데, 이러한 시설 구축 외에도 에듀테크 혹은 AI 기술을 교육에 구현하기 위해서는 인적, 행정적 변화까지 요구된다. 사실 AI융합교육학과에 소속한 교사들이 자신의 학교에서 AI 융합교육을 할 때 가장 부담스러운 일은 수업 시간에 사용할 디바이스 관리 문제와 수업을 위한 각종 AI 도구 사용 관련 행정적 처리 문제라는 것이다. 따라서 디바이스의 분실, 고장, 수시 업데이트를 책임지는 별도의 기술 관리자(테크 매니저)를 배치하고, 교사들이 활용하는 AI 도구 사용과 관련한 행정 처리 문제 등은 개별 학교 차원을 넘어 공동 대응할 방안을 찾을 필요가 있을 것이다.

이제 새롭게 시도되고 있는 AI 융합교육은 대부분 AI 도구를 활용하는 차원에 머무르고 있다고 할 수 있겠다. 그래서 아직 수업에서 AI 융합교육이 자연스럽게 실현되기 위한 기반을 갖추기 위해서는 가야할 길이 많이 남아 있다. 이 지점에서 무엇보다도 우리가 염두에 두어야 할 사실은, 우리 사회가 AI 기반 사회로 급격히 변화된다는 사실에 학교 관리자와 일반 교사들이 동의하는 것과, AI를 활용한 교육이 나의 수업에서 이루어져야 한다는 사실에 동의하는 것은 별개의 문제라는 점이다. 따라서 AI 융합교육을 위한 교육 환경을 혁신적으로 구축하기 위해서는 교사의 AI 기술 활용 역량을 함양시키는 것보다도 AI 융합교육이 피할 수 없는 미래의 모습이라는 AI 교육의 필요성에 대한 인식 제고가 더 시급하다. 이를 위해서는 무엇보다 AI 활용 교육의 긍정적인 교육적 효과를 증명해야만 하고, 이를 통해 일반 교사들의 인식 변화를 이끌어내야 한다.

4. AI 융합교육을 위한 질문들

(1) 어떤 목적으로 AI 기술을 사용하는가?

인간은 고대로부터 동물, 노예, 각종 도구들을 활용하여 기술의 발전을 이루어 인간의 능력을 기하급수적으로 확대해왔다. 1차 산업혁명은 인간의 노동력을 증기기관 동력으로 대체하면서 동력의 증강을 가져왔고, 전기와 석유와 철강 등으로 촉발된 2차 산업혁명은 대량생산과 새로운 동력 확보 및 정보의 공간 이동을 강화했으며, 컴퓨터가 견인한 3차 산업혁명은 계산력과 기술들의 연결성을 증가시켰다. 그리고 4차 산업혁명은 IT 및 AI 기술을 통한 초연결 사회를 형성하고, 기계가 인간 지능과 유사한 학습과 판단 능력을 갖는 결과를 만들었다. 그런데, 4차 산업혁명은 지난 3차 산업혁명까지와는 질적으로 다른 점이 있다. 즉, 지난 3차 산업혁명까지는 신기술이라고 하더라도 그 기술 자체는 배우고 판단하는 능력을 갖춘 인간의 도구일 뿐이고, 인간의 관리와 통제 영역 안에 있을 뿐이었다. 하지만 4차 산업혁명은 인간을 완벽히 기술 환경 속에 위치시켰고, 학습과 판단 능력을 갖춘 기술은 인간의 통제에서 벗어나 기술만의 자율성을 취하게 되었다

(자크 엘륄, 2013:233-280). 말하자면, 겉으로는 인간이 기술을 개발하고 발전시키는 것 같으나, 실상은 하나의 기술이 수많은 다른 기술들과 연결되고, 현재의 기술이 다음 기술을 낳게 되는 '자율성'을 확보하는 지경에 이른 것이다. '호모 파베르'인 인간은 본성에 따라 기술을 만들었지만, 이제는 이 기술에 따라 인간의 본성이 바뀔 정도로 기술이 인간에게 강력한 영향력을 행하게 되었다. 비록 기술 전문가들은 인간이 기술 개발의 주체로서 공공적 가치를 가지고 기술 발전과 사회 발전을 견인할 것이라고 주장하지만, 기술이 여전히 인간의 산물임을 기억할 시간조차 없을 정도로 그 발전 속도는 급속도로 빠르다.

이처럼 인간 때문에 기술이 변하는 것이 아니라 기술 때문에 인간이 변하는 역설의 시대에, 이 시대를 살아가는 학생들에게 무엇을 가르쳐야 할 것인가를 결정하는 것은 중요한 과제다. 말하자면, 교육을 위해 AI 기술을 어떻게 효율적으로 사용할 것인가를 가르치는 것을 넘어서, 기술과 기술 사용의 목적이 무엇인지를 가르쳐야만 한다는 것이다. 사실, 대한민국이 과학기술 추격국에 머무르고 있을 시대에는, 기술의 목적과 활용 방향을 고민할 필요가 없었다. 왜 하는지를 묻지도 않고, 그냥 앞서가는 국가의 기술과 기술의 교육적 활용을 따라가기만 하는 것만으로도 충분했기 때문이다. 예컨대, 신기술에 대한 법적, 사회적, 윤리적 영향을 숙고하기 위한 '기술영향평가'를 하면서도, 평가 결과가 기술 발전을 저해하지 말아야 한다는 압박을 의식할 뿐, 그 기술의 목적과 교육적 의미는 생각하지 않았다. 기술이 효율성을 보이면, 아무런 질문 없이 그냥 사용하는 것으로 충분했다. 그러나 이제 기술 발전을 견인하는 기술 선도국으로 가는 우리 교육 현장에서, 사고의 패러다임을 전환해야만 한다. 즉, 우리가 어떻게 미래 기술 사회에서 살아남을 것인가를 생각하는 것을 넘어 어떤 삶을 살아야 할 것인가를 가르쳐야 하고, 어떻게 AI를 활용하여 우리가 지키고 싶은 가치를 지켜나갈 것인지를 생각하도록 만들어야 한다. 또한 맹목적으로 기술의 진보와 혁신을 추구하는 것이 아니라, 그 진보와 혁신이 무엇을 위한 것인지를 다음 세대가 생각하도록 교육해야 할 것이다. 달리 말해, 어떤 기술이 효율적이라는 이유로 기술을 활용하는 것이 아니라, 우리 교육이 목적하는 바를 이루기 위해 기술을 활용해야 한다는 것이 전제되어야 한다는 것이다.

따라서, 기술 활용과 관련하여 AI 융합교육은 다음과 같은 질문을 제기할 수 있겠다. AI 기술을 개발하려는 목적이 무엇인가? AI 기술을 통해 이익을 얻을 사람과 손해를 입는 사람들은 누구인가? AI 기술을 활용할 경우, 어떤 교육적 방향으로 사용할 것인가? 그런데, 이러한 질문에 대한 해답을 찾고자 하려면, 학생들로 하여금 '우리는 어떤 세상에서 살고 싶은지', '세상은 어떤 곳이 되어야 하는지', 더 나아가 '우리는 어떤 인간이 되고 싶은지'를 먼저 생각을 해봐야 한다. 사실, 사회 전반을 주도하는 AI 기술 환경 속에서 인간의 자리가 어디이고, 어디여야 하는가를 생각하도록 가르치는 교육이야말로 인간을 기술에 통제당하지 않게 하는 최후의 보루가 될 것이 분명하다. 즉, 학생들이 인간다움을 스스로 정의하면서, 인간이 가장 인간답게 사는 것이 어떤 것인지를 진지하게 논의하고, 그 방안이 무엇인지를 찾도록 고민하게 하는 교육이 될 때, 학교는 인간의 존엄을 지키는 공간이 될 것이다. 이러한 교육이 이루어질 때, 학생들은 기술 발달을 무조건적인 선으로 보거나 경제 발전을 위한 불가피한 선택으로 보는 '자만의 기술'의 입장을 비판적으로 성찰할 것이다. 그리고 사람들을 좀 더 자유로우며 정의로운 삶을 살도록 만드는 것을 기술의 목적으로 보는 '겸허의 기술'(Technologies of Humility)의 입장을 선택할 것이다.11) 이러한 교육을 통해 학생들이 첨단 기술을 만드는 능력보다 더 중요한 것이 그 기술을 다스리는 능력이라는 점을 스스로 깨닫도록 이끌어야 한다.

(2) AI의 판단을 신뢰할 수 있을까?

교육 활동의 모든 과정에서 교육적 판단이 수반된다. 즉 수업을 계획하고, 실행하고, 수정하고, 평가하는 등 모든 교육과정에서 교육적 판단은 끊임없이 이루어진다. 그 외에도, 학생의 전반적인 학교생활, 즉 교우 관계, 적성, 태도 등에서도 교육적 판단은 작동되고, 이 판단은 학생의 입시와 진학 지도에 긴밀히 활용된다. 그런데, 이제 AI 기술이 이러한 교육적 판단 과정에 개입하게 되었다. 즉, 학생 개개인에게 문제를 제시하거나, 문자 및 대화를 통해 피드백을 주거나, 맞춤형 평가를 하는 등 AI는 여러 가지 기능을 수행하게 되었다. 따라서 이러한 AI의 교육적 판단이 학생을 교육할 때 신뢰할 수 있는지가 논의의 주요 쟁점이 되었다. 이러한 AI의 판단에 대해, 크게 AI의 판단을 신뢰하는 입장과 부정하는 입장이 대립된다.12) 이러한 입장의 차이는 자연히 AI 기술을 활용하는 태도의 차이로 이어진다.

먼저, AI의 교육적 판단을 신뢰하는 입장은 AI가 개별화 수업 또는 맞춤형 학습에서 동시다발적 피드백을 할 수 있어서 AI 활용의 교육적 효과가

---

11) 과학기술학(Science and Technology Studies) 학자 실라 재서노프(Sheila Jasanoff)는 근대의 과학기술을 '자만의 기술'로 명명했다. 자만의 기술은 그 안에는 적지 않은 위험성과 불확실성을 담고 있고 또 그 기술을 개발해야 할 이유도 정립되지 않은 채, 오직 기술의 효율성을 근거로 기술의 부정적인 측면들을 감추고 개발된 기술이다. 또 이 기술은 대중의 지지를 얻기 위해 정치적 측면을 봉쇄한다. 예를 들어 화학약품의 독성 실험은 나날이 정교하게 발전시키면서도, 사람이 동시에 여러 개의 화학약품에 노출될 수 있다는 사실에 대해서는 눈을 감는다는 것이다. 이에 대해 재서노프는 기술에 대한 새로운 접근이 필요하다고 주장하고, 새롭게 추구해야 할 접근을 '겸허의 기술'로 명명했다(손화철 2018:287).
12) 인공지능의 교육적 판단을 신뢰할 수 있는가? (http://wikidocs.net/144797)

크고, 또 AI가 동시에 학습 데이터를 축적할 수 있기에 이 데이터의 활용 가치가 높다는 점을 주장한다. 사실, 일반적으로 교사 한 명이 많은 수의 학생을 담당하기 때문에, 교사가 학생에게 정기적으로 피드백을 보낸다는 것은 쉽지 않은 일이다. 특히 주로 강의식 수업을 하는 우리 교실에서 교사와 학생의 소통은 매우 제한적이라고 할 수 있다. 하지만, AI는 이러한 강의식 수업 환경에서도 개별 질문과 피드백을 줄 수 있으므로 교육적 효율성이 매우 높다. 예를 들어 영어과의 '펭톡'은 학급 학생 모두와 동시다발적으로 대화할 수 있으며, 영어 발음의 정확성이나 어휘 또는 문장구조를 평가하여 적절한 피드백을 줄 수 있다. 또한 학생은 '똑똑 수학 탐험대'를 통하여 문제를 풀고 적절한 피드백을 효율적으로 제공받을 수 있다. 그래서 적지 않은 실증적 연구들은 AI 시스템이 이미 교사의 역할을 대신하거나 보조하면서 그 교육적 효과를 산출한다는 결과를 밝혔다.[13] 이런 연구 결과들이 AI 융합교육에 대한 신뢰성의 근거가 되는 것은 당연한 일이다.

반면에, AI의 판단을 신뢰하기 어렵다는 입장도 만만치 않다. 무엇보다, AI 피드백이 정말로 신뢰할 만한 것인지 확신을 못 한다는 것이다. 수업 중 교사는 학생에게 정답만을 알려주는 것이 아니라, '왜 틀렸는지'를 분석하여 더 깊은 이해의 수준으로 이끄는 정밀한 피드백을 준다. 반면에 AI는 학생의 오답 과정에서 일어난 복잡한 사고 과정을 제대로 추적하지 못한다. 다만 AI 도구들은 학생이 정답을 제시한다면 더 높은 난이도 문제를 제공하고, 오답을 제시한다면 더 낮은 난이도 문제를 제공하는 수준의 맞춤형

---

[13] 오석환, 김현진(2021)은 AI 도구를 활용한 고등학교 수학 수업에서 학업성취도가 유의미하게 증가함을 보였고, 한다은(2020)은 AI 챗봇 활용 영어 수업을 통해 학생들이 말하기 능력, 흥미, 신념, 동기 등의 정의적 영역이 향상되었고 밝혔다. 그리고 양혜진 외(2019)는 초등학생을 대상으로 음성 챗봇을 활용한 모둠별 영어 말하기 수업에서, 학생들이 챗봇과의 대화를 놀이로 생각하면서 긍정적인 교육적 반응을 보였다고 보고했다.

학습을 실현할 뿐이다. 이 경우 AI의 피드백이 과연 정확한 것인지에 대한 의문이 제기된다. 사실, AI 기술을 수업에 활용하기 위해서는 AI 피드백의 질이 교사를 통한 교육의 질보다 높거나 적어도 동등해야만 한다. 하지만 지금까지 연구된 바로는, AI 피드백의 정밀성이 전반적으로 교사의 교육에 미치지 못하거나 더 부족하다는 것이다.[14]

또한, AI 기술의 적용이 현재 문제 풀이식 교육 혹은 주입식 교육의 한계를 넘어, 실제로 비판적 사고력, 창의성, 문제 해결력 등 고차원적 사고력을 키우는 데에 적합한 것인가라는 의문이 제기된다. 사실, AI 기술은 챗봇을 통해서 학생의 질문에 답한다든지, 대화형 AI를 통해서 학생에게 단선적인 피드백을 준다든지, 학생의 수준을 분석하여 단편적인 문제를 제공하거나, 학생의 오류를 수정해줄 수는 있다. 하지만 이런 수준의 AI 기술을 가지고, 학생들에게 주체적이고 비판적 사고를 일으키거나 창의력과 소통 능력을 배양하는 역할을 하기에는 아직 부족하다. 따라서 AI 융합교육이 새로운 호기심을 일으킬 수 있겠지만, 주된 교육 방법으로 사용하기에는 아직 어려워 보인다.

끝으로 AI의 판단을 교육적으로 보는 것에서 가장 큰 장애는 학생들이 아직 AI 시스템에게 교사의 역할을 부여하지 않는다는 사실에 있다. 비록 AI의 지식 데이터 양이 인간의 지식과 비교할 수 없을 정도로 방대하다 할지라도, 학생들은 교사로부터 지식을 전수받는 것에 익숙해져 있다. 그래서 AI가 스스로 교육 내용을 정하고, 지식을 가르치고, 피드백을 수행하는 것을 학생들은 아직 받아들이지 못한다. 정서적으로 AI가 교사로서 '권위'

---

14) 양혜진 외(2019)의 연구는 초등학생 영어 학습자를 대상으로 영어 말하기 수업 도구로서 AI를 활용하였는데, 학생에게 제시된 과업 중 대화 성공률이 43.8%에 불과하였고 문제 해결 수행 성공률은 57.1%로 나타났다. 이는 AI 활용의 효율성에 의문을 제기하게 한다.

를 아직 획득하지 못하고 있기 때문이다. 하지만, AI는 교육을 위한 보조 도구로 충분히 활용될 수 있음을 보여주었다. 따라서, 교사는 비판적 관점을 가지면서도 신뢰할 만한 AI 기술을 분별할 수 있고, 또 자신의 수업 시간에 이를 적절하게 활용할 수 있는 역량을 갖추어야 한다.

(3) AI의 주인이 되기 위한 교육은 무엇일까?

2017년 서울대학교 공과대학 유기윤 교수는 <2050 미래사회보고서>에서 2050년의 인간이 살아갈 미래 도시의 공간을 '플랫폼', '인공지능', '가상현실'이라는 재료를 가지고 구체적으로 그렸다. 여기서 미래사회를 지배하는 사람들은 네 가지 부류로 나뉜다. 첫 부류는 전 세계 상위 기업 중 플랫폼으로 성공적 변신을 한 기업가와 투자자인 플랫폼 소유주이고, 둘째 부류는 대중의 감정을 요리하는 정치 9단, 타고난 예체능 천재, 창조적 전문가들이며, 셋째는 플랫폼에 종속되어 프리랜서처럼 일하며 살아가는 절대다수 시민이고, 마지막은 인공지능으로서, 이는 지성을 가진 정보시스템으로서 법인격을 지닌 인공생명체다. 그런데, 평범한 일반인들이 플랫폼 소유주가 될 확률은 0.001%이고, 플랫폼 스타가 될 확률은 0.002%이기 때문에, 대부분의 시민들은 '프레카리아트(Precariat)'[15]가 된다는 것이다. 말하자면, AI가 정교하고 거대한 플랫폼을 만들어 AI와 플랫폼이 공진화(Co-evolution)를 하기에, 대부분의 시민들은 노동에서 빠르게 소외되어 더욱 가난해지고 소득 불평등은 심해지게 된다는 것이다.

---

15) 프레카리아트란 '불안정한'이라는 뜻을 가진 이탈리아어 프레카리오(Precario)와 독일어 프롤레타리아트(Proletariat)의 합성어로서, 런던대학교 가이 스탠딩 교수가 이 용어를 널리 알렸다. 그에 따르면, 프레카리아트는 세 가지 특징을 가지고 있는데, 첫째 꿈과 열정이 없고, 둘째 내가 하는 일의 가치를 깨닫지 못하며, 셋째 먹고사는 문제로 평생을 고통받는다는 것이다.

이러한 미래사회에 대한 시각은 이미 자크 엘륄, 하이데거, 한스 요나스 등 고전적 기술 철학자들이 지적한 바와 유사하다. 즉 현대 기술은 과거의 기술과 달리 인간의 통제를 벗어나 자율적인 성격을 지니게 되고, '닦달(Ge-stell)'의 성격16)을 가진다는 것이다. 이들은 기술이 여전히 인간의 손에 좌우된다는 사람들의 생각은 착각에 불과하고, 기술들이 급속도로 복잡하게 서로 연결되어 그 자체 논리와 발전 구조를 가지게 되었다고 지적한다. 그리고 이 첨단 기술들을 이제 어느 개인이나 집단도 통제할 수 없게 되어버렸고, 그 기술 체제 속에 사는 인간은 기술 체계의 한 부속품처럼 변하여 점차 인간다움과 주체성을 잃어버리게 되었다고 본다. 말하자면, 과거의 기술은 인간의 인간다움을 고양하고 자기 존재를 드러내는 통로가 되었지만, 현대 기술은 인간의 핵심 가치인 '자유'를 억압하면서 비인간화를 초래한다는 것이다. 즉, '도구를 만들고 사용하는 인간', 즉 호모 파베르는 겉으로는 정상적으로 도구를 만들어 사용하고 있는 것처럼 보이지만, 자신의 '자율성'을 상실하고 기술에 종속되고 있다. 이처럼, 고전 기술철학자들은 개별 기술보다는 기술 사회 혹은 기술적 사고방식 전체를 집중적으로 탐구하였기에, 그들은 현대 기술이 만들어내는 문제를 어떻게 해결할 것인가에 관한 구체적인 대안을 제시하지 않았다. 그래서 적지 않은 사람들은 그들을 보고 낭만주의자 혹은 기술 공포증 환자로 비판하고 있으나, 그들이 비판하는 기술의 속성과 담론은 지금도 여전히 유효하다.

---

16) 기술의 자율성을 이야기한 자크 엘륄과 마찬가지로, 기술에 대한 하이데거의 시각도 부정적이다. 하이데거는 비인간화를 초래하는 현대 기술의 본질을 "닦달(Ge-stell)"이라고 주장했다(Heidegger, 1966:52-55). 이 말의 의미는 기술이란 존재하는 것들의 특성과 다양한 측면들을 무시하고, 그들 각각의 의미를 오직 기술적 맥락에만 한정하는 것이다. 예를 들어 기술은 자연에게 에너지와 원자재를 내놓으라고 '닦달', 즉 '강요'한다는 것이다. 그래서 현대 기술 앞에서 모든 존재들은 필요하면 언제라도 갖다 쓸 수 있고, 대체될 수 있는 '부품'이 되어버린다. 즉, 강물은 수력 발전을 위한 에너지 공급원일 뿐이고, 거대한 숲은 신문을 만들 종이의 재료일 뿐이라는 것이다.

한편, 미국과 네덜란드를 중심으로 한 기술철학자들은 고전 기술철학자들의 기술에 대한 비관론에 대항하여 새로운 접근을 하였다(손화철, 2016:59-61). 이들은 기술에 대한 거시적이고 총체적 분석을 거부하고, 개별 기술의 발전 과정을 분석하여 구체적인 대안을 제시하고자 했다. 특히, 이들은 실제적인 개별 기술에 초점을 두고 기술 개발 과정의 역사와 기술의 사회학적 구성을 분석하였는데, 이들은 기술 발전이 고전 기술철학자들이 주장한 것처럼 단순히 효율성만을 추구하는 과정이 아니라, 수많은 사회적 관계들에 의해 영향을 받아 우연한 방식으로 전개되었다고 주장한다. 이들의 주장을 받아들인다면, 기술은 자율적으로 발전하는 것이 아니라 인간이 궁극적으로 통제할 수 있다는 의미이다. 즉, 기술의 발전이 삶에 미치는 영향이 아무리 크다고 하더라도, 기술 개발과 결과 분석과 평가는 결국 인간의 몫이기에 인간은 언제나 기술을 제어할 수 있는 주체라는 뜻이다. 기술이 인간의 의식과 본성을 바꾸거나 왜곡할 능력이 없다는 시각에서, 이들은 현대 기술이 일으킨 문제들을 관리하고 통제할 방법을 찾거나 또 사전에 방지할 대안을 찾고자 한다.

한편, 기술에 대한 이들의 입장은 실상 오늘날 현대인이 기술에 대해 취하는 태도와 크게 다를 바가 없다. 효율적이기를 추구하는 기술들은 하나의 거대한 기술 체계가 되어 자연재해, 극심한 빈부의 격차, 지역적 갈등, 인간의 소외, 주체성과 자유의 상실 등 엄청난 문제들을 야기하는데, 현대인은 그 앞에서 기술에 대한 종말론적 무기력을 결코 받아들이지 못한다. 그들은 기술의 주인인 인간이, 좀 더 구체적으로는 전문 기술자들이 새로운 기술로 해결하리라는 입장을 막연하게 견지하고 있다. 또한 기술의 효능감을 체험한 현대인은 기술이 결코 인간의 인간됨을 파괴한다고까지는 생각하지 않는다. 그러나 기술 발전을 비가 온다고 예보한 일기예보를 그대로 받아들여 우산만을 준비하는 태도로 받아들이면 안 된다. 기술에 적응하는 데 급급한 이런 태도로는, 혁신적으로 발전하는 AI 기술 앞에 인간의 주체성의 우월함을 반납할 수밖에 없다. 따라서 우리는 새로운 AI 기술들이 인간의 인간다움에 부합하는지를 끊임없이 성찰해야 하고, 그 기술이 인간의 자유를 억압한다면 주체적 판단에 따라 기술 개발을 거부하고 우회로를 택할 수 있어야만 한다. 기술 사회에서 인간이 진실로 존속하려면 기술 발전에 잘 적응하는 것보다 그 발전의 방향을 통제할 수 있는 역량을 중요하기 때문이다. 물론 이러한 역량은 교육을 통해서 길러야만 할 것이다.

오늘날 교육은 이런 시대 변화에 맞게 AI를 활용하는 능력을 키우고, 'AI 기술에 대체되지 않는 나'를 만드는 교육을 하고 있는가? 전국 교실을 IT 기기로 채우고, 과거의 지식 혹은 인터넷에 있는 지식만을 암기하여 문제를 푸는 교육으로 AI의 주인이 되기 위한 능력을 쌓을 수 있는가? 우리는 국가 주도로 '프레카리아트'만을 양산하는 교육을 진행하고만 있는 것이 아닌가? 1959년 세계 최초의 AI 연구소를 설립하고, 이 순간에도 최첨단 AI 기술을 무서운 속도로 발전시켜나가는 실리콘 밸리의 부모들과 사립학교는 IT 기기를 차단하는 능력을 갖지 못한 사람들이 결국 IT 기기에 중독된다고 보았다. AI는 지금의 IT 기기보다 엄청난 수준의 중독성을 가질 것이기 때문이다. 반면에 이러한 기기를 차단할 줄 아는 사람들은 AI 기기를 접촉할 시간에 독서와 사색을 하고, 예술과 자연을 접하고 사람들과 교류하면서 자기 안의 인간성과 창조성을 강화해나갈 것으로 보았다. 그리고 이런 능력을 갖춘 사람이 AI 시대를 이끌어갈 것으로 생각했다. 즉, AI에 종속되어 인간의 고유한 능력인 공감 능력과 창조적 상상력을 상실한 사람은 AI가 얼마든지 대체할 수 있지만, 그 반대인 사람은 AI가 절대로 대체할 수 없기 때문이다. 그래서 어린 시절 IT 기기를 금지한 실리콘 밸리 부모들과 사람과 학교는 중·고등학교 무렵에서 소비자가 아닌 창조자의 입장에서 이 기기들을 사용하도록 한다는 것이다(이지성, 2019:151-152). 즉, 도구적 관점이 아니라 AI를 탄생시킨 수학과 철학의 교차점에서 새로운 AI 개념을 창출하는 힘을 기르고, IT 기기를 분해하여 과학·기술적 관점에서 기기의 작동 원리를 탐구하고, 기기를 사용할 때 자신의 미래, 타인들과 관계, 사회 영향력을 깊이 생각하여 이를 글로 쓰고 토론과 발표를 하도록 한다. 결국, 이들의 교육을 통해 배울 것은 AI를 차단하는 능력과 함께 타인과 소통하고, 사색과 예술을 향유하고, 자연을 친밀하게 접하고 더 나아가 새로운 AI를 창조할 수 있는 역량을 기르는 것이야말로 'AI 에게 대체되지 않는 나'를 만드는 방법이라는 것이다.

(4) 교육기술 거버넌스(Edu-tech Governance)가 필요할 것인가?

AI 기술은 빅데이터를 활용하여 지금까지의 인간과 기술의 관계를 근본적으로 바꾸어 새로운 권력관계의 탄생도 가능하게 할 위험성이 있다. 특히 빅데이터는 다음과 같은 몇 가지 위험 요소를 가지고 있어 교육 현장에서도 적절한 대응이 필요하다.

첫째는 개인정보 및 개인교육정보가 침해되는 것이다. 정보통신기술(ICT)과 사물인터넷(IoT, Internet of Things) 기술들이 AI와 접목되면 더 많은 데이터가 생성되고 교환된다. 이는 개인의 민감한 정보를 수집하고 분석하는 데에 활용될 수 있으므로, 사생활 침해와 사회적 위협을 발생시켜 성장 과정의 학생에게 적지 않은 피해를 유발할 가능성도 있다. 비록 익명화 기술 역시 발전되고 있다고 하지만, 아직은 충분한 기술력이 확보되지 않아 개인정보 유출, 무단 사용, 악용 등으로 정보가 오용될 수도 있다. 따라서 학교는 개인정보 보호를 위한 법적, 기술적, 사회적 노력을 강화할 필요가 있다.

둘째는 디지털 격차의 심화 현상이다. 사실, AI 기술은 다른 여러 기술과 연결되어 사회에 혁신적인 변화를 일으킬 수 있지만, 전문가와 비전문가, 기술 개발자와 아닌 자의 삶의 간격을 급격하게 벌려놓는다. 가정과 학교도 예외가 아니다. AI 도구들을 마음껏 이용할 수 있는 재원이 있거나 많은 교육 데이터를 운용할 수 있는 가정 및 학교와 그렇지 못한 가정 및 학교는 그 격차가 더 커질 것이다. 그런데, AI가 국가 경쟁력을 높인다는 주장이나 경제적 이익을 유발한다는 이야기가 일반인들에게 그다지 실감이 나지 않는 것처럼, 빅데이터를 생성하고 수집하고 분석할 수 있는 개인과 학교가 한정되어 있다는 사실도 실감이 나지 않는다. 만일 빅데이터 활용의 혜택이 특정 계층이나 지역에 집중될 경우, 소외된 계층이나 지역이 발생하여 디지털 격차를 심화시키게 될 것이다. 따라서 교육 감독 기관은 빅데이터를 활용한 정책 및 시스템을 구축할 경우, 디지털 격차를 해소하고 모두가 혜택을 누릴 수 방안을 고려해야 한다.

셋째, AI를 본격적으로 교육에 활용하는 경우, 학생들이 AI의 기술과 빅데이터 분석 결과에 의존하는 경향이 높아짐에 따라 기술에 대한 통제력이 약화될 가능성이 있다. 더욱이, 학교가 학생들에게 기술이 주인이 되는 세상에 저항하지 말고, 기술에 순응하도록 의식화하는 효율적인 시스템이 될 수 있다. 그러므로 교육은 이에 저항하기 위하여 인간의 주체성과 비판적 사고를 길러내고, 빅데이터의 편향성을 파악할 수 있는 역량을 기르는 역할을 해야만 할 것이다. 만일 인간의 주체적 판단력을 기르지 못한다면, 다음 세대는 빅데이터가 수집한 데이터의 특성에 따라 편향된 결과를 인식하지 못하여, 특정 집단과 사건에 대한 차별이나 오해를 야기할 수도 있다. 넷째, AI 기술 자체가 가지고 있는 기술적 위험이 있다. 학교는 데이터 질 관리, 알고리즘 검증, 사이버 보안 강화 등을 관리할 수 있는 여건이 안 되어 있다. 말하자면, 학교는 빅데이터 관련 규제 마련도 안 되어 있고, AI 기술 관련 인력도 부족하며, 빅데이터 활용에 대한 윤리적 문제 등을 해결할 수 있는 제도나 장치도 부족하다. 따라서 AI 기술을 안전하고 책임감 있게 활용하기 위해서는 여러 위험 요소에 대한 지속적인 관심과 노력이 필요하다. 특히 학교가 담을 허물고, 점점 가정과 감독 기관 그리고 에듀테크 기업과 지역 사회 및 민간단체와 네트워크가 이루어지는 상황에서, 이제 학교도 '교육기술 거버넌스'를 구성해야 할 시기에 와 있다.

'교육기술 거버넌스'란 교육부, 시·도 교육청, 교장(교감) 등 전통적인 교육 전문가들뿐만 아니라, 학부모, 민간기업, 지역기관, 시민단체 등 다양한 주체들이 교육에 적용하는 기술의 개발과 사용에 대한 중요한 결정에 참여하는 것을 의미한다.[17] 최근 교육 기술 관련 정책의 기조와 방향성을 다양한 주체들의 소통과 합의를 통해 마련하는 일이 점점 중요해지고 있는데, 이는 AI가 차지하는 특별한 위상 때문이다. 즉, AI 교육이 학교를 더 개방시켜 가정, 기업, 지역공동체, 전문가, 개발자 등 다양한 주체들을 연결

---

17) '과학기술 거버넌스'는 이미 20세기 중반부터 과도한 개발로 인한 환경 훼손의 부작용, 정부 주도의 개발 정책에 대한 반발 그리고 기술이 인간의 삶에 심대한 영향력을 행사한다는 사실에 대한 자각으로 인하여, 과학기술 관련 정책 결정을 좀 더 포괄적인 합의에 의해 마련되어야 한다는 요구로 지속되어왔다. 과학기술 거버넌스에 대한 요구를 통해 과학기술 정책이 정치가 배제된 영역으로 여기다가 비로소 정치의 영역으로 들어오고, 시민 사회가 과학기술 정책과 제도에 참여하는 계기가 되었다. 이는 전문가가 독점하던 결정 과정에 시민의 의견을 반영하려는 과정이다.

시키고 있다. 따라서, 환경이나 에너지 정책을 만들 때 시민단체들과 관련 기관들이 공조하거나 서로 견제할 수 있는 장치를 만드는 것처럼, 이제 AI 기술을 활용하는 교육에서도 교육 전문가와 정책 결정자의 시각뿐만 아니라 기술의 영향력에 노출된 다른 사회 구성원들의 입장을 고려해야만 할 것이다. 왜냐하면 오늘날 교육 현장은 점점 다수의 주체가 관여하고 있는 만큼, 교육 방법의 혁신만이 아니라 교육 기술의 사회적 영향에 대한 관심이 더 많이 반영되어야 하기 때문이다.

참고문헌

송혜빈, 조영환. (2023). 인간-AI 협력 역량 향상을 위한 활동 중심 수업 설계 원리 개발. 교육정보미디어연구, 29(1), 145-173.

교육부. (2022). 2022 개정 교육과정 총론 해설서.

Hasso Plattner Institute of Design at Stanford. (2010). An introduction to design thinking process guide. Stanford University. https://web.stanford.edu/~mshanks/ MichaelShanks/files/509554.pdf

OECD. (2019). Artificial Intelligence in Society. OECD Publishing. https://doi. org/10.1787/eedfee77-en

Sutton, R. S., & Barto, A. G. (2018). Reinforcement learning: An introduction (2nd ed.). MIT Press.

Jonassen, D. H. (2000). Toward a design theory of problem solving. Educational Technology Research and Development, 48(4), 63–85.

정문성 and 전영은. (2016). 저작권교육 양상에 관한 탐색적 연구 -중학교 저작권교실 실태분석을 중심으로-. 사회과교육, 55(4), 99-113.

이창권, 노하은 and 김민정. (2024). 문제 이해 역량을 위한 창의적 문제해결(CPS) 모형 기반 인공지능 융합 수업 모형(AI-CPF) 개발. 창의력교육연구, 24(2), 17-43.

강경순 and 이철현. (2009). 저작권 교육 프로그램이 초등학생의 저작권 소양에 미치는 효과. 실과교육연구, 15(2), 181-202.

윤지원 (2023). 디자인 싱킹 기반 인공지능 챗봇 제작 수업 모형 개발. 석사학위논문. 서울대학교.

김귀식, 신영준. (2021). 인공지능 윤리의식 검사 도구 개발 연구. 인공지능연구 논문지, 2(1), 1-19.

충청남도 교육청(2021). 인공지능(AI) 윤리교육 도움자료.

국제인공지능윤리협회(2022). 디지털 휴먼 윤리 가이드라인. https://iaae.ai/ digitalhumanguideline에서 인출.

중앙교육연수원(2024). AI시대, 디지털 문해력이 필요하다. https://www.neti. go.kr/lh/ms/ac/atnlcAplyDetailView.do?menuId=1000006045&srchCrseGnrtnId=3000061070#tag2에서 인출.

최용규 외. (2014). 사회과 교육과정에서 수업까지(2차 수정판), 교육과학사.

공윤지. (2020). 인공지능 스피커를 활용한 영어 말하기 수업 설계전략 개발. 석사학위논문, 서울대학교 대학원.

교육부. (2022). 2022 개정 영어과 교육과정. 서울: 교육부.

송윤지. (2020). 초등학생의 실생활 과업중심 영어수업에 대한 태도가 수업참여도를 매개하여 영어 의사소통능력에 미치는 영향. 석사학위논문, 서울대학교 대학원.

신동광. (2019). 인공지능 챗봇의 영어 교육적 활용 가능성과 한계. Brain, Digital, & Learning, 9(2), 29-40.

이문영. (2023). 생성형 AI를 적용한 수업 설계 연구. 한국엔터테인먼트산업학회 학술대회 논문집, 개최지.

정대성. (2000). 과업중심 영어교수법(TBLT)에 의한 의사소통 능력 향상연구. 영어교육연구, 20, 23-53

정제영, 조현명, 황재운, 문명현, 김인재. (2023). 챗GPT 교육혁명. 서울: 포르체.

추성엽, 민덕기. (2019). 영어 상호작용 촉진을 위한 과업 기반 AI 챗봇 활용 및 학생 발화 분석. 초등영어교육, 25, 27-52.

하영은, 이진화. (2020). 중학생들의 영어 말하기 과제 유형별 선호도, 효과성, 난이도 인식 연구. 영어학, 20, 642-661.

한다은. (2020). AI 챗봇 활용이 한국 EFL 학습자의 말하기 능력 및 정의적 영역에 미치는 영향. 박사학위 논문, 전남대학교 대학원.

Anten Raj, K. A. R., & Baisel, A. (2024). Empirical Study on the Influence of Mobile Apps on Improving English Speaking Skills in School Students. World Journal of English Language, 14(2). https://doi.org/10.5430/wjel.v14n2p339

Bruton, A. (2005). Task-based language teaching: For the state secondary FL classroom Language Learning Journal, 31, 55-68.

Doff, A. (2022, February 23). Language for real life: Developing conversation skills in English. Cambridge English. Retrieved from https://www.cambridge.org/elt/blog/2022/02/23/language-for-real-life-developing-conversation-skills-in-english/

Lai, C., & Zhao, Y. (2006). Noticing and text-based chat. Language Learning & Technology, 10(3), 102-120. Retrieved from http://llt.msu.edu/vol10num3/ pdf/laizhao.pdf

Salaberry, M. R. (2001). The use of technology for second language learning and teaching: A retrospective. Modern Language Journal, 85, 39-56.

Vaucher, B. (2023, October 13). Differentiated instruction for ELLs: Scaffolding techniques for all levels. Inspiring Young Learners. Retrieved June 16, 2024, from https://www.inspiringyounglearners.com/differentiated-instruction-for-ells- scaffolding-techniques-for-all-levels

김광호 외 (2024). 지식정보처리 및 창의적 사고 역량 함양을 위한 공공데이터 시각화 기반 인공지능 교육 프로그램 개발: 중학교 기술교육을 중심으로. 학습자중심교과교육연구, 24(4), 829–849.

루커 스튜디오. https://lookerstudio.google.com/

구글 슬라이드. https://docs.google.com/presentation

농림축산식품부. 밥상의 탄소발자국. https://www.smartgreenfood.org/jsp/front/ story/game1_canvas.html

주식회사 토람. (2012). 음식의 탄소발자국 데이터베이스 구축 최종 보고서. 농업기술실용화재단.

공공데이터포털. https://www.data.go.kr

온실가스종합정보센터. (2024). 국가 온실가스 인벤토리 배출량. 환경부.

기상청 기후정보포털. http://www.climate.go.kr/

이미화. (2013). 고등학교 화학과 서술형 평가에 대한 현황 분석 연구. 한국교원대학교.

채유정, 이성혜 and 최경애. (2017). 온라인 문제기반 과학 탐구과제 평가준거 개발. 한국과학교육학회지, 37(5): 879-889.

최진영, 하민수. (2023). 국어과 읽기 영역 서술형 평가를 위한 비지도 기반 인공지능 채점 보조 프로그램(SAAI)의 성능과 활용도 탐색. 청람어문교육(92), 7-48.

하민수, 이경건, 신세인. (2019). 학습 도구로서의 서술형 평가 그리고 인공지능의 활용: WA3I 프로젝트 사례. 현장과학교육, 271-282.

Bloom, B. S. (1984). The search for methods of group instruction as effective as one-to-one tutoring. Educational Leadership, 41(8), 4-17.

J. H. Lee, S.H. Lee & D. H. Lee. (2021). An Analysis of the Educational Effectiveness of the Elementary AI Convergence Education Program. Journal of Korean Association of Computer Education, 25(3), 471-481.

김동심, 한상윤. (2023). CIPP모형에 기반한 교육대학원 AI 융합교육 평가 연구, 교육정보미디어연구, Vol.29(3), pp.681-704.

손화철. (2018). 인공지능 시대의 과학기술 거버넌스, 철학사상(68), pp.267-299.

양혜진, 김혜영, 신동광, 이창호. (2019). 인공지능 음성챗봇 기반 초등학교 영어 말하기 수업 연구, 멀티미디어 언어교육, 22(4), pp.184-205.

오석환, 김현진. (2021). 인공지능 애플리케이션을 활용한 고등학교 수학 수업 설계의 효과: 학업성취도와 정의적 영역을 중심으로. 교육정보미디어연구, Vol.27(2), pp.401-422.

유기훈, 김정옥, 김지영. (2017). 2050 미래사회보고서. 라온북.

이지성. (2019). 에이트, 차이정원.

자크 엘륄(2013). 기술체계, 이상민 역. 대장간.

한다은. (2020). 한국 EFL 대학생들의 영어능력에 영향을 미치는 요인들의 영향력 분석. 학습자중심교과교육연구, 20(17), pp.175-195.

홍선주, 최인선. (2020). 학교 교육에서의 인공지능(AI)의 개념 및 활용[전자자료]. 한국교육과정평가원. https://docviewer.nanet.go.kr/reader/viewer

한국교육개발원. (2020). 학생들의 교육정보화 인프라 현황.

교육부. (2020). '역대 최대 규모 학교 무선망(Wi-fi) 구축사업 본격 추진'. 보도자료.

교육부. (2021). 국민과 함께하는 미래형 교육과정 추진 계획(안).

Dutton, T., Barron, B., and Boskovic, G. (2018). Building an AI World - Report on National and Regional AI Strategies. CIFAR, Toronto.

Heidegger. M.(1966). Only a God Can Save Us: Der Spiegel's Interview with Martin Heigegger. https://www.ditext.com/heidegger/interview.html